徽学概论

王世华 主编

HUIXUE
GAILUN

全国百佳图书出版单位

时代出版传媒股份有限公司
安徽人民出版社

图书在版编目(CIP)数据

徽学概论/王世华主编.—合肥:安徽人民出版社,2021.3

ISBN 978 - 7 - 212 - 11203 - 5

Ⅰ.①徽… Ⅱ.①王… Ⅲ.①文化史—徽州地区 Ⅳ.①K295.42

中国版本图书馆 CIP 数据核字(2021)第 004520 号

徽学概论

王世华 主编

出 版 人:陈宝红 责任印制:董 亮

责任编辑:李 莉 肖 琴 蒋越林 装帧设计:宋文岚

出版发行:时代出版传媒股份有限公司 http://www.press-mart.com

　　　　　安徽人民出版社 http://www.ahpeople.com

地　　址:合肥市政务文化新区翡翠路 1118 号出版传媒广场八楼 邮编:230071

电　　话:0551 - 63533258 　 0551 - 63533292(传真)

印　　刷:安徽联众印刷有限公司

开本:710mm×1010mm　　1/16 印张:19 字数:290 千

版次:2021 年 3 月第 1 版 2021 年 3 月第 1 次印刷

ISBN 978 - 7 - 212 - 11203 - 5 定价:68.00 元

目　　录

绪　言

　　当今,徽学已成为一门国际性显学。① 徽学研究正如火如荼,方兴未艾,呈现出一派喜人的景象。

　　如同任何一门学科的形成都有一个过程一样,徽学作为一门学科的形成也走过了一段曲折的历程。

　　虽然"徽学"作为一门学科名称形成得比较晚,但"徽学"一词早已出现了,不过具有其他的含义。第一种是徽州府学的简称。如《徽州府重修庙学记》载:"徽州府学故不治,莲塘娄先生以御史奉命提学南畿,至则叹曰:'此吾朱夫子之乡也,而是学乃不治哉?'于是郡之守贰莫不鼓舞振作,庀材鸠工,以后为戒。而奔走执役之人,亦皆晨夜展力,不以倦告,不数月而徽学大治,且为南畿诸学之冠。"②这里的"徽学",就是徽州府学,此指徽州府学在提学御史的倡导下,修缮一新。危素在《序洪杏庭(焱祖)集》中记:"先生所著别有《续新安志》十卷、《尔雅翼音注》三十二卷,已刻于徽学。"③这里的"徽学"也是徽州府学的简称,当时很多府学具有刻书的功能,洪焱祖的两种著作乃刻于徽州府学。第二种意思是指饱学之士。如《魏邦达圣训帖行书十四行》:"矼惶恐再拜知府侍郎徽学台座。"④《大唐六典》:"械承乏永嘉,得本于州学教授张公,同以白太守徽学新安程公。"⑤当时还没有徽州建制,这里的"徽学"应有"饱学之士"的意味。第三种

---

①　参见高翔:《努力为中国历史学发展提供徽学经验》,载 2019 年 6 月 25 日《安徽日报》。
②　弘治《徽州府志》卷十二,明弘治刻本。
③　《新安文献志》卷九十五下《行实》,清文渊阁四库全书本。
④　《宝真斋法书赞》卷二十五《宋名人真迹》,清武英殿聚珍版丛书本。
⑤　《皕宋楼藏书志》卷三十五《史部》,清光绪万卷楼藏本。

是指"新安理学"。如《寄园寄所寄》写道:"文公为徽学正传。"①意思是说朱熹是新安理学的正宗传人。第四种是指徽州的地方史。1932年,著名画家黄宾虹在给清末翰林许承尧的信中说:"歙中他姓族谱记载轶闻往往有所见。如见书画篆刻之人,能分类录存,亦徽学之关系于国粹者,祈公赞助之。"②以上这些"徽学"概念与我们今天作为一门学科概念的"徽学"是显然不同的。

虽然徽学作为一门学科形成较晚,但有关徽州历史文化的研究早已开始了。如果把这一历史分成阶段的话,我们试分为几个时期:

奠基期(清末民初—1949年)。据初步统计,这一时期有关徽州历史文化研究的文章不到50篇,研究较多的是徽州人物如金声、俞理初、王茂荫、渐江、程瑶田以及"绩溪礼学三胡"(胡匡衷、胡秉虔、胡培翚)等。这一时期值得重视的两部书是清末宣统年间徽州知府刘汝骥主编的《陶甓公牍》和1936年许承尧纂集完成的《歙事闲谭》。前者是刘汝骥在晚清新政时期主持的关于徽州风俗民情的全面调查,内容涉及当时徽州政治、经济、文化、社会生活等各个方面的情况,收集了丰富的资料。后者"是一部以辑录文献为主,兼有记述、议论、考证,旨在全面展示徽歙地区历史文化的史料长编"③。虽然两书研究的成分不多,但对后来的徽学研究无疑具有极高的史料价值。由于徽州的特殊性、保存资料的完整性和资料收藏的丰富性,特别是一些徽州文书流落到社会上,徽州的历史早已引起一些学者的重视。从学术研究的角度看,1937年吴景贤发表的《明清之际徽州奴变考》④,可以说是徽学研究的拓荒之作。1947年傅衣凌刊出了《明代徽商考——中国商业资本集团史初稿之一》⑤的论文,这是国内第一篇专题研究徽商的论文,堪称徽商研究的奠基之作。

低潮期(1949—1966年)。1949年中华人民共和国成立后,史学界也经历

---

① 赵吉士:《寄园寄所寄》卷十一《泛叶寄》,清康熙三十五年刻本。
② 黄宾虹:《黄宾虹文集·书信编》,上海书画出版社1999年版,第162页。
③ 许承尧:《歙事闲谭·序二》,黄山书社2001年版,第13页。
④ 吴景贤:《明清之际徽州奴变考》,载《学风》1937年6月,第6—20页。
⑤ 傅衣凌:《明代徽商考——中国商业资本集团史初稿之一》,载《福建省研究院研究汇报》1947年第2期(又见《明清时代商人及商业资本》,人民出版社1956年版,《徽商研究论文集》,安徽人民出版社1985年版)。

了翻天覆地的变化,马克思主义思想成为意识形态的指导思想。从旧时代过来
的史学工作者正努力学习马克思主义思想,并力求用其指导自己的历史研究,
这当然不是一蹴而就的,它要有个适应和转变的过程。加上当时史学界正围绕
"中国古代史分期问题""中国封建社会土地所有制形式问题""汉民族形成问
题""中国封建社会农民战争问题""中国资本主义萌芽问题"等所谓"五朵金
花"问题进行热烈的讨论,吸引了众多史学工作者的注意力。这一时期,关于徽
州的文章虽然也有数十篇,但大多是短文简篇,真正的研究较少。期间比较突
出的是傅衣凌出版的《明清时代商人及商业资本》①,其中第二部分即《明代徽
州商人》章节,此后又发表《明清时代徽州婺商资料类辑》②和《明代徽州庄仆文
约辑存——明代徽州庄仆制度之侧面的研究》③;另外,陈野发表了《论徽州商
业资本的形成及其特色》④。总之,这一时期深度研究徽学的文章可谓寥若晨
星。这倒并非徽学研究曲高和寡,而是反映了这一时期由于受到极左思潮的影
响,徽州历史文化尚未引起国内史学界的重视。

　　这一时期,国外学者却对徽州历史投入了关注的目光。尤其是日本学者藤
井宏经过潜心研究,于 1953 年至 1954 年连续发表了长达七万字的文章《新安
商人的研究》⑤。此文是继傅衣凌先生之后又一篇徽商研究奠基之作。该文后
来由傅衣凌、黄焕宗翻译,于 1959 年被《安徽史学通讯》第 1 期、第 2 期全文转
载。美籍华人何炳棣也于 1954 年用英文发表了《扬州盐商:18 世纪中国商业资
本的研究》⑥。18 世纪的扬州盐商正是以徽州商人为主体,故也可视为徽商
研究。

　　这一时期徽学研究虽未形成高潮,却有一件事值得大书特书,这就是徽州
文书的发现与收集。由于徽州处在万山丛中,长期以来兵革罕见,加上徽州人
契约意识极强,无论土地买卖、转让、出租、继承或是金钱借贷、店铺经营、人力

---

① 傅衣凌:《明清时代商人及商业资本》,人民出版社 1956 年版。
② 傅衣凌:《明清时代徽州婺商资料类辑》,载《安徽史学通讯》1958 年第 2 期。
③ 傅衣凌:《明代徽州庄仆文约辑存——明代徽州庄仆制度之侧面的研究》,载《文物》1960 年第 2 期。
④ 陈野:《论徽州商业资本的形成及其特色》,载《安徽史学通讯》1958 年第 5 期。
⑤ [日]藤井宏:《新安商人的研究》,载《安徽史学通迅》1959 年第 1、2 期。
⑥ [美]何炳棣:《扬州盐商:18 世纪中国商业资本的研究》,载《中国社会经济史研究》1999 年第 2 期。

合伙等,凡是涉及不同主体利益的事,都订有契约,还有经营账簿、个人书信,甚至人情往来等生活琐事也留下很多记录,从而形成了数量极其庞大的徽州文书。这些文书除了太平天国战争时期损失部分外,绝大多数仍保留在民间。

1949年,中华人民共和国的成立是一场翻天覆地的巨变。20世纪50年代初期,中国农村实行了大规模土地改革,当时从不少人的家中抄出了很多契约。普通群众感到过去的文书已失去了保留价值,于是,很多的徽州文书被当作废纸成捆成袋或变卖,或作燃料,或作包装,任意处置。时任文化部副部长的郑振铎得知这一情况后,立即呼吁有关地方和部门抢救保护这批文书。在他的干预和影响下,屯溪古籍书店抢救了一大批徽州文书,这批文书后又被国内一些图书馆、档案馆、博物馆、大学所购买收藏。①

由于当时政治气候的原因,这一时期这批珍贵的文书并没有得到很好的利用,却为改革开放后的研究奠定了坚实的资料基础。

沉寂期(1966—1978年)。这一时期由于全国上下都在进行"无产阶级文化大革命",学术研究领域"万马齐喑",徽学研究当然也处于沉寂状态,而且在"扫四旧"的狂风扫荡之下,徽州一大批私人保存下来的文书被付之一炬,一大批物质与非物质文化遗产被摧毁,这是无可挽回的巨大损失。但是,即使在这样的形势下,少数有志的学者并没有停止学术研究,他们在家中悄悄地学习、思考,为今后的研究积极地准备着。这十年,虽然大陆徽学研究一片沉寂,但海外少数学者的徽学研究并未停止。如方豪就通过徽州文书的研究,在当时台湾复刊不久的《食货月刊》上发表了一系列的文章,徐泓也对两淮徽州盐商进行了研究②。

形成期(1979—1999年)。1978年年底,中共中央召开了十一届三中全会,彻底否定了"无产阶级文化大革命"的极左路线,作出了改革开放的新决定。"忽如一夜春风来,千树万树梨花开。"科学的春天来了,学术研究走上了正轨。沉寂多年的徽学研究像久旱的禾苗喜逢甘雨,呈现出蓬勃生机。叶显恩凭借多

① 参见王振忠:《徽学研究入门》,复旦大学出版社2014年版,第8—9页。
② 参见台湾《史源》1970年7月第1期。

年的积累和研究,在 1983 年最早推出力作《明清徽州农村社会与佃仆制》①。该书成为改革开放后率先出版的徽学著作,在学界产生了重要影响,堪称改革开放以后徽学研究的奠基之作。1984 年,章有义出版了《明清徽州土地关系研究》②,时隔四年他又推出了《近代徽州租佃关系案例研究》③。

与此同时,不少学者认识到,徽学研究是个大课题,有必要组建团队联合攻关。1983 年,安徽师范大学以张海鹏为首,组建了王廷元、唐力行、王世华四人团队(几年后李琳琦、周晓光也加入),开始了徽商研究。1985 年,该团队出版了《明清徽商资料选编》④,在学术界引起强烈反响。十年后,该团队又出版了《徽商研究》⑤,把徽商研究推向一个新的阶段。就在安徽师范大学组建团队的同时,合肥和北京的学者也行动起来,合肥的刘和惠、彭超、刘淼团队整理并出版了《明清徽州社会经济资料丛编》第一辑⑥(1988 年),中国社会科学院历史研究所刘重日团队也整理出版了《明清徽州社会经济资料丛编》第二辑⑦(1990 年)。其后,中国社会科学院历史研究所又整理出版了四十卷本《徽州千年契约文书》⑧(1993 年)。依靠集体的力量在短时间内接连推出这一系列重要资料集,嘉惠学林,为推动徽学研究的发展起了极其重要的作用。在当时资料搜集非常困难的情况下,一大批学者正是凭借这些资料开展研究,推出了一批研究成果。

随着徽学研究队伍的扩大、研究成果的增多,人们日益感到有在一起集中交流的必要。于是,1988 年,中国社会科学院历史研究所、经济研究所与安徽大学和安徽省博物馆共同主办了"徽州文书契约整理学术讨论会"。1990 年,安徽师范大学又主办了"徽州社会经济史学术讨论会"。此后,一系列国际学术讨

① 叶显恩:《明清徽州农村社会与佃仆制》,安徽人民出版社 1983 年版。
② 章有义:《明清徽州土地关系研究》,中国社会科学出版社 1984 年版。
③ 章有义:《近代徽州租佃关系案例研究》,中国社会科学出版社 1988 年版。
④ 张海鹏、王廷元、唐力行:《明清徽商资料选编》,黄山书社 1985 年版。
⑤ 张海鹏等:《徽商研究》,安徽人民出版社 1995 年版。
⑥ 安徽省博物馆:《明清徽州社会经济资料丛编》第一辑,中国社会科学出版社 1988 年版。
⑦ 中国社会科学院历史研究所徽州文契整理组:《明清徽州社会经济资料丛编》第二辑,中国社会科学出版社 1990 年版。
⑧ 中国社会科学院历史研究所:《徽州千年契约文书》,花山文艺出版社 1993 年版。

论会接连召开。徽学研究的声势已经形成了。

毋庸讳言,这一时期,"徽学"能否作为一门学科独立存在,有些学者一直持怀疑或否定态度。但随着徽学研究的不断深入、研究成果的不断涌现,作为学科的"徽学",影响越来越大,越来越多的学者逐渐对此达成了共识。1999 年,教育部拟在全国有关高校设立一批人文社科重点研究基地,促进有关学科的发展。安徽大学在安徽师范大学的支持、参与下,申报成立"徽学研究中心",经过专家的评估、鉴定,获得教育部的批准。这标志着"徽学"作为一门学科,已获得国家层面的承认。徽学研究从此迈入一个全新的阶段。

勃兴期(2000 年至今)。进入新世纪以后,徽学研究迎来了它的勃兴时期。这一时期的徽学研究有如下一些特点:

第一,新的资料不断被发现、整理、出版。从 2001 年开始,安徽大学徽学研究中心和安徽省古籍整理出版规划委员会办公室为了促进徽学研究,改变徽学研究资料流失、散乱的状况,决定与黄山书社合力编纂出版"徽学研究资料辑刊",陆续出版了《歙事闲谭》《太函集》《寄园寄所寄》《新安文献志》《休宁名族志》《茗洲吴氏家典》《清代徽人年谱合刊》《紫阳书院志》《(万历)歙志》《丰南志》等一批徽州古籍,受到学术界的欢迎。尤其是大批徽州文书的收集、整理、出版是这一时期的突出贡献。安徽大学徽学研究中心刘伯山将自己多年收集的徽州文书整理影印出版,2005 年出版了第一辑《徽州文书》,收有文书 5000件,以后又接连推出,至今已出版六辑(60 卷),公布近 3 万件文书。近年,刘伯山又有系列《徽州谱牒》(2018 年)付梓问世,目前已出版两辑(20 卷)。黄山学院也出版了《中国徽州文书》(10 卷,民国编,2010 年),其后又出版了该书的第二编(10 卷,2016 年)。李琳琦主编出版了《安徽师范大学馆藏千年徽州契约文书集萃》(10 本,2014 年)、《徽商会馆公所征信录汇编》(2 本,2016 年)。黄志繁主编出版了《清至民国婺源县村落契约文书集录》(18 册,2014 年)。王振忠整理自己收藏的文书,出版了《徽州民间珍稀文献集成》(30 本,2018 年)。这些学者们的贡献,令人钦佩。大批文书的相继付梓,极大地推动了徽学研究的发展。由于徽州文书的价值日益显现,徽州民间书商也开始千方百计收集散存于民间的零散文书。在他们的努力下,累计积聚了几十万份文书,先后被国内一些大学和研究机构购买收藏。这批文书正在陆续整理,未来几年将会影印出版,这将是徽学研究的宝贵财富。

第二,一大批高质量的徽学研究著作和论文问世。如中共安徽省委宣传部和安徽省社科联为了全面展示徽州历史文化,集中了省内外一批专家,花了数年时间,完成了大型丛书《徽州文化全书》,于 2005 年出版。丛书分为《徽州土地关系》《徽商》《徽州宗族社会》《徽州教育》《徽州科技》《新安理学》《徽派朴学》《新安医学》《徽州戏曲》《新安画派》《徽派篆刻》《徽派版画》《徽州工艺》《徽州刻书》《徽州文书档案》《徽州建筑》《徽州村落》《徽州民俗》《徽州方言》《徽菜》等 20 册,代表了 21 世纪初徽学研究的水平。除此之外,还涌现出很多论著。据不完全统计,截至 2019 年出版了各种徽学专著近 600 部,发表论文万余篇。从这些论著可以看出,徽学研究的领域不断扩大,涉及政治、经济、文化、社会生活等各个方面,研究的内容也不断深入。

第三,学术交流更为频繁。进入新世纪后,徽学界各种大小规模的学术交流更加频繁,并呈现出两个特点:一是不少外国学者参加。在新世纪召开的各次学术会议上,不仅国内很多高校的研究人员踊跃参加,而且日本、美国、英国、法国、瑞典、荷兰、韩国的学者也积极与会,带来了他们的研究成果。二是政府介入。2015 年 11 月,由中共安徽省委宣传部和江西省委宣传部联合发起,在歙县召开了“徽商文化与当代价值学术座谈会”;2019 年,由光明日报社、中国社会科学院历史研究所、中共安徽省委宣传部联合发起的“首届徽学学术大会”在合肥召开。政府出面组织徽学学术会议,彰显出政府对徽学研究的高度重视。

第四,研究队伍不断扩大,尤其是新生代正在茁壮成长。安徽大学和安徽师范大学早就招收培养徽学研究的硕士生,2003 年两校分别获得中国古代史博士学位授予权后,开始培养徽学博士生。国内其他高校如复旦大学、南开大学、南京大学、厦门大学、华东师范大学、上海师范大学的硕士、博士生中也有不少选择徽学研究课题。由于有了这些培养平台,大批的硕士、博士成长起来,他们正在走向徽学研究的中心舞台,成为徽学研究的生力军。

综上所述,徽学研究进入新世纪后正呈现出勃勃生机。徽学作为一门学科,学科建设日显重要。为了加强徽学学科建设,从理论上加以系统总结很有必要。早在 2000 年,黄山学院就出版了姚邦藻主编的《徽州学概论》①,对此进行了可贵的探索。2004 年,朱万曙主编出版《论徽学》②论文集,其中很多学者对徽学进行了理论探讨。2011 年,王振忠出版《徽学研究入门》③,其中也涉及徽学的一些理论问题。2012 年,徐国利、林家虎主编出版《徽学》④,就徽学的基本问题进行了探讨。前贤们的努力,为我们的研究奠定了很好的基础。今天,在安徽省徽学学会的倡议下,我们特邀请省内若干专家编写了这部《徽学概论》,试图从理论上对徽学的定义、研究对象、范围与学科性质、研究理论和方法、研究资料、主要研究领域、学术价值与现实意义等进行系统性的理论阐释。撰写过程中也参考了其他同仁的研究成果,难以一一标注,在此一并表示我们衷心的敬意和诚挚的谢忱!作为一种探索,囿于作者和主编的水平,本书肯定存在很多不足,恳请大家提出宝贵意见。

王世华

2020 年 2 月 12 日

---

① 姚邦藻:《徽州学概论》,中国社会科学出版社 2000 年版。
② 朱万曙:《论徽学》,安徽大学出版社 2004 年版。
③ 王振忠:《徽学研究入门》,复旦大学出版社 2011 年版。
④ 徐国利、林家虎:《徽学》,安徽文艺出版社 2012 年版。

第一章

徽州与徽州文化

第 一 节

徽　州①

一、徽州的建置沿革

徽州的建置及境域,宋代以前变迁频繁,而宋以后,相对稳定。我们根据徽州方志的相关记载,考以历代史志,将清代以前徽州建置与境域变迁分为三个时期:

第一时期,先秦至东汉献帝建安十三年(208年)。

据我国最早的地理书《禹贡·职方》记载,徽州地域属于"九州"之扬州,春秋时属吴,吴亡属越,越灭属楚。秦设置黟、歙二县,属会稽郡;楚汉之间属鄣郡。

汉武帝元狩二年(前121年),鄣郡改为丹阳郡,黟、歙二县属焉。东汉献帝建安十三年(208年),划歙县东乡为始新县,南乡为新定县,西乡为黎阳县和休阳县,合原黟县、歙县共六县,从丹阳郡分出,建新都郡,治所始新县,隶扬州。此为徽州建郡之始。此后,黟字改为黟。吴永安元年(258年),因避吴主孙休讳,休阳县改称海阳县。

这一时期是徽州建置逐步形成的阶段。其境域因文献无征而不可详考。就新都郡辖境来说,已具有后来徽州的主要区域。

第二时期,东汉建安十三年(208年)至唐大历五年(770年)。

晋武帝太康元年(280年),吴灭,新都郡更名新安郡。其所属新定县改为

———————

① 本节参见周晓光:《徽州传统学术文化地理研究·第一章》,安徽人民出版社2006年版。

遂安县,海阳县改为海宁县。

南朝宋孝武帝大明八年(464年),海宁县并黎阳县,新安郡辖歙、黟、海宁、遂安、始新五县。梁元帝承圣二年(553年),划出新安郡所辖歙、黟、海宁三县,置新宁郡。陈天嘉三年(562年),新安郡并新宁郡,辖歙、黟、海宁、始新、遂安、寿昌六县。

隋改郡为州,文帝开皇九年(589年)废歙、黟二县并入海宁县,属婺州。文帝开皇十一年(591年),复歙、黟二县,置歙州,州治黟县,领歙、黟、海宁三县。文帝开皇十八年(598年),改海宁县为休宁县。炀帝大业三年(607年),改州为郡,更歙州为新安郡,领歙、休宁、黟三县,郡治休宁县。

唐高祖武德四年(621年),改新安郡为歙州,领歙、休宁、黟三县,州治歙县。玄宗开元二十八年(740年),划休宁南境回玉乡并割鄱阳怀金乡建婺源县,属歙州。天宝元年(742年),改歙州为新安郡。乾元元年(758年),复改新安郡为歙州。永泰二年(766年),划歙、休宁二县地设立归德县,划黟县赤山镇及其六乡和饶州浮梁地置祁门县,划歙县华阳镇设绩溪县,均属歙州。大历五年(770年),废归德县,地复归歙、休宁二县,州领歙、绩溪、休宁、婺源、黟、祁门等六县。其境域,据《元和郡县志》记载,"东西四百一十九里,南北二百四十里"[1]。这一政区格局,确立了此后徽州的区划架构,也奠定了宋、元、明、清时期徽州的境域。

第三时期,唐大历五年(770年)到清末(1910年)。

五代十国时期,歙州先后属吴、南唐,领歙、休宁、绩溪、黟、祁门、婺源六县,州治歙县。宋徽宗宣和三年(1121年),改歙州为徽州[2],仍领六县,州治歙县。南宋一仍其旧。元世祖至元十四年(1277年),改徽州为徽州路,领六县,治歙县,隶属江浙行中书省江东建康道。至正十七年(1357年),朱元璋改徽州路为江南省兴安府,次年(吴元年)改兴安府为徽州府。明太祖洪武元年(1368年),徽州直隶中书省,明成祖永乐元年(1403年)改属南直隶(南京)。世宗嘉靖三

---

① 《元和郡县志》卷二十九。
② 关于徽州之得名,道光《徽州府志》卷一《舆地志》曰:"以绩溪有徽岭、徽溪而名。或曰:徽,美也。"

十四年(1555年),徽州改属浙江按察司徽宁池太道,穆宗隆庆六年(1572年)改属徽宁道。清顺治二年(1645年),徽州属江南省,十八年(1661年)属江南左布政使司。康熙六年(1667年),原江南省分为安徽和江苏两省。乾隆二十六年(1761年),增设安徽布政使司,徽州属焉。明清二代,徽州所领六县不变,以歙县为州治亦未更。

这一时期是徽州建置进一步巩固的阶段。其名称及所属政区虽有变化,但境域只是微有伸缩而大体未变。《太平寰宇记》《元丰九域志》《新安志》《元一统志》和《(弘治)徽州府志》《大明一统志》《读史方舆纪要》以及《大清一统志》诸书,分别记载了各时期徽州境域的"四至八到"。

从上述建置沿革及境域变迁来看,徽州作为府州一级的行政区,其形成有个历史过程。值得注意的是,自唐大历五年(770年)以后,徽州政区及其境域保持了长期相对稳定性。特别是宋以后,这一特征尤为显著。其表现为:一是宋徽宗宣和三年(1121年)改歙州为徽州后,仅至正十七年(1357年)被朱元璋临时改称兴安府外,徽州之名从未更易,沿用时间长达八百年。二是徽州之行政区划长期稳定,所领歙、休宁、绩溪、黟、祁门、婺源六县千年未曾他属。三是徽州始终以歙县为治所。四是宋以后的境域变化甚小。

二、徽州的自然环境

一是群山环抱,中为盆地,境内地貌多样,水系发达,形成了一个相对独立的地理单元。其境内的主要山脉有五条:黄山山脉主干沿北东向南西展布,东接皖浙交界的天目山,北与九华山相连,西南蜿蜒至江西境内;天目山位于东北部绩溪县、歙县与浙江临安区的交界处,呈带状由北东向南西展布;白际山脉由北东向南西延伸,东北端在歙县与天目山交会,西南抵休宁县与五龙山相接;五龙山脉西接黄山山脉于祁门县,东至休宁县、婺源县、浙江开化县交接处与白际山交会,主脊中枢呈东西走向;九华山脉位于徽州之北,支脉延至境内,主脊呈南北向展布。五大山脉及其支脉构成了徽州四境天然的屏障。故旧史常称"本府万山中"①"郡处万山"②"徽州介万山之中"③"吾徽居万山环绕中,川谷崎岖,峰峦掩映,山多而地少"④。境内广泛分布着山地、丘陵和山间谷地(盆地),腹地为新安江谷地。水系主要有流向东南钱塘江流域的新安江水系、流向西南鄱阳湖流域的阊江水系和乐安江水系,以及直接流入长江的水阳江、青弋江、秋浦河、黄盆河水系。徽州周高中低的盆地地形特点,使之与外界处于相对"隔绝"的状态。

二是地貌以山地、丘陵为主,山间谷地面积不大。高丘陵海拔 500 米以下,相对高 100~200 米,主要分布于低山外沿和盆地、谷地内侧。低丘陵相对高度小于 100 米,主要分布于山间盆地、谷地内侧和散落在盆底、谷底。山地丘陵占总面积的 80% 以上。山间谷地多呈狭窄的带状分布,海拔高度一般低于 200 米。河谷深切,谷地河流两侧为冲积的沙砾,厚度一般小于 5 米。规模较大的谷地,主要有新安江谷地和练江谷地。⑤ 因此,历史上"山多田少"一直是徽州自然环境的主要特点之一。宋罗愿《新安志》中就提到了徽州"土狭"的情况⑥。明汪道昆《太函集》说:"新都故为瘠土,岩谷数倍土田。"⑦这种状况,徽州所属六县皆然。如:歙县"地隘斗绝,厥土骍刚而不化。……大山之所落,多垦为田,层累而上,指至十余级,不盈一亩"⑧。休宁"山多田少,粒米是急,日仰给东西二江"⑨。祁门"厥田高亢,依山而垦,数级不盈一亩"⑩。黟县"为山邑,田少于山,土地瘠确"⑪。南宋以后,徽州耕地渐渐不堪承载人口增长的压力,徽人开始寻找生存的出路。其出路一般是两条:或经商维持生计,或科考以求显达。前者造就了在中国经济史上辉煌一时的徽州商帮,后者则对徽州文化的发展、延

---

① 弘治《徽州府志》卷二《食货一》。
② 康熙《徽州府志》卷八《蠲赈》。
③ 康熙《休宁县志》卷七《汪伟奏疏》。
④ 罗愿:《新安志》卷九。
⑤ 参见黄山市地方志编纂委员会:《黄山市志》卷二《环境》,黄山书社 2010 年版。
⑥ 罗愿:《新安志》卷九。
⑦ 汪道昆:《太函集》卷七《新都太守济南高公奏最序》。
⑧ 顺治《歙县志》卷一《风俗》。
⑨ 康熙《休宁县志》卷一《风俗》。
⑩ 同治《祁门县志》卷五《风俗》。
⑪ 《黟县乡土地理·物产》。

续产生巨大影响。

三是"万山回环,郡称四塞"的封闭式的自然交通。徽州四境的山地,海拔千米以上的山峰林立。如黄山山脉、天目-白际山脉、九华山脉、五龙山脉等,海拔均在 1000 米以上,相对高度也超过了 800 米。这些山脉的岩石构成,主要有两大类型:一是结晶岩,二是浅变质岩。因其处于新构造运动剧烈隆起区,地面径流长期沿节理、断层强烈切割,故整个地表呈山高谷深的特征。海拔 500~1000 米的山地,是徽州分布最广的一种山地类型。这些山地经过多次节奏性抬升,山体尤显陡峻,坡度多在 25°以上。① 因此,处于山地回环中的徽州,旧时"皆鸟道萦纡。两旁峭壁,仅通单车"②。其自然交通以"四塞"来称,可谓贴切。

四是湿润温和、四季分明的亚热带气候。徽州地处北纬 30°附近,太阳辐射强度适中。随着冬夏季节的交替,夏季多偏南风,海洋暖湿空气进入,形成潮湿、多雨、炎热的气候特征,冬季多偏北风,常见大风和降温天气,季风气候的特征明显。据 20 世纪 50 年代以来的气象记录,该地年平均气温 15℃~17℃,年平均降水量 1400~2000 毫米。③ 受温暖湿润的季风气候和丘陵山地地貌影响,徽州植物种类丰富,主要生长着常绿与落叶阔叶混交林及针阔叶混交林。海拔400 米以下的山地,有樟树、银杏、柳树等树种和马尾松、杉树、油桐等经济林,以及茶、桑、果、麻等经济作物和竹类;海拔 400 米以上则有杉木、马尾松、毛竹和园竹等用材树种和草本植物。这些经济作物和林木资源,也是历史上徽州文化赖以发展的自然和经济基础之一。

三、徽州的人文环境

徽州历史上的人文环境,是徽州文化形成与发展的重要基础。从相关文献记载来看,徽州人文环境的特征在以下几个方面有显著的体现。

第一,唐宋以后发展为汉文化重心区。

① 参见安徽省徽州地区地方志编纂委员会:《徽州地区简志·地理》,黄山书社 1989 年版。
② 罗愿:《新安志》卷十《杂艺》。
③ 参见黄山市地方志编纂委员会:《黄山市志》卷二《环境》,黄山书社 2010 年版。

就中国文明的起源而言,多元并发的特点已为考古资料和文献记载所证实,亦被学界普遍认同。不过,在南宋以前,汉文化的中心在黄河流域,同样是不争的事实。徽州古属越文化圈,歙县等地向有"山越古邑"之称,与汉文化的内在联系并不密切。所谓山越,按照胡三省的说法,是"越民依阻山险而居者"①,"本越人,依阻山险,不纳王赋,故曰山越"②。我们认同目前学界的一般看法,即山越是由两部分族源不同的人群汇聚于江南山区相互融合而成的一个新的群体。此两部分族源不同之人,一是秦汉以降为躲避赋役而逃亡入山的越地之人,其中大部分为汉人,二是原本就居住在山中并有别于汉族的各种越族之人。山越文化与汉文化在风尚习俗、经济生活以及社会形态等方面,有明显的不同。在三国以后,徽州开始了从越文化圈到汉文化重心区的演变过程,这一过程的完成,历时一千多年。考之史实,其演变在两个方面展开:一是徽州山越及其文化逐渐消亡。据文献记载,山越人在历史上的活动可以追溯到公元 2 世纪中叶。③ 汉末三国之际,其活动臻于鼎盛。④ 其时徽州成为山越文化的中心地区。东吴政权在江东崛起后,对包括徽州在内的各地山越实施大规模、不间断的讨伐。在《三国志》和《资治通鉴》中,此段历史记载甚详。当时有二三十万皖南山越人被"徙出外县",其中"强者为兵,羸者补户",山越文化的特性渐渐失去。⑤ 晋以后,绝大多数皖南山越人融入汉族,徽州山越文化的色彩已然褪去。二是汉文化重心逐渐南移。在中国历史上,黄河流域既是早期经济、政治和文化中心,也是历代兵戈扰攘之地。两晋之际、唐末及五代十国,北方战乱频仍,中原衣冠大族纷纷南避,促进了南方汉文化的发展。北宋建立后,南方诸郡利用其优越的地理条件和自然环境,赢得了"东南诸郡,饶实繁盛"⑥和"今之沃壤,莫如吴、越、闽、蜀"⑦的称誉。徽州当时属于江南东路,汉文化向南发展,

---

① 《资治通鉴》卷五十六。
② 《资治通鉴》卷六十二。
③ 《后汉书·灵帝纪》记载,建宁二年(169 年)九月,"丹阳山越贼围太守陈,击破之"。丹阳郡治所在宛陵(今安徽宣城),辖境相当于今皖南全部及苏南、浙西部分地区。
④ 《三国志》卷五十六《吴书·朱桓传》言:其时江南"山贼蜂起,攻没城郭,杀略长吏,处处屯聚"。
⑤ 《三国志》卷五十八《吴书·陆逊传》。
⑥ 脱脱等:《宋史》卷三百六《范正辞传》。
⑦ 王应麟:《玉海》卷十七引秦观语。

该地正当其冲。因此,从徽州历史发展来看,此期文化取得了长足的进步。例如学者涌现、书院建立、著述激增、儒风盛行等诸种文化昌盛现象,徽州方志等有关文献中多有记载。南宋立国后,随着北方人口大规模南移,南方成为"人才的渊薮"①,汉文化的重心移到了南方。地处江南的徽州,"自南迁后,人物之多,文学之盛,称于天下"②,成为汉文化的重心区。在徽州山越及其文化逐渐消亡、汉文化重心渐次南移的历史变迁过程中,徽州完成了从越文化圈到汉文化重心区的演变。这一人文环境的变化,成为影响徽州文化形成和发展的重要因素之一。

第二,崇儒重教风尚的盛行。

有关徽州的方志和文献中,对唐以前该地的文风殊少涉及,其原因一方面是唐以前徽州文献阙如,更重要的另一方面则是其时徽州文风未盛。而唐宋以后,徽州读书风气之盛,在文献记载中处处可见。宋人洪适《休宁县建学记》曾记载当时情形:"休宁之人,益以乡校为先务,早夜弦诵,洋洋秩秩,有洙泗之风。"③此风一直延续到清代。康熙《休宁县志》说:"四方谓新安为东南邹鲁,休宁之学特盛。"④休宁县如此,徽州其他诸县亦相似。《婺源乡土志》记载婺源风俗时称:"婺人喜读书,虽十家村落,亦有讽诵之声。"⑤《绩溪县志》谓:"学校者,化民成俗之本也。州县立学,始自宋之庆历。而南渡后,徽为朱子阙里,彬彬多文学之士,其风埒于邹鲁。"⑥读书风气盛行,是唐宋以后徽州突出的风俗现象之一。伴随这一现象,南宋以后徽州书院大量出现,名家讲学活动频繁,出版印刷业发展迅速。于此可见徽州重教尚文之风气。唐宋以后,徽州向学业儒之人大增。《休宁县志》记载,南宋绍兴六年(1136年),兰陵人陈之茂任官休宁,看到"邑人争从讲学,户内人满,每坐户外"⑦。朱熹两度回徽州省墓并讲学,"乡人

---

① 张家驹:《两宋经济重心的南移·第三节》,湖北人民出版社1957年版。
② 康熙《休宁县志》卷一《风俗》。
③ 康熙《休宁县志》卷二十一《艺文纪述》。
④ 康熙《休宁县志》卷一《风俗》。
⑤ 光绪《婺源乡土志·婺源风俗》。
⑥ 乾隆《绩溪县志》卷三《学校》。
⑦ 康熙《休宁县志》卷七《职官》。

子弟愿学者众"①，他们"日执经请问"②，向学之心昭然。徽州理学名家吴儆与其兄吴俯讲学授徒于乡，从其游者，"岁常数百"③。南宋绍兴年间，仅休宁一县参加科考者，"常过八百人"④。这种盛况，南宋以降历元明而不衰。如宋末元初，婺源人许月卿在故里"杜门著书，号泉田子，游从者屦满门外，当时翕然师尊之"⑤。祁门人汪克宽在元泰定三年（1326年）中浙江乡试后，与其弟汪时中以经学教授徽州一带，有不少徽州士子入其门下。⑥ 明清两代，徽州讲学之风极盛，在每年八九月紫阳书院的公开讲学活动时，"衣冠毕集，自当事以暨民，群然听讲，师儒弦诵，常数百人"⑦，可见当时六县业儒从学者之众。南渡后的徽州，号称"自井邑田野，以至远山深谷、民居之处，莫不有学、有师、有书史之藏"⑧，正是该地崇儒重教风尚盛行的人文环境写照。

第三，宗法制度渗入民间日常生活。

徽州是一个宗族社会，聚族而居及其严密的宗法制度，是徽州极具典型的社会现象之一。有方志称："徽州聚族居，最重宗法。"⑨清代徽州籍著名学者赵吉士在《寄园寄所寄》中说："新安各姓聚族而居，绝无一杂姓搀入者，其风最为近古。出入齿让，姓各有宗祠统之，岁时伏腊，一姓村中千丁皆集，祭用朱文公家礼，彬彬合度。父老尝谓新安有数种风俗胜于他邑：千年之冢，不动一抔；千丁之族，未尝散处；千载谱系，丝毫不紊；主仆之严，数十世不改，而宵小不敢肆焉。"⑩这里描述的是徽州作为宗族社会所体现的一系列突出特征和风尚。

首先是千年之冢，不动一抔。徽州一地，数百年、上千年古墓随处可见。特别是家族墓地，被视为家族之根本，所谓"死者有墓犹生者有庐"，受到高度重视

---

① 朱熹：《晦庵集》卷七十九《徽州婺源县学三先生祠记》。
② 王懋竑：《朱子年谱》。
③ 吴儆：《竹洲集》卷首《竹洲集原序》。
④ 康熙《休宁县志》卷二十一《艺文纪述》。
⑤ 程曈：《新安学系录》卷九《许山屋行状》。
⑥ 参见黄宗羲、全祖望：《宋元学案》卷八十三《双峰学案》。
⑦ 施璜：《紫阳书院志》卷十六《会纪》。
⑧ 赵汸：《东山存稿》卷四《商山书院学田记》，清文渊阁四库全书本。
⑨ 嘉庆《黟县志》卷三《风俗》。
⑩ 赵吉士：《寄园寄所寄》卷十一，周晓光、刘道胜点校，黄山书社2008年版。

和严密保护。在徽州文书和家谱中保留至今的大量涉墓纠纷和诉讼,表明了徽州宗族对保护家族墓地的执着。《歙事闲谭》说:"俗多负气,讼起微杪,而蔓延不休。……顾其讼也,非若武断者流,大都坟墓之争十居其七。"①在族人世代守护下,徽州宗族墓地"往往始迁祖墓自唐宋迄今,犹守护祭扫惟谨"②,祖坟荫木茂盛,风水不败。

其次是千丁之族,未尝散处。徽州之民,同一男性祖先的子孙,往往聚族而居。他们虽然会分家、异财、析爨,成立各自的个体家庭,但往往依然居住在同一村落,世代聚居在一起。传统宗法观念中的"大家规模""大家气象",在徽州体现得最为明显。民国《歙县志·风俗》说:"邑俗重宗法,聚族而居,每村一姓或数姓,姓各有祠,支分派别复为支祠。"嘉靖《徽州府志·风俗》则称:"所在村落,家构祠宇,岁时俎豆。"通过祠堂及其祭祀等活动,千丁之族"重宗义,讲世好,上下六亲之施,无不秩然有序"。至今仍可见徽州一些传统村落,以同姓占据绝对优势的现象,如棠樾之鲍、呈坎之罗、宏村之汪、西递之胡、江湾之江、郑村之郑、唐模之许、雄村之曹、蓝田之叶等。

再次是千载谱系,丝毫不紊。历史上,徽州宗族皆重家谱的编修,认为"家之有谱,犹国之有史",不可一代或缺。正如《婺源查氏族谱》所说:"谱书之设也,藉以载先世之源流,垂昭穆之统绪,关乎子姓者非轻,不可漫焉忽视也。"③宋元以来,徽州修谱之风愈来愈盛,在清代至民国时期达于高潮。迄今存世的全部四万多种家谱中,徽州一府就有数千种。家谱记载内容丰富,举凡姓氏源流、祖先名讳、世系、迁徙情况、分支分派、祠堂、家规族训、人物传记、契约文书、艺文著述等,无不备载。其中世系图表是最重要内容,它详述家族历代血脉传衍,有此图表,家族千载源流井然有序。徽州各姓盛行修谱,于是有了"千载谱系,丝毫不紊"的独特风俗。

最后是主仆之严,数十世不改。在宗法礼制下,徽州大族讲究门第,其等级

---

① 许承尧:《歙事闲谭》卷十八《歙风俗礼教考》,黄山书社 2001 年版。
② 民国《歙县志》卷一《舆地志》。
③ 查荫元:《婺源查氏族谱》卷首上《福亭蓝轩公支谱序》。

之森严,达到了极致的程度。徽州历史上盛行佃仆制,佃仆被称作地仆、庄仆、庄人、火(伙)佃等,他们在祁门又称庄户,在黟县、休宁称小户、小姓,在歙县称底下人,在绩溪称祝活,是生活在徽州社会底层、人数众多的一个群体。徽州森严的宗法礼制,固化了这群人的身份和地位,并且即使贫富出现了变化,但其身份与地位历数十代都未能改变。正如明代嘉靖《徽州府志·风俗》所说:"家乡故旧,自唐宋来数百年世系比比皆是……婚配论门第,治褚裳装具,量家以为厚薄。其主仆名分尤极严肃而分别之。"康熙《徽州府志》在此条后附注:"此俗至今犹然。脱有稍紊主仆之分,则一人争之,一家争之,一族争之,并通国之人争之,不直不已。"这说明宗族与宗法在明清时期徽州社会中的重要地位和影响,宗法制度已渗透到民间日常生活的方方面面。

第四,从"鄙野"到"富州"的经济地位的变化。

经济因素是人文环境的重要构成部分。徽州地处万山丛中,虽开发甚早,但经济较为落后。它的跨越性进步,始于唐代。其时以坝、堨为主的各类水利工程得到兴修,一年两季的水稻种植得到推广,以银、铅开采为主的矿业和以布、丝为主的纺织业以及以"文房四宝"为主的制造业得到飞速发展。尤其是经济作物茶叶的种植、加工和销售,使徽州成为当时非常重要且著名的产茶区之一。张途《祁门县新修阊门溪记》载:"邑之编籍民五千四百余户,其疆境亦不为小。山多而田少,水清而地沃,山且植茗,高下无遗土。千里之内,业于茶者七八矣。由是给衣食,供赋役,悉恃此。祁之茗,色黄而香,贾客咸议愈于诸方。每岁二三月,赍银缗缯素求市,将货他郡者,摩肩接迹而至。"①刘津在《婺源诸县都制置新城记》中说:"婺源、浮梁、祁门、德兴四县,茶货实多,兵甲且众,甚殷户口,素是奥区。"②由此可见徽州以茶叶贸易为主的商品经济的繁荣。韩愈在《送陆歙州诗序》中说:"当今赋出于天下,江南居十九。宣使之所察,歙为富州。"③宋代徽州经济在唐代发展基础上,更进一步提升。由于非农产业就业的

---

① 《文苑英华》卷八百一十三《张途:祁门县新修阊门溪记》。
② 《全唐文》卷八百七十一《刘津:婺源诸县都制置新城记》。
③ 韩愈:《韩昌黎集》卷十九《送陆歙州诗序》。

多样性和高度的劳动密集化[①],以及因此被视为"民事繁剧"的大州,反映了宋代徽州经济发展质的提升,尤其是其中商品经济的飞速发展。

明清时期,由于徽商的崛起,徽州经济发展进入一个全新的时期。徽商是原徽州一府六县商人所组成的松散型的商人集团。该商帮始兴于明代成化、弘治年间,至万历时成为与"晋商"并称的两大商帮之一。按照当时人的说法,"富室之称雄者,江南则推新安,江北则推山右"[②]。清代康熙、乾隆年间,徽商因在两淮经营盐业成功,一跃而为明清时期十大商帮之首。在其兴盛的数百年中:活动范围"几遍禹内",甚至远涉海外;其从商人数居徽州男子人口的70%以上;一般徽商的资本在四五十万两,百万两以上乃至千万两的大商人不在少数;其经营内容"无所不居",而以"盐、典、茶、木"为"大宗";其商业活动影响之大,以至于出现"无徽不成镇"之谚。在中国传统社会后期的经济发展史上,徽州商帮具有标志性的地位。其经营理念和文化,代表了传统社会商人的基本价值观。因徽商的崛起与兴盛,徽州成为著名的商贾之乡,这是徽州人文环境的重要因素之一。

第五,理学影响下的"东南邹鲁"。

中国的传统学术思想,一个时期有一个时期的主流。先秦时期是诸子百家的时代,两汉时期是经学盛行,魏晋时期是玄学流行,隋唐则以佛学为主流,而到了宋明,理学成为学术的主流。宋明理学中,分为两大流派:一是"二程"和朱熹的"程朱理学",二是陆九渊、王阳明的"陆王心学"。新安理学则是朱子学的重要流派之一,它的开山宗师是祖籍徽州婺源的朱熹。该流派形成于南宋,发展于元代,全盛于明初,衰落于清中叶,在它六百多年的发展历程中,始终有一脉相承的理学家群体,有一以贯之的学术宗旨,并对中国传统社会后期中国文化的发展产生了深远的影响。由于士人的宣扬和百姓顶礼膜拜,它的思想和观念在徽州深入人心,渗透到了社会生活的各个领域和徽州文化的各种现象中,

---

① 参见[日]斯波义信:《宋代江南经济史研究》前篇5《局部地区事例》,方健、何忠礼译,江苏人民出版社2001年版。
② 谢肇淛:《五杂俎》卷四,中国书店2019年版。

深刻影响了南宋以后,特别是明清时期的徽州社会风尚。正是由于新安理学的广泛影响,所以徽州被人们尊为"程朱阙里""东南邹鲁"。在大家看来,这个地方是中国传统社会后期儒学的正宗传承地,徽州的人文环境深深烙上了理学的印记。

第 二 节
徽州文化

一、徽州文化的形成

从名称上来说,徽州文化一词的产生当是宋徽宗宣和三年(1121 年)徽州之名出现和稳定的行政区划定型以后的事。但我们关注的重心,其实是被叫作"徽州"的这个区域所出现的文化的前世今生。因此,谈到徽州文化的形成,不能不追溯"徽州"之名出现前此地文化的缘起。

(一)南宋之前徽州区域内文化的积淀

早在新石器时代,徽州区域内就出现了人类活动的踪迹。目前发现的石器时代遗址有歙县北郊的新州遗址、歙县富塘镇冯塘村遗址和徽州区岩寺镇桐子山遗址等。2002 年,在新安江源头的祁门县阊峰乡,发现一处距今五千多年的人类生活遗址,当时定居的人们从事狩猎、捕捞、种植等生产、生活活动,这些先人创造了这块土地上远古的文明。距今约三千年前,徽州境内的文明已经发展到非常高的水准。1959 年发现的屯溪西郊弈棋村附近的古墓葬群,出土了一大批青铜器、陶器、玉石件和漆器残件,器物制作精良,地域文化特色鲜明,反映了从西周至战国早期这里的土著古越人的聪明才智和文化创造力。

秦灭六国,建立大一统政权后,设立黟(黝)、歙二县,从此徽州地域有了最早的行政区划设置。秦始皇于公元前 210 年东巡会稽,将原越国中心地区的大量民众外迁,其中一部分"大越徙民"进入徽州地域。这些移民带来了吴越先进的文化,在与当地古越土著文化的融合中,推动了徽州区域内文化的跨越性发展。汉代,北方有吴、方、汪等大姓迁入徽州,开始了中原汉文化向徽州传输的进程。特别是两晋南北朝时期、中唐的"安史之乱"和唐末的黄巢起义之后,以及北宋"靖康之难"以后,中原战乱不断,北方大族为躲避兵燹,纷纷南迁,出现了大族入迁徽州的三次高潮。大族之进入,对南宋以前徽州区域内文化的积淀和儒学化产生了重要的影响。首先,入迁大族带来了以儒家文化为主体的中原汉文化。明人汪道昆在《太函集》中描述徽州习俗时说:"新安自昔礼仪之国,习于人伦,即布衣编氓,途巷相遇,尊卑少长以齿。此其遗俗醇厚,而揖让之风行,故以久特闻贤于四方。"①张海鹏先生认为:徽州文化中"读书、礼教、文章、五伦、六经"等儒家文化"精粹",本为中原"旧物";其崇礼教、习人伦、重诗书之"醇厚"的"遗俗",正是"遗"自古代的中原。② 此说甚是。而携带此等"旧物"到徽州的主要是迁入徽州的中原大族。在某种意义上说,徽州在经历几次人口大规模迁入后已经成为中原儒家文化的一个重要移植区。其次,入迁大族开启了徽州读经的风气。有关谱牒和文献记载显示,入徽大族,多重读经。其中如歙县罗氏、休宁陈氏、婺源朱氏和胡氏、歙县程氏、祁门倪氏等,均有源远流长的读经传统和遐迩闻名的学术成就。以婺源考水明经胡氏宗族为例,自始迁祖胡昌翼避难徽州,于后唐同光三年(925 年)以明经登第后,世以经学传家,宋元时期先后出现了"七哲名家",即胡伸(号环谷)、胡方平(号玉斋)、胡斗元(号勉斋)、胡次焱(号梅岩)、胡一桂(号双湖)、胡炳文(号云峰)、胡默(号石邱)。类此经学传家、代有才人的现象,在迁徽名族中普遍存在。由于这些大族的导引,徽州的读经之风甚盛,出现了"虽十室之村,不废诵读"③的淳厚风尚。而此等

① 汪道昆:《太函集》卷一,黄山书社 2004 年版。
② 张海鹏:《徽学漫议》,载 2000 年 3 月 24 日《光明日报》。
③ 民国《婺源县志》卷四《风俗》。

风尚,正是徽州文化形成和发展的重要基础。再次,大族的迁入奠定了徽州儒学人才的基础。大族之于徽州儒学人才出现的贡献有两个方面:一是入徽大族中,博学鸿儒不在少数,他们自身成为徽州儒学人才的重要组成部分。比如吴姓宗祖吴少微、任族始迁祖任昉、王族始迁祖王希羽、洪族始迁祖洪经纶等,或"词本经学,雄迈高雅"①,或"为士友所宗"②,或"词艺优博"③,各领一时之风骚,是徽州儒学的重要学者。二是迁徽之宿儒往往积极施教,传播学术,培养儒学人才。如柯氏于南宋隆兴二年(1164年)迁居歙县,"任徽州教授,诸生薰其德"④,等等。徽州儒学人才之勃兴,入徽大族功不可没。

在南宋以前徽州区域内文化不断积累的过程中,有几位关键人物值得一提:

一是唐代吴少微。吴少微(659—743年),名远,字仲芳,又字仲材,号遂谷,武则天长安元年(701年)中进士。宋罗愿《新安志》记载:"(少微)长安中累官至晋阳尉,与武功富嘉谟同官友善。先是天下文章以徐、庾为宗,气调益弱。独少微、嘉谟属词本经学,雄迈高雅,时人慕之,文体一变,称为吴富体。"⑤唐景云年间,吴少微曾被荐为吏部左台监察御史。其著有《文集》5卷、《经籍志》10卷。

二是稍后于吴少微的祁门人张志和与洪族徽州始迁祖洪经纶,他们是另两位开徽州文化风气之先的人物。前者早年以明经登第,任翰林待诏,以诗画扬名天下;⑥后者为唐玄宗天宝六年(747年)进士,曾出为宣歙观察使,"稍暇与士人讲论,为宣歙文学首倡"⑦。

三是南唐舒雅和吕文仲。舒雅(约939—1009年),字子正,南唐状元,入宋

---

① 罗愿:《新安志》卷六。
② 程敏政:《新安文献志》卷十一《罗汝楫:梁新安太守任公祠堂记》。
③ 罗愿:《新安志》卷六。
④ 戴廷明、程尚宽等:《新安名族志》前卷,黄山书社2004年版。
⑤ 罗愿:《新安志》卷六《先达》。吴少微籍贯有二说:《新唐书》和《旧唐书》皆称其为新安人,《祥符图经》具体指其为歙县人;《唐御史台记》则言其为渤海人。自罗愿《新安志》始,徽州地方文献均以少微为歙县人。
⑥ 张志和今传《玄真子》3卷,诗词9首。其《渔父词》五首之一"西塞山前白鹭飞,桃花流水鳜鱼肥。青箬笠,绿蓑衣,斜风细雨不须归"最为著名。
⑦ 弘治《徽州府志》卷七《人物传》。

后,曾参与编撰史籍,以舒州知州致仕,为"西昆体"重要诗人之一。罗愿《新安志》谓:"自太平兴国中编纂《文苑英华》,淳化中校《史记》、前后《汉书》,至道中,修续《通典》、校定《周礼》《礼记》《公羊》《穀梁》传疏及别纂《孝经》《论语》正义,咸平中,校七经疏义,雅必预焉。"①吕文仲(? —约 1007 年),字子臧,南唐进士,入宋累迁少府监丞,预修《太平御览》《太平广记》《文苑英华》,终仕刑部侍郎、集贤院学士,以"富词学、有器韵、善应对"②著称。

上述诸人在南宋以前徽州区域内文化不断积累的过程中发挥了重要的作用。而正是由于徽州区域内文化的不断积累,最终在宋元时期形成了徽州文化。

(二)南宋以来徽州文化的形成

我们认为,宋元是徽州文化的形成时期,这不仅是因为直到宋徽宗宣和三年(1121 年)改歙州为徽州,有了"徽州"之名,特指的"徽州文化"才名正言顺,更因为徽州文化的思想基础、社会基础和经济基础,也是在宋元时期方正式具备的。③

徽州文化的思想基础是朱子之学及其重要分支新安理学。朱熹(1130—1200 年),字元晦、仲晦,号晦庵。他是宋代理学的集大成者,中国古代著名思想家和教育家。他所构建的完整而系统、缜密而精致的思想体系,被后人称为"朱子学"。元、明、清三代,朱子学成为"显学",被朝廷确立为官方意识形态。无论是解经释义,还是科举取士,都以其学说为唯一准绳。因此,朱子学对中国传统社会后期各个方面产生了深远的影响。作为"孔子以后,一人而已"的朱熹,在中国历史上有着重要的地位。

南宋高宗建炎四年(1130 年),朱熹生于福建南剑(今福建南平)尤溪县城外毓秀峰下郑氏馆舍,故后人称其学为"闽学"。但据有关谱牒记载,朱熹祖籍在徽州婺源,其血脉源于婺源朱氏家族。根据王懋竑《朱子年谱》中的有关记

---

① 罗愿:《新安志》卷六《先达》。
② 罗愿:《新安志》卷六《先达》。
③ 参见翟屯建:《徽州文化史·先秦至元代卷·第五章》,安徽人民出版社 2015 年版。

载,朱熹曾两度回徽州祭扫祖墓并拜望宗族长老。第一次是绍兴二十年(1150年)春,朱熹回婺源,祭扫祖墓,并拜会当地学者,切磋学问。朱熹第二次回婺源扫墓,在淳熙三年(1176年)四月。这年朱熹47岁,业已成名。婺源县令张汉借此机会,率诸生请朱熹撰写了《藏书阁记》,朱熹将程氏《遗书》《外书》《文集》《经说》、司马氏《书仪》、高氏《送终礼》、吕氏《乡仪》《乡约》等书留给学生。徽州学者日执经请问,朱熹随其资质高下,诲诱不倦,至六月初旬始归。朱熹两次到徽州省墓,表明了朱熹与新安朱氏的密切关系;同时它在新安文化发展史上也是一件具有深远意义的大事。一大批研习程朱学说的新安理学家从此脱颖而出,他们以朱熹为泰山北斗,著书立说,阐释朱子之学,开启了将近六百年的新安学术风气,形成了新安理学流派。作为徽州文化的思想基础,南宋新安理学形成后深刻影响了中国传统文化史的发展演变和明清徽州社会的基本风貌。

徽州文化的社会基础是宗族制度,它也基本形成于宋元时期。其形成的标志:一是朱熹及宋元时期的新安理学家提出了较为系统的宗法思想并被后世徽州宗族奉为圭臬。他们特别强调建立适合中国宗法等级制的、以家庭(家族)为本位的人伦思想和人伦规范,其中的核心主张则是"三纲五常"、忠孝节义和森严的宗法等级制。朱熹曾说:"道即理也。……其目则不出乎君臣、父子、兄弟、夫妇、朋友之间。"①在南宋新安理学家吴儆的伦理学说中,"忠、孝"被推为人们立身行事的根本。他说:"臣子之所以自立于世者,惟忠与孝。夫子以为事亲孝,故忠可移于君。"②元末新安理学名家郑玉在阐释"三纲五常"时强调:"五常为人伦之重,而三纲又为五常之重也。"③将"君为臣纲、父为子纲、夫为妻纲"摆在了人伦之道中最重要的位置上。④ 朱熹还依据其宗法思想,编撰了一部重要的礼学著述《家礼》。该书分通礼、冠礼、昏(婚)礼、丧礼、祭礼五个部分,将古代礼仪充分糅合于日常伦理行为之中,对南宋以后徽州宗族伦理生活和地方社会产生了深刻的影响。在现存的徽州家谱、族谱中,不少族规、家训都明确规定

---

① 朱熹:《朱子文集》卷四十四,商务印书馆1936年版。
② 吴儆:《竹洲集·附录》,清文渊阁四库全书本。
③ 郑玉:《师山遗文》卷三,清文渊阁四库全书本。
④ 参见周晓光:《论元末明初新安理学家朱升与郑玉》,载《中国哲学史》1994年第2期。

必须按照朱熹的《家礼》开展宗族活动。如休宁《茗洲吴氏家典》中规定："遵行（家礼），率以为常。"① 绩溪上庄明经胡氏《新定祠规二十四条》强调："凡祭祀……一切仪节，谨遵朱子《家礼》。"② 歙县潭渡黄氏《祠规》中要求族众"元旦谒祖、团拜及春秋二祭，悉遵朱子《家礼》"③，等等。二是徽州宗族祠堂在宋元时期得到普遍构建。朱熹在《家礼》卷一《通礼》部分首列了"祠堂"条。按照朱熹的解释："此章本合在祭礼篇"，为体现"报本反始之心，尊祖敬宗之意"，所以"特著此冠于篇端，使览者知所以先立乎其大者"。④ 于此可见在朱熹宗族思想中，祠堂有着重要的地位。在朱氏思想的影响下，徽州宗族普遍认为"举宗大事，莫最于祠。无祠则无宗，无宗则无祖"⑤，"崇本枝，萃涣散，莫大于建祠"⑥。所以自南宋以后，徽州宗族开始兴修祠堂，并逐渐将其视为宗族重要的活动之一。宋元时期徽州祠堂以家祠居多，可见记载的有休宁藏溪汪氏祠堂、古林黄氏宗祠、竹林汪氏宗祠、泉源谢氏宗祠，歙县瀹潭方氏宗祠等。三是修谱之风开始盛行。家谱是以表、传等形式记载家族世系繁衍和重要人物嘉言懿行的作品，也是宗族制度发展成熟的标志之一。徽州家谱始撰于何时，已经无从考证，但可见记载的徽州家谱，从北宋时期就纷纷出现了。如开宝七年（974 年）徽州朱氏出现统宗谱、天禧四年（1020 年）休宁首村有朱氏谱、天圣七年（1029 年）吕从谦撰徽州吕氏谱、嘉祐元年（1056 年）许元初纂徽州许氏谱，等等。南宋及有元一代，徽州家谱编修蔚然成风，徽州各姓或续修前谱，或新修宗谱，在固本睦族的基础上，有力推动了宗族制度的形成。四是祭田和族产被大力提倡和设立。祠堂、祭祀之外，朱熹的《家礼》对祭田也是非常重视。其中特别规定："初立祠堂，则计见田，每龛取其二十之一，以为祭田。亲尽则以为墓田。后凡正位者，皆仿此。宗子主之，以给祭用。上世初未置田，则合墓下子孙之田，计数而

---

① 吴翟：《茗洲吴氏家典》，清雍正刊本。
② 绩溪《上川明经胡氏宗谱》下卷，清宣统刊本。
③ 歙县《潭渡黄氏族谱》卷六，清雍正刊本。
④ 朱熹：《家礼》卷一，清文渊阁四库全书本。
⑤ 《程典》卷十二。
⑥ 歙县《新安歙西溪南吴氏世谱》。

割之,皆立约闻官,不得典卖。"①于是徽州宗族视祭田的设置与经营为宗族活动的重要内容,认为"祠而弗祀,与无祠同;祀而无田,与无祀同"②,提倡和鼓励族众出资出力。据有关史料,徽州宗族都有数量不等的祭田和族产,而这种情况的出现,也是在宋元时期。如北宋歙州人许元"所得俸禄,悉以给宗族",南宋休宁人金文刚捐祭田供宗族祭祀之用,元代休宁人程文贵等与族人置"善茔之田",等等。宗族制度是以宗族为核心形成的一系列理念、规定和文化。宋元时期的徽州,宗族制度已初步形成,它成为徽州文化形成的社会基础。

此外,包括徽州商人在内的宋元徽州经济的发展,也是徽州文化形成的重要物质基础。在农业生产方面,北宋时耐旱、生长期短、产量高的"占城稻"在徽州得到推广种植。南宋时由于开山造田,徽州土地面积大幅增加。水利工程也得到大规模兴修,淳熙二年(1175年),徽州陂、塘、堨等大小水利设施有3941处。同时,以茶叶为代表的经济作物种植得到推广,茶叶年产量在隆兴年间达到了210万斤③,约占当时全国产量的1/24。农业生产工具和生产技术也有了长足的进步,农业经济进入快速发展阶段。手工业方面,南宋时以"文房四宝"为代表的制造业全面发展,徽州成为当时造纸和制墨、制砚、制笔的中心。元代,徽州矿冶业、酿造业等手工业发展迅速。在南宋建都临安后,徽州与江南一带的经济往来更加频繁,徽州商人开始崭露头角;元代,徽州商人的活动范围更加广泛,经营行业日渐增多,财富积累迅速,出现了拥资数十万两的大商人。宋元时期徽州经济的发展,一方面为明清徽州经济发展提供了深厚的积淀,另一方面也为宋元徽州文化的形成奠定了基础。

二、徽州文化的发展④

徽州文化在宋元形成之后,逐步发展成为中国传统社会后期既有典型性又

---

① 朱熹:《家礼》卷一,清文渊阁四库全书本。
② 歙县《古歙城东许氏世谱》卷七,清刊本。
③ 参见李心传:《建炎以来朝野杂记》卷十四《江茶》,清文渊阁四库全书本。
④ 参见周晓光:《论明清徽州文化的阶段性发展》,载《江汉论坛》2015年第1期。

具普遍意义的地域文化。明清两代是徽州文化发展的鼎盛时期,该时期徽州文化发展经历了四个阶段:

(一) 明前期

该时期从明初洪武年间开始,大致在嘉靖、万历年间告一段落。期间徽州文化整体风貌彰显的一个鲜明的主题是求变与创新。

比如,崛起于南宋的朱子学重要流派"新安理学",在有元一代学术思想和学术风格渐趋墨守成规时,学派内部死抱旧说,创新乏力。詹烜在《赵东山行状》中记载:"新安自朱子后,儒学之盛,四方称之为东南邹鲁。然其末流,或以辨析文义、纂辑群言,即为朱子之学。"①其描述了元代新安理学墨守成说、创见缺乏的普遍现象。对此,当时著名的新安理学家赵汸也提到,徽州先贤"皆留心著述,所以羽翼程朱之教者,具有成书"②,但是其书"虽有考索之富而扩充变化之无术,虽有辨析之精而持守坚定之未能"③。这里,赵氏所说的"扩充变化之无术",就是指南宋朱熹之后的元代新安理学家缺乏学术创新。元末明初,鉴于元代新安理学家的学术之弊,以朱升、郑玉和赵汸为代表的新安理学家提出了求"实理"的新的治经主张。这一主张的核心是反对元代先儒盲目迷信、循途守辙的治学之术,主张明源察始,通过自身的思考,探求理学真谛。以此为指导思想,以朱升、郑玉和赵汸为代表的元末明初新安理学家本着求真实之理的心态,思维渐趋大胆、活跃,从多种途径探索朱子之学的真谛。如朱升发明了"旁注诸经"的治经方法,郑玉和赵汸则以"和会朱陆"张大新安理学学派宗旨,明初的新安理学可谓气象一新。该时期也是新安理学发展史上求变求新思潮最活跃的时期。

再如徽州的教育和科举,在明前期也有新的变化。这种变化主要表现在三个方面:一是地方教育机构类型进一步清晰,官学、书院、社学三大系统互为补充,构成了徽州教育机构的网络体系。徽州官学包括府学和六县县学,其中府

---

① 程曈:《新安学系录》卷十五《詹烜:赵东山行状》。
② 赵汸:《东山存稿》卷三《答上虞学士书》。
③ 赵汸:《东山存稿》卷三《答上虞学士书》。

学始于唐代。六县县学中,始于唐代的有歙县学和祁门县学,其余休宁县学、黟县学、婺源县学和绩溪县学皆始建于宋代。① 其后,虽有连续性,但时有兴废,元末战乱更一度使徽州官学遭受重创。明朝立国后,朱元璋崇奉"治国以教化为先,教化以学校为本"的理念,推行了一系列兴学政策,被史家称为"学校之盛,唐、宋以来所不及也"。② 在此背景下,明前期的徽州府县学得到全面重建或扩建。③ 徽州最早的书院是绩溪龙井之桂枝书院,始建于北宋景德四年(1007年)。其后,经宋元发展,明前期的徽州书院无论规模和数量,均远超前代。据乾隆《江南通志》、道光《徽州府志》、光绪《重修安徽通志》等志书不完全统计,明代徽州新建或重建、扩建的书院有 49 所,其中明确记载为前期的书院有 38 所,比例高达 77.6%。这说明了徽州书院在明前期已形成规模化的系统。社学之制,始于元至元二十三年(1286 年),为朝廷诏令在乡村设立的"教童蒙始学"的学校。明承元制,于洪武八年(1375 年)开始在城乡推行社学,"延师儒以教民间子弟"④。据弘治《徽州府志》记载,同年徽州六县凡"邑之坊都,居民辏集之处"均设立社学,数量达到 462 所。其中休宁、婺源最多,各有 140 所,其他各县依次为歙县 112 所、绩溪 30 所、祁门 27 所、黟县 13 所。⑤ 明前期徽州的社学已经遍及城乡,奠定了童蒙教育的基础。官学、书院、社学针对不同人群,各成系统,表明徽州地方教育机构的类型在明前期进一步清晰,已经构成了徽州教育机构的网络体系。二是徽州教育的功能进一步凸显。洪武十五年(1382年),明廷全面恢复科举取士,并规定参加科举者必须是各级学校的生员,逐步形成了"科举必由学校"的定制。因此,徽州府、县学等"官学"发挥着培养科举人才的功能。书院为"尊儒重道、栖徒讲学之地",明前期徽州书院的功能重在聚徒讲学。如徽州最大的书院紫阳书院,在"元末明初,名儒迭兴,又立紫阳书

---

① 参见道光《徽州府志》卷三《学校》。
② 《明史》卷六十九《选举志一》。
③ 参见道光《徽州府志》卷三《学校》、民国《歙县志》卷二《营建志》、道光《休宁县志》卷三《学校》、嘉庆《黟县志》卷十《学校》、同治《祁门县志》卷十七《学校志》、民国《重修婺源县志》卷六《学校》、嘉庆《绩溪县志》卷五《学宫》。
④ 王圻:《续文献通考》卷六十《学校考·社学》。
⑤ 参见弘治《徽州府志》卷五《学校》。

院山长以主之,度其揖让周旋,升阶侍立,相与析疑辨难,必多发明"①。清人施璜撰有《紫阳书院志》和《还古书院志》,其中《会纪》等篇对徽州书院讲学情形记载甚详。社学则收 8 至 15 岁孩童入学,"设教读以训童蒙"。三类教育机构功能各有侧重,一时徽州文风丕振,科举及第者人数之众,几近今安徽全省的1/3。② 三是办学主体进一步扩大,除官府投入外,民间集资和官绅资助份额越来越大。尤其是随着弘治之后徽州商人群体崛起、徽州商帮形成,徽商在徽州教育方面的贡献度越来越高。这些都表明明前期的徽州教育与科举走上了鼎新之路。

作为徽州文化核心内容之一的徽州商业文化,也在明前期初步形成。虽然作为个体的徽州商人,其经商可以追溯到很早的年代,但徽商作为地域商帮的出现,在明前期。此期徽州商人从业人数剧增,资本规模扩大,经营行业拓展,营商手段多样,宗族联系密切,最终约在成化、弘治年间开始形成徽州商帮。学界认为,其标志一是徽人形成从商风习,二是徽人结伙经商现象普遍,三是"徽""商"二字已经相连成词,四是作为徽商骨干力量的徽州盐商已在两淮盐业中取得优势地位。③ 随着商帮的形成,徽商出现了"贾而好儒"、"以义为利"、结伙经商、广交官府、热心公益等商业文化。④ 商帮的形成以及商业文化的出现,是此前徽州文化中未见之新气象。

又如徽州文学,尽管学界对此阶段的文学成就评价不高,但其理学化的时代特色异常鲜明。韩结根先生在其《明代徽州文学研究》一书中提出:此期有代表性的诗文作家,多为新安理学名家或饱读理学经典之士;其作品亦多以理学为主导价值取向,或直接阐扬理学思想,或讴歌"圣朝之至治"。⑤ 这是明前期徽州文坛劲吹的"新风"。从徽州版画来看,此期它承唐宋而进一步创新,最终在嘉靖、万历年间达到鼎盛。张国标先生《徽派版画》一书胪列了万历年间徽派

① 施璜:《紫阳书院志》卷十八《唐皋:紫阳书院记》。
② 参见《明清进士题名碑录》,上海古籍出版社 1980 年版。
③ 参见张海鹏、王廷元:《徽商研究》,安徽人民出版社 1995 年版,第5—8页。
④ 参见周晓光、李琳琦:《徽商与经营文化》,世界图书出版公司 1998 年版。
⑤ 参见韩结根:《明代徽州文学研究》,复旦大学出版社 2006 年版。

版画的重要作品八十余件,展示了徽派版画的卓著成就。① 此期特别值得关注的是著名的歙县黄氏家族刻工,该家族刻工群体自天顺年间崛起后,经过数代人的传承与创新,到万历时期创造出一套独特的雕图刀法,其木刻画一改原先粗壮雄健之风,形成线条秀劲、版面简雅、形象细腻的徽派版画风格。清道光《虬川黄氏宗谱·文翰》,记载了明前期诸多黄氏刻工的姓名和事迹,从中可见其强大的阵容。② 总之,明前期徽州文化的种种现象,反映了其求变与创新的整体风貌。

(二) 明后期

该时期大致从万历中期开始,到明末结束,经历五十余年的时间。该时期徽州文化在传承与深化中,呈现出了丰富多彩的特色。

万历中期以后,明朝进入了一个由极盛而逐渐转衰的历史时期。一方面,经过两百年左右的积累和发展,明朝的制度建设日臻成熟,经济运行相对平稳,特别是张居正的"一条鞭法"改革,稳定了朝廷的赋税收入。在部分商品经济相对发达的区域,甚至还出现了资本主义生产方式的萌芽。尽管北方草原上的少数民族不时南下侵扰明境,东南沿海一带"倭患"未靖,但零星战事尚不足动摇明朝的统治根基。皇位传承虽在前期有过"靖难之役"和"夺门之变"两次较大变故,但对政局的稳定尚未造成长期的影响。到万历中期,明王朝呈现的是一幅"盛世"图景。另一方面,"物极必反"的规律在万历中期之后则更趋明显。其制度体系中的各种弊端渐渐显露,如选官用人重人际关系、重科举出身而忽视真才实学,推行的赋税制度改革在"加派"政策下名存实亡,内阁制度下的"首辅"一职,成为官员争权夺利的最高追求,等等。朝廷中,各派势力"党争"不断,宦官擅权现象愈演愈烈,百姓负担日益繁重,各种矛盾愈积愈深。东北满族兴起,更给明朝的数百年江山根基带来巨大的冲击。因此,明朝在其后期已经步入盛极而衰的历史时期。于是,在这种历史背景下的中国文化发展呈现了两面

---

① 参见张国标:《徽派版画》,安徽人民出版社 2005 年版,第 32—37 页。
② 参见刘尚恒:《虬川黄氏宗谱与虬村黄氏刻工》,载《江淮论坛》1999 年第 5 期。

性:一是四海升平的环境,成就了中国文化的繁荣;二是危机潜伏的征兆,引发了各种思潮的涌动。在此背景下,徽州文化在传承与深化中,呈现出了丰富多彩的特色。

首先是曾经一统徽州学界的朱子之学,受到湛(若水)、王(阳明)心学的强烈冲击,徽州学者开始出现分化,其学术思想更显丰富。明前期的徽州学术思想,传承了南宋以来朱子之学独尊的传统,一如明初赵汸所说,朱子之学虽行天下,而"讲之熟、说之详、守之固,则惟推新安之士为然"①。但明中后期,湛、王心学先后传入徽州,在讲学等方面占据了上风。徽州文献中多有"文成之教盛行,讲会者大多不诣紫阳"②"新安多王氏之学,有非复朱子之旧者"③等记载。于是,徽州学者分化为两个阵营:一是由朱子之学传承者所组成的阵营。这一阵营的主要代表人物有休宁人程敏政、范涞、吴汝遴、汪璲、汪学圣、金声,婺源人游震得、汪应蛟、余懋衡、江旭奇,歙县人洪德常、江恒等。他们是明代中后期代表徽州学术文化的主要群体。二是由湛若水、王阳明心学的崇拜者所组成的阵营。这一阵营的骨干成员有湛若水门徒婺源人洪垣、方瓘,祁门人谢显、谢芊和王学弟子汪道昆,以及休宁人程默、歙县人程大宾、婺源人潘士藻等。④ 两个阵营的学者分别阐扬朱熹理学和湛、王心学,致徽州学术思想诸说纷呈。同时,以黄生为代表的徽州经学此期也得到复兴。徽州的学术思想在传承与深化中,进一步显现了丰富多彩的特色。

其次是明前期发展并未成熟的徽州文化现象,在此期得到迅速发展,大大丰富了徽州文化的内容。比如徽州史学,在明前期因缺乏重要的史家和有影响的史著,在徽州文化中的地位并不突出。中期以后,徽州学者开始对传统史学表现出浓厚的兴趣,编撰了一批重要史著。著录于《四库全书总目》史部类的明代徽州学者著作共有 22 部,其中大部分为中后期的作品。⑤ 从传统史学著述的

---

① 赵汸:《东山存稿》卷四《商山书院学田记》。
② 施璜:《紫阳书院志》卷十二《汪县尹》。
③ 施璜:《紫阳书院志》卷十六《会纪》。
④ 参见周晓光:《徽州传统学术文化地理研究》,安徽人民出版社 2006 年版,第 114 页。
⑤ 参见《四库全书总目》卷四十五至九十,中华书局 1965 年版。

体裁来看,徽州学者在史评和史钞两类用力最勤,同时杂史类的著作也不在少数。这些学者一方面重视史料的考辨,另一方面也注重史学功能的阐释和对传统史学的创新,取得了较高的史学成就。此期徽州家谱的修撰也进入一个高潮,不仅参与人员广泛,出现了戴廷明和程尚宽的《新安名族志》、汪道昆的《灵山院汪氏十六族谱》、程一枝的《程典》、吴元孝的《临溪吴氏族谱》等一批徽州家谱精品,而且在家谱体例创新等方面也取得了重要突破。此外,徽州方志的编撰在嘉靖、万历年间以及其后出现兴盛景象,府邑共修志书 16 种。[①] 该时期成为明代徽州志书修撰最活跃的时期。徽州学者在传统史学研究和家谱修撰、方志编修等方面取得的斐然成绩,表明徽州史学发展出现了历史上的第一个高峰。它丰富了徽州文化的内容,也彰显了徽州文化在明代中后期多彩的特色。

与徽州史学现象类似的还有徽州绘画。学界认为,明代前期,绘画在徽州虽被视为一种高雅艺术,但未能成普遍风气,可称画家者,唯明初朱同(休宁人)一人而已。但嘉靖、万历以降,徽州画坛名家辈出,朱邦(休宁人)、汪肇(休宁人)、詹景凤(休宁人)、杨明时(歙县人)、丁云鹏(休宁人)、吴羽(歙县人)、郑重(歙县人)、李流芳(歙县人)、程嘉燧(歙县人)、黄柱(歙县人)、黄生(歙县人)、李永昌(休宁人)等皆一时画坛名流,影响广泛。[②] 尤其是丁云鹏和程嘉燧,前者被黄宾虹誉为"山水花鸟,靡不精妙",其人物画和道释画,"唐吴道子、贯休,不多让也",[③]后者画风宗倪云林与黄公望,开创了名重一时的"天都画派",并居"天都十子"之首。此期徽州绘画的成就,为徽州文化注入了斑斓的元素。

除徽州史学、徽州绘画等文化现象外,明前期并不见昌盛的徽州工艺,在明代嘉靖、万历以后也是大放异彩。尤其是最具代表性的文房四宝和徽州三雕,工艺水平日臻成熟,蜚声海内外。

再次是多种文化现象形成具有地域特色的流派。以徽派建筑为例,学界认

---

① 参见刘道胜:《徽州方志研究》上编,黄山书社 2010 年版,第 10—13 页。
② 参见郭因、俞宏理、胡迟:《新安画派》,安徽人民出版社 2005 年版。
③ 黄宾虹:《黄宾虹文集·书画编》上《黄山画苑论略》,上海书画出版社 1999 年版。

为,徽派建筑的工艺特征和造型风格主要体现在祠堂、民居、牌坊和园林等建筑上。而这些标志着徽州建筑工艺特征和造型风格成熟与基本定型的建筑,大规模出现在明代中后期。有学者对现存 40 座徽州祠堂调查统计,明嘉靖十五年(1536 年)以前所建的有 8 座,其后所建的有 30 座,另有 2 座修建年代不详。① 另有学者根据弘治《徽州府志》和嘉靖《徽州府志》的相关记载,分别统计了弘治和嘉靖年间徽州祠堂的数量及其分布,发现弘治《徽州府志》记载的祠堂共有 15 座,而嘉靖《徽州府志》记载的祠堂多达 213 座。② 这些统计情况表明,在明代中叶,徽州祠堂之建出现了一个高潮。作为徽州建筑核心构造元素的马头墙、门楼、隔扇、飞来椅和天井等,也在明代中后期悉数出现在徽州民居上,形成了典型的民居风格。而被视为"徽州文化物化象征"的牌坊,在明代中后期因形制的成熟和多样化,以及雕刻的鼎盛,步入一个全盛时期。这些类别的建筑,工艺特征鲜明,造型风格成熟,地域特色明显,因而被视为徽派建筑。该建筑流派不仅在徽州本土造就了徽文化的建筑人文特征,且对长江中下游流域及其以南地区产生了重大影响。陈从周先生认为,"明代中叶以后,扬州的商人以徽商居多……随着徽商的到来,又来了徽州的匠师,使徽州的建筑手法融于扬州的建筑艺术中",故"扬州园林受徽州派影响大"。③

徽州文化现象中,新安医学也在明代中后期形成了具有地域特色的流派。徽州医籍最早见诸记载的有南朝宋羊欣的《羊中散方》20 卷、初唐杨玄操的《黄帝八十一难经注》。宋元时期新安医学有了长足发展,出现了张扩、吴源、黄孝通、张杲等一批名医。而在明代进入鼎盛时期,尤其是在中后期,新安医学名医辈出,著述宏富,在中医学理论、药物学、方剂学、临床医学、传染病学等方面都取得了令人注目的成就,形成了风格独特、声名显赫的新安医学派。④ 徽派篆刻之崛起及其地位的确立,亦在此期。有学者将徽派篆刻的兴起与发展分为三个

---

① 参见赵华富:《明代中期徽州宗族统治的强化》,见《1998 年国际徽学学术讨论会论文集》,安徽大学出版社 2000 年版。
② 参见常建华:《明代宗族祠庙祭祖的发展》,见《中国社会历史评论》第二卷,天津古籍出版社 2000 年版。
③ 陈从周:《园林谈丛》,上海文化出版社 1985 年版。
④ 参见张玉才:《新安医学·第二章》,安徽人民出版社 2005 年版。

阶段,其中第一阶段为明万历至崇祯时期,乃徽派篆刻的确立阶段。① 当时以何震、苏宣、朱简、汪关为首的徽州一府六县五十余位印人,不仅在印学理论和篆刻实践上取得巨大成就,而且遥相呼应,一统明末印坛天下。还有徽州商帮在成化、弘治年间形成后,在明前期发展的基础上,资本更为雄厚,活动范围更广,联系纽带更紧,经营文化凸显,成为与晋商并称的两大商帮之一。徽州多种文化现象形成了别具一格的流派,表明徽州文化在此期的进一步丰富和深化。

　　总体来看,明代中后期的徽州文化传承中有发展,发展中显深化,呈现出了丰富多彩的特色。

(三)清前期

　　该时期大致从明季开始,至清康熙、乾隆之交告一段落。这一时期的徽州文化经历了一段顿挫与复苏的历程。

　　明朝末年,积累已久的社会矛盾和民族矛盾激烈爆发。在天灾人祸交逼下,明末农民战争首先在陕北爆发,战火很快蔓延至中原腹地和大江南北。李自成、张献忠等农民军与明廷经过十余年的拉锯战,先后分别建立"大顺"和"大西"政权,并攻占北京,迫崇祯皇帝自缢。其后,清兵入关,先是击溃农民军,后又与南明政权进行了近二十年的交战。明末农民战争以及随之而来的明清之际战乱,致当时社会经济文化遭到重创。各地留下了大量的"满目榛荒,人丁稀少"②"人民多遭惨杀,土田尽成丘墟"③"燹于兵火,锦坊尽焚"④的记载。徽州是皖南抗清斗争的始发地,有文献记载:"盖徽、宁、池之祸,始于徽州……"⑤当时包括徽州在内的皖南地区,经历了惨烈的战乱冲击。徽州文化的发展在明末清初持续近四十年的战乱中,遭遇顿挫。以徽商为例,李自成大顺农民军进入北京后,将徽商视为"追赃比饷"的重要对象,"谓徽人多挟重赀,掠之尤酷,死者

---

① 参见翟屯建:《徽派篆刻·第二章》,安徽人民出版社 2005 年版,道光《徽州府志》卷三《学校》。

② 《皇清奏议》卷四《李人龙:垦荒宜宽民力疏》。

③ 《明清史料》丙编,北京图书馆出版社 2008 年版,第 783 页。

④ 民国《华阳县志》卷三十四《物产》。

⑤ 中国人民大学历史系、中国第一历史档案馆:《清代农民战争史料资料选编(安徽部分)》第一册,中国人民大学出版社 1984 年版,第 262 页。

千人"①。《明季北略》记载,时有徽商汪箕,"居京师,家赀数十万",典铺数十处,被追赃十万,因不堪重刑拷打而身亡。② 更有一批徽商,在乱世中无心营商,散尽家财以求避祸。嘉庆《黟县志》记载的徽商叶万生就非常具有代表性:"叶万生,字道一,南屏人。少守礼义,有智略。家故有质库,值明季山贼土寇连年不靖,因言于父世卿曰:'寇将至矣,无多藏以贾祸也。'乃与乡人约,合券者不取钱还其质,数日而尽。"③类似情况,在家谱等地方文献中也多有记载。清初赵吉士说:"明末徽最富厚,遭兵火之余,渐遂萧条,今乃不及前之十一矣!"④徽州商帮在此期遭受了重大打击。此外,在明代中后期盛极一时的徽州教育,于明清战乱之际,亦无所作为。府、县学以及为数众多的书院,其教学活动几近停滞,教育场所荒废。顺治时,休宁县学"文昌阁、魁星楼俱废"⑤。婺源紫阳书院多处建筑"鼎革以来……毁于兵燹"⑥。

到清前期,徽州文化开始从顿挫中复苏。在学术思想方面,晚明渐趋式微的朱子学得到复兴,《寄园寄所寄》卷十一《泛叶寄·故老杂记》:"文公为徽学正传,至今讲学,遂成风尚。书院所在都有,而郡之紫阳书院、古城岩之还古书院,每年正八九月,衣冠毕集,自当事以暨齐民,群然听讲,犹有紫阳风焉。其他天泉书院,为湛甘泉讲学处,迥不逮也。"同时,江永、戴震、程瑶田等人继承了顾炎武、黄宗羲所开创的求实精神,倡导经世致用,力矫宋明学术之弊,治学以"求是"为宗旨,侧重于文字音韵、天文地理、名物典章制度的考证,由此开"皖派经学"风气之先。

徽州教育由沉寂而再兴,有诸多原因:一是官学教育重新得到了发展,原先塌废的教育设施屡有修缮。据《徽州府志》记载,徽州府学在康熙三年(1664年)、九年(1670年)、十二年(1673年)、五十四年(1715年)和雍正三年(1725

---

① 彭孙贻:《平寇志》卷十,见《四库全书存目丛书·史部》第 55 册,齐鲁书社 1996 年版,第 878 页。
② 计六奇:《明季北略》卷二十三,中华书局 1984 年版。
③ 嘉庆《黟县志》卷六《人物》。
④ 康熙《徽州府志》卷二《风俗》。
⑤ 道光《徽州府志》卷三《学校》。
⑥ 道光《徽州府志》卷三《学校》。

年)、十年(1732年)先后修复了圣殿、明伦堂、仪门、尊经阁、崇圣祠、乡贤祠等建筑。① 徽州府试院亦于此期得到重建,规模空前。此期官学教育设施的重修,还包括六县的县学。如休宁县学在清初"岁有增饰"②,康熙元年(1662年)修复了启圣祠、尊经阁、石栏、明伦堂、礼乐器房、泮池、程朱祠等建筑。歙县学"顺治十年癸巳两庑坏、明伦堂圮,知县宋希肃新之;十三年丙申庙圮,教谕王昕修,康熙四年乙巳同知聂炜建;十一年壬子大淫雨,殿圮,知府曹鼎望建,三十六年丁丑知县郑元绥重建"③。官学教育设施不仅得到修缮,且功能与保障也有恢复。如:徽州府学在原有160亩学田的基础上,又得到二十户捐助的学产,保障了教授、训导的"薪水之费"以及府学"岁修之用";康熙十四年(1675年),监生程子谦为休宁县学"捐银一千两置学田,取租为诸生科举费"④,等等。二是书院讲会之风盛行,且以传播朱子之学为宗旨。清前期的徽州书院讲会,制定有《紫阳讲堂会约》等条规,从形式到内容都有规范化的要求。据《紫阳书院志》《还古书院志》等书不完全统计,除了各书院每月的定期讲会外,每年紫阳书院和还古书院的大会在顺治、康熙、雍正三朝总数达到了150次。⑤ 其规模有时甚至是"在会之士及观者千余人"⑥,盛极一时。三是义学、塾学发展迅速。此期由官方或民间集资创办的"聚集孤寒,延师教读"⑦的义学,遍及徽州城乡。据康熙《徽州府志》记载,当时徽州的义学总数达到了460所,其中最多的休宁和婺源两县分别设立了140所。⑧ 与义学相辅的是此期徽州还有大量的塾学存在,特别是徽州的宗族,大多设有族塾、家塾,专为族内贫寒子弟提供受启蒙教育的机会。康熙十二年(1673年),歙县人施璜等还制定了《塾讲规约》,建立了一整套的塾师培训制度。这些都表明了徽州教育在经历了明清之交的相对沉寂后,开

① 参见道光《徽州府志》卷三《学校》。
② 道光《休宁县志》卷三《学校》。
③ 道光《徽州府志》卷三《学校》。
④ 道光《徽州府志》卷三《学校》。
⑤ 参见周晓光:《徽州传统学术文化地理研究·附录一》,安徽人民出版社2006年版,第250页。
⑥ 施璜:《紫阳书院志》卷十八《施润章:寄曹冠五太守书》。
⑦ 《钦定大清会典事例》卷三百九十六《礼部·学校》。
⑧ 参见康熙《徽州府志》卷七《学校》。

始出现兴盛的迹象。

徽州文化中别具一格的新安画派,也在此期悄然崛起。明中后期画坛上,由歙县人程嘉燧开创的具有广泛影响的天都画派,因主要代表人物及其传人在明清易代之际选择了不同的人生途径,而渐趋式微。歙县人渐江,休宁人查士标、孙逸、汪之瑞在清初画坛先后崛起,因都主张师法自然,且画风相似,以枯淡、萧疏、幽冷为旨趣,被称作"新安四大家"。学界认为,以新安四大家为主要代表,其中渐江为首席代表,以程邃、戴本孝、郑旼等为主要骨干,以一大批新安画家为成员,最终形成了新安画派。① 该画派在中国画史上占有重要的地位,不仅名重一时,且对后世中国画的发展产生了巨大影响。

明清之际的战乱以及清初迭兴的"文字狱",予当时刻书业以重创。刻书范围缩小,数量锐减,市场萎缩,这是其时全国范围内的普遍现象,而徽州刻书业亦莫能外。不过,根据相关文献记载,在"文字狱"的阴影下,徽州的刻书业仍在艰难发展。首先是以府学、县学及书院为主体的徽州官刻。此期陆续刊刻了《紫阳书院志》《程朱阙里志》等专志和《歙志》《歙县志》《黟县志》等 8 部方志。其次是徽州家刻在此期并未停顿。有学者统计,清代徽州家刻有 32 姓,所刻图书 300 余种,其中有一部分诗文集和医案属于清前期所刻。② 再次是此期徽州坊刻在本土以歙县、休宁为主,刊刻了部分经史图书和个人文集,在外埠杭州、扬州等地,刊刻了《昭代丛书》《檀几丛书》等丛书。这些状况,表明了清前期徽州刻书业的复苏。

此外,徽州文学在曲折中亦有所发展,出现了张潮(歙县人)、汪森(休宁人)、孙默(歙县人)、赵吉士(休宁人)、闵麟嗣(歙县人)、程梦星(歙县人)等一批文学家和诗词作家,他们在清初文坛上均占有重要的地位。徽州版画在此期虽未恢复到明中后期的万千气象,但仍出现了一批艺术珍品,如顺治五年(1648年)刊刻的《太平山水图》(萧云从画)、顺治八年(1651 年)刊刻的《博古叶子》木版画集(陈洪绶画)、康熙四十年(1701 年)刊刻的《秦楼月传奇》等。而新安

---

① 参见郭因、俞宏理、胡迟:《新安画派》,安徽人民出版社 2005 年版,第 22 页。
② 参见刘尚恒:《徽州刻书与藏书》,广陵书社 2003 年版。

医学在清初出现了以汪昂(休宁人)、郑重光(歙县人)、程衍道(歙县人)等为代表的一批名医。他们一方面重视医学理论的研究,编著了大量的医案验方等实用医学著作,另一方面也关注临床医学实践活动,推动了新安医学的快速发展。唯徽商因在明末受挫严重,振兴稍慢。总体来看,徽州文化在经历明末的顿挫后,于清前期得到逐步复苏,部分文化现象已然出现了兴盛的状况。

(四)清中叶

该时期大致从康、乾之交开始,至道光年间告一段落。此期徽州文化体现的特征是博大与精致。

由于战争的影响,清廷定鼎中原后,百废待兴。历经康熙、雍正、乾隆三朝的休养生息,清朝进入了一个全盛的时期。经济发展、社会稳定、文化繁荣,史家把这一时期视为中国历史上难得的"盛世"之一。徽州文化在清初复兴的基础上得到全面发展,具体表现如下:

一是徽派朴学名家辈出,学术影响深远,进入全盛的发展时期。清前期歙县人黄生著《字诂义府》等字书4部,"于六书多所阐发,每字皆见新义,而根据博奥,与穿凿者有殊"[1],被推为"清代朴学先导大师"[2],首开徽州朴学风气之先。其后婺源人江永著《礼经纲目》《律吕阐微》等书,在训诂学上的贡献自汉大儒郑康成后"罕其俦匹"[3];休宁人戴震著《孟子字义疏证》等书,"由字以通其词,由词以通其道"[4],成为徽派朴学最重要的奠基人。近人支伟成称"皖派经学,实自江、戴开宗",而其"人才之盛,诚远迈他派"。[5]乾隆以降,徽州朴学名家大量涌现,其中代表人物包括程瑶田(歙县人,著有《通艺录》等书)、郑牧(休宁人)、汪肇龙(歙县人,著有《石鼓文考》等文)、汪梧凤(歙县人,著有《诗学女为》《松溪文集》等书)、方矩(歙县人)、金榜(歙县人,著有《礼笺》《周易考古》等书)、汪龙(歙县人,著有《毛传异义》《毛诗申成》等书)、洪榜(歙县人,著有

---

①　《四库全书总目》卷四十《经部·小学类一》。
②　支伟成:《清代朴学大师列传》卷一《清代朴学先导大师列传》,岳麓书社1986年版。
③　戴震:《戴震文集》卷十二《江慎修先生事略状》。
④　戴震:《戴震文集》卷九《与是仲明论学书》。
⑤　支伟成:《清代朴学大师列传》卷五、卷六《皖派经学家列传》,岳麓书社1986年版。

《四声韵和表》《书经释典》等书)、凌廷堪(歙县人,著有《礼经释例》等书)、江有诰(歙县人,著有《江氏韵学十书》等书)、程恩泽(歙县人,著有《国策地名考》《程侍郎遗集》等书)等人,他们以江永、戴震为宗,著书立说,构成了徽派朴学强大的阵容,并推动其发展到全盛期。在乾嘉考据学派中,以徽州籍学者为核心组成的徽派朴学,是最为重要的一支力量。

二是史学获得了前所未有的发展。从传统史学的著述与研究来看,此期徽州地区的史学著述数量众多,且门类丰富。据道光《徽州府志》等书记载:正史类著述有章平的《史记校异》、程嗣章的《明史略》、汪士铎的《南北史补志》等;史评类有吴恒的《读史论断》、程尚志的《史镜》、胡匡宪的《读史随笔》等;史钞类有汤球的《十六国春秋辑补》《十六国春秋纂录校本》《晋纪辑本》、李秀会的《史学节要类编》等;史地类有洪亮吉的《乾隆府厅州县图志》、章遇鸿的《三国志舆地考》、张匡学的《水经注释》等。① 这些著述在相关研究领域中,受到高度重视和评价。此期徽州史学的另一个突出成就是地方志书的大量编撰和刊刻。有研究者据《中国地方志联合目录》等书统计,清代徽州府县乡镇志总数在 50 种左右,而雍正、乾隆、嘉庆、道光四朝达到了 23 部,接近总数的一半。② 这些方志一方面具有连续性和继承性,另一方面其编撰体例成为新的亮点。此外,各类专志编撰在此期也有不俗成就,如:记山水的有乾隆三十五年(1770 年)徐山康、张佩芳删定的《黄山志》2 卷,乾隆四十二年(1777 年)成书的《歙县舆地志略》,歙县人洪榜的《新安大好纪丽》4 卷等;记书院的有董桂敷《汉口紫阳书院志略》8 卷等。作为史学成就重要内容之一的家谱修撰,在此期也呈现出数量剧增、种类繁多、体例完备、特色鲜明的盛况。③

三是徽州教育进入发展的鼎盛时期。首先是官学教育的规模不断扩大,体制更为完备。府学与六县县学经过清初的复苏,此期教育设施得到全面恢复。以府学为例,乾隆三十四年(1769 年)、嘉庆十二年(1807 年)、嘉庆十六年

---

① 参见道光《徽州府志》卷十五《艺文志》。
② 参见刘道胜:《徽州方志研究》上编,黄山书社 2010 年版,第 13—16 页。
③ 参见徐彬:《徽州谱学的理论与方法》,安徽师范大学 2007 年博士论文。

(1811 年)府学迭经修缮、扩建,成为一座宏伟的建筑群。其中仅嘉庆十二年(1807 年)之修,即"用白金一万四千两有奇"。后徽州著名盐商鲍氏又"捐赀重建尊经阁及教授、训导两衙署"。① 府学设教授 1 人、训导 1 人,廪膳生员 40 人、增广生员 40 人。府学设有学田,"教授、训导收租以为薪水之资"。徽州府六县的县学,基本情形亦同府学。同时,府、县学还实施了一套严格的春秋祭祀仪式,收藏有基本的书籍。② 徽州的官学教育在清中期已经形成了成熟的运转机制。其次,徽州书院经过数百年的发展,至清中叶其功能更为全面。一方面,为适应学子科考的需要,书院强化了课艺训练,歙县古紫阳书院、祁门东山书院、黟县碧阳书院等徽州著名书院,每月都有大课、小课等"会艺"教学活动。③ 另一方面,徽州书院始终保持了其讲学的基本功能。如当时徽派朴学名家凌廷堪、汪龙先后在紫阳书院等处传播考据学说,还古书院也多年坚守传统的讲会制度。④ 再次,以童蒙教育为主的义学、塾学等遍及徽州城乡,商人、宗族等多捐资或集资置办田地,以其岁租保障运行。因此,塾师之"束脩"来源稳定,且足以保障其基本生活所需,⑤而适龄学童无论其家庭或贫或富,亦均可受到启蒙教育。与徽州教育发达共生的是,此期徽州科举成就辉煌。有研究者统计,清代徽州文进士为 684 人,占安徽文进士总数 1634 人的 41.86%,其中大部分为清中期中式者。尤其是清代徽州本籍和寄籍状元共 19 人,其中 16 人是清中叶的状元。⑥ 教育与科举的繁盛,展示了此期徽州文化的博大以及底蕴之深。

四是徽州戏曲得到全面传承和展示。清中叶一批徽州籍剧作家脱颖而出,主要代表人物包括吴城、曹鼎、吴恒宣、曹榜、汪应培等,他们创作了大量的传奇作品,经刊刻而留存至今。⑦ 徽州的戏曲演出活动虽由来已久,在清中叶则更为普遍。每逢传统节日或祭日,民间戏曲演出活动城乡处处可见。一遇演出,常

---

① 道光《徽州府志》卷三《学校》。
② 参见道光《徽州府志》卷三《学校》。
③ 参见《东山书院志略·新立条规》,江苏教育出版社 1995 年影印本,道光《徽州府志》卷三《学校》,嘉庆《黟县志》卷十《政事志》等。
④ 参见施璜:《还古书院志》卷十二《会纪》。
⑤ 参见许登瀛:《重修古歙东门许氏宗谱》卷八《许氏家规》。
⑥ 据安徽师范大学梁仁志博士统计数字。
⑦ 参见朱万曙:《徽州戏曲》,安徽人民出版社 2005 年版,第 33—38 页。

是"人如潮涌而至"①。清中叶,徽州戏曲史上最重大的事件是"四大徽班进京"。乾隆五十五年(1790年)为庆贺乾隆八十大寿,四大徽班中的三庆班率先由扬州进京献演,其后春台班、四喜班、和春班等徽班先后入京,在京城各大戏园演出,风靡一时。《梦华锁簿》称:"戏庄演剧必徽班。戏园之大者如广德楼、广和楼、三庆园、庆乐园,亦必以徽班为主。"徽班进京后,与秦腔、汉调逐渐合流,最终催生了传统文化中的"国粹"——京剧。

五是此期的徽州籍文学家群体阵容庞大,出现了一批著名作家和文论家。如程晋芳、程瑶田、鲍倚云、王友亮、吴定、汪中、凌廷堪、鲍桂星、程恩泽等,他们或以诗词见长,或以文章著称,或以剧作名世,创作了大量文学作品。这些作品为中国文学发展史留下了浓墨重彩。

六是徽州科技取得具有海内外影响的成就,多位徽州籍学者在数学、农学、天文学、物理学等领域成为当时一流学者。如歙县人汪莱著有《衡斋算学》7册、《衡斋遗书》9卷等,其数学研究涉及方程论、球面三角、三角函数表造法以及《九章算术》校勘等,科技史研究者称汪氏是"清代杰出的数学家,也是中国历史上最具创见的数学家之一"②。婺源人齐彦槐融通中西算学,"发乡先辈梅氏、江氏未尽之蕴",著有《天球浅说》《中星仪说》等天文学著作,先后研制了斜晷、中星仪、天球仪等天文仪器,影响极大。他仿制的龙尾车技惊四座,被誉为"是中国近代农具技术革新的一次成功尝试,是西学为我所用的一个范例"③。歙县人郑复光著有《镜镜詅痴》《费隐与知录》《笔算说略》《筹算说略》等,自制了望远镜等光学仪器,是清中叶的著名科学家。尤其是《镜镜詅痴》一书,系统研究了光的直线传播原理、光的反射和折射定律、反射镜和透镜成像原理等,为19世纪前期中国光学的集大成之作。歙县人罗士琳著有《四元玉鉴细草》和《续畴人传》。前者对宋元时期著名数学家朱士杰的数学名著《四元玉鉴》详加

---

① 沈复:《浮生六记》卷四《浪游快记》。
② 张秉伦、胡化凯:《徽州科技》,安徽人民出版社2005年版,第66页。
③ 张秉伦、胡化凯:《徽州科技》,安徽人民出版社2005年版,第197页。

校订、注疏,当时学界"言四元者,皆以罗氏为宗"①;后者增补阮元《畴人传》,记述了 19 世纪及其以前中国数学家之生平事迹,成为研究古代天文历法算学史的重要文献之一。此期徽州学者在科技领域的成就多为全国一流,部分成就在世界上享有盛誉。

七是徽州绘画在新安画派基本格调的基础上进一步发展。此期不仅涌现了一批画坛名家,如程士镳、方士庶、程鸣、吴子野等,他们的绘画风格也进一步创新,善于将诸多不同的绘画元素融于一体,推动了新安画派的发展。这一画派既有自身的创作理念,也有不同凡响的创作实践与作品,其影响力一直延续到近代国画大师黄宾虹(歙县人)、汪采白(歙县人)等人。

八是从康熙中叶到嘉庆、道光之际的百余年间,徽商发展到了鼎盛阶段。研究者指出,此期徽商的实力不但得到了恢复,且在诸多方面超过了明代:徽人从商风习更为普遍;徽州盐商势力发展至登峰造极,"两淮八总商,邑(歙)人恒占其四";徽商在长江沿线的商业活动扩大;徽州会馆普遍建立;与封建政治势力的关系更为密切。② 凡此种种,表明了徽商在此期可谓盛极一时。徽商既是徽州文化得以兴盛的"酵母"③,同时徽商文化现象也是徽州文化的重要组成部分。

此外,徽州版画在此期亦全面复苏,徽州建筑的风格更为显著,徽州工艺思想与艺术风格体现出时代风貌。从总体来看,清中叶的徽州文化整体呈现出博大与精致的特征,该特征也是徽州文化发展到鼎盛的重要标志。

道光之后,近代新学术、新文化渐次兴起,明清时期徽州传统文化各种现象或逐步消退,或重新转型,作为中国传统社会后期文化典型代表的徽州文化,进入了另一个发展时期。明清徽州传统文化的阶段性发展遂告一段落。

三、徽州文化的特色

与其他区域相比,徽州在历史上形成了独具一格的文化。其文化秉性,既

---

① 华蘅芳:《学算笔谈》卷七《论四元》。
② 张海鹏、王廷元:《徽商研究》,安徽人民出版社 1995 年版,第 12—14 页。
③ 张海鹏:《徽学漫议》,载 2000 年 3 月 24 日《光明日报》。

是区域个性的标签,也展现了独特的文化风采。

(一)徽州文化是连续不断的文化

宋徽宗宣和三年(1121年),"徽州"得名,从此开始了徽州文化的时代。在其后的八百年间,徽州文化有过起伏和盛衰变迁,但它从未中断,长期保持了高位水平发展态势且始终具有个性特征。这在其他区域文化中是不多见的。

徽州文化的"连续不断",主要表现在两个方面:

第一,宋代以降,各个时期徽州都是传统文化的发达之区,其生生不息的文化传承构成了徽州文化的连续性。在宋代,徽州与同时代的其他区域比较,开始成为传统文化的发达地区。从著述数量来看,据《徽州府志》记载,宋代徽州学者的著述总量达到了504种,较有记载的唐代6种有了突飞猛进的增长。而据《皖人书录》统计,安徽16个二级行政区划中,宋代超过100种以上著述的地区仅徽州一地。从学者数量来看,在学术史上榜上有名的徽州学者众多,明代正德、嘉靖年间徽州休宁学者程瞳(字启瞳,号篁山)编撰徽州区域学术史著作《新安学系录》,共收录自宋朝至明朝中叶在学术方面有突出贡献的徽州学者112人,其中生当宋世者不少于80人。《宋元学案》则收录宋元徽州学者75人。徽州一府学者所占3.75%的比例,大大高于全国府占人数的平均数。有著述传世的作者也是学者重要的组成部分。宋代徽州区区一州之地,仅《皖人书录》所载今可考的著述人数达到了131人,其人数之众,远超前代。今安徽其他区域著者人数的总和为113人,尚不及徽州一地,后者人数的地域优势非常明显。作为学者重要组成部分的科举中式者,宋代徽州地区达到了781人,其人数规模虽不及东南一些州郡,但总体衡量处于全国前列。从书院数量及其分布来看,徽州六县除黟县宋代书院无考外,余皆有书院,总数达到25所。尽管各县数量多少不均,但几无空白的分布状况,在一定程度上表明了宋代徽州区域文化发展的整体性。据学者估计,宋代新建书院的总数有400所左右。① 若以此数为据,则徽州宋代书院约占其时新建书院的6%强。这一比例大大超过了全

---

① 参见白新良:《中国古代书院发展史·唐至元朝书院的兴起和发展》,天津大学出版社1995年版。

国府州一级政区占有书院的平均数①，表明徽州在宋代是书院兴盛之地，因之也是文化发达之区。从刻书业来看，南宋时期，安徽淮北地区先后属金、蒙古和元等政权，江淮部分地区为战乱区，而只有江南地区局势相对稳定，安徽因之形成了以徽州为中心，沿江发展的出版地域格局。② 今存宋代皖版书按地区分，则计有十州（府、军）刊刻过书籍，其中无论是官刻次数、种数，还是家刻次数、种数，徽州均高居十州之前列。其刊刻次数，占宋代皖版书总刊刻次数的 34.8%，而刻书种数，更是占宋代皖版书种数的 36.8%。统计结果表明，宋代徽州是区域刻书业的中心之一。综合以上著述、学者、书院、刻书诸项指标所反映的内容，我们至少可以得到三点结论：一是徽州在宋代已经逐步发展成为文化发达之区，这一结论不仅仅是通过考察相关内容的绝对数量所得，亦是基于纵向和横向比较得到的客观结果。特别是在今安徽境内的江淮地区，当时徽州文化无疑遥遥领先于其他地区。二是徽州区域内部文化发达程度虽有差异，但整体水平的提升是不容忽视的事实。三是在北宋和南宋之间，徽州文化的发展有一个突进的时间界限。总的来看，12 世纪中叶以后，徽州已成为传统文化的发达地区。入元之后，徽州文化的发展势头依然强劲。在宋元之交战乱中受到破坏的徽州官学，于至元、大德年间先后数次得到修复和扩展，各县县学也纷纷重修，焕然一新。在朝廷的鼓励和士民踊跃参与下，元代徽州书院进入兴盛时期。除对宋代的紫阳书院进行重建外，还新建了歙县虚谷书院、有陶书院、倚山书院、师山书院、斗山精舍、南轩书院，休宁商山书院、东山精舍，婺源晦庵书院、明经书院、石丘书院、阆山书院、湖山书院，祁门中山书堂、查山书堂、竹溪书院，绩溪翚阳书院，黟县遗经楼、集成书院等 25 所书院，延请名师讲学，培养文化人才。教育的发达，造就了徽州当时"自井邑田野，以至远山深谷、民居之处，莫不有学、有师、有书史之藏"③的景象。在丝织业、矿冶业、酿造业、文房四宝制造业等手工

---

① 宋代府州一级政区（府、州、军、监）数前后有变化，但始终维持在 340 个左右。若按此数计算，则府州一级政区占有书院的平均数约为 1.18%。

② 参见张海鹏等：《安徽文化史·史学与刻书业》，南京大学出版社 2000 年版。

③ 赵汸：《东山存稿》卷四《商山书院学田记》，清文渊阁四库全书本。

业发展的基础上,徽州的商人和商业文化悄然崛起,为明清徽州商帮的形成和发展奠定了重要基础。新安理学自南宋形成学派之后,在元代获得长足发展,出现了新的气象:元代新安理学家(尤其是中、小理学家)关于理学问题的探讨,已经从一般论题的泛泛而论,深入到具体范畴的阐释和考辨,这一研究方向和方法论的转变,标志着新安理学的深化和发展。有一定建树和影响的新安理学家大规模涌现,清初赵吉士在《寄园寄所寄》中列举的15位最著名的新安理学家中,这一时期就占了6位。大量理学普及读物的出现,意味着新安理学家已努力将理学从学术界推向社会领域。在宗族文化的构建方面,元代徽州编撰族谱之风盛行,族田设置与宗族管理渐趋制度化,祠堂和祖墓建设形成规模。元代徽州文化中的众多文化现象趋向成熟,表明了该区域文化的繁盛与发达。明清时期,徽州文化作为中国传统社会后期文化的典型样本,已经凸显。从表现形式看,徽州文化具有鲜明的地域特色,各种文化现象往往被冠以"徽"或者"新安"字样,如徽派朴学、徽派建筑、徽派版画、徽派盆景、徽商、新安理学、新安画派、新安医学,等等。但就其影响与地位而言,徽州文化其实是以地域文化的身份,担当起了中国传统社会后期"主流"文化的角色。总体而言,徽州文化在明清时期臻于极盛,成为徽州文化发展史上的里程碑。① 近八百年的徽州文化历史昭示我们,由宋及清,每个时期徽州文化在传承中发展,在发展中创新,呈现生生不息的发展大流。

第二,徽州文化中的一些主要文化现象,宋代以来一直传承不息,源远流长。比如,徽州传统学术文化从新安理学到徽派朴学延续了六百多年而未断层就是一个典型的事例。徽州商人在明代弘治年间形成有规模的商帮之后,三百多年代代相承,无论朝代更替还是社会变迁,始终深刻影响了中国传统社会后期商业的发展,成为传统社会后期商业文化的创造者和传承者。徽州宗族数百年来,"族敦会聚之义,一姓多者千余丁,少者百有余数。家崇宗祀,木主列于祠堂,值岁时吉凶大事,不论贵贱贫富,集众子孙,广备牲醴,得以展其孝敬。其谱

---

① 参见周晓光:《论明清徽州文化的阶段性发展》,载《江汉论坛》2015 年第 1 期。

系悉分昭穆之序,毫不紊焉。此风尚最醇而美者,堪为世法不缪"①,形成成熟的宗族文化的典型和样板。类似的情形,在诸多徽州文化现象中并不少见。从区域文化的总体发展趋势和具体文化现象的表现来看,徽州文化近八百年呈现了"连续不断"的特征。

(二) 徽州文化是兼容并包的文化

徽州文化有其独立的个性,但在其发展过程中,也吸收了大量其他区域、其他学派的文化。因此,兼容并包成为徽州文化的重要特色之一。

比如,从徽州传统学术文化来看,它对于其他学派、其他区域的学术文化以及儒学之外的其他思想的兼容,贯穿于它的各个发展时期,兼容的内容则包括道教思想、佛教思想、儒学其他各派思想,以及其他地区名儒的学术风格和治学方法。如南宋休宁人吴儆(字益恭)与著名学术大师张栻、吕祖谦来往甚密。张栻是胡宏(五峰)开创的湖湘学派的集大成者,而吕祖谦是婺学的代表人物。张、吕二氏与朱熹当时被称为"东南三贤"。吴儆的学术思想深受此三人的影响。尤其是张栻曾向吴儆系统传授了胡宏的学说,并书"孔子之刚、曾子之勇、南方之强"②三言以赠。如果说,吴儆的学术思想受朱熹影响尚是徽州学术文化内部之交流,那么受张、吕之影响则是对其他学派思想的吸纳。又如婺源人程洵在入朱熹之门前,曾尊奉蜀学,深受眉山苏氏思想的影响。③ 朱熹之思想,从师承渊源来看,则源于濂学和洛学。作为徽州学术文化"真传"的朱子之学,乃是集北宋理学大成的学说。清初张伯行说:"自邹鲁而后,天下言道德学问之所出者,曰濂、洛、关、闽。然集群圣之大成者孔子,而集诸儒之大成者朱子也。"④指明了朱熹学说对其他诸家思想的兼容。还有戴震之学,以经学考据、文字训诂为方法途径,以哲学思考为内容实质,力求"治学"与"闻道"一致,即所谓"凡学始乎离词,中乎辨言,终乎闻道"⑤。有学者认为,明末清初秉承"道问学"治

① 康熙《黟县志》卷四《尚祥卿:箴佑论》。
② 程敏政:《新安文献志》卷六十九《竹洲先生吴公儆行状》。
③ 参见程瞳:《新安学系录》卷七《程克庵传》。
④ 《朱子文集·张伯行序》。
⑤ 戴震:《戴震文集》卷十一《沈学士文集序》。

学方法而来的学者,直启戴震的学术研究。这些学者包括明季提出"时有古今,地有南北,字有更革,音有转移"的音韵学家陈第、主张"欲通古义,先通古音"的方以智、致力于文献考订为哲学解释服务的陈确,清初著有《古文尚书疏证》的阎若璩、著有《古文尚书冤词》的毛奇龄以及提出"理学,经学也"的顾炎武等人。① 陈第是福建连江人,方以智是安徽桐城人,陈确是浙江海宁人,阎若璩是山西太原人,毛奇龄是浙江萧山人,顾炎武是江苏昆山人,诸人皆非徽州本地人,这反映了戴震及其开创的徽派朴学在学术风格和方法方面对其他地区名儒的借鉴。徽州学术文化对其他区域、其他学派文化的借鉴、吸纳,是徽州文化具有兼容并包特色的典型事例。

不仅于此,徽州文化中的其他文化现象也多类似情形。比如,徽州目连戏的经典代表作郑之珍的《目连救母劝善戏文》是现存最早、影响最大的目连故事戏曲文本,而该文本其实是明中叶前目连文化的集成之作。被国务院批准列入第一批国家级非物质文化遗产名录的徽剧,乃是在徽州腔基础上兼收并蓄,先后吸纳秦腔、吹腔、高拔子、梆子腔、罗罗腔等声腔艺术和剧本优点,形成以徽调为主,融合众长,唱、念、做、打并重的剧种。徽派建筑在晚清民国时期,受到西方建筑的影响,甚至出现了显著的"西化"现象。研究者指出,该时期徽州建筑布局趋于自由:天井进一步缩小,受西式府邸的影响,天井周围楼层常常采用走马廊形式;外观趋于开敞,外墙不仅因开窗减弱了封闭程度,也大大降低了高度,甚至将用于内廊的美人靠移至外墙;建筑装饰中传统的砖雕、石雕减少,雕饰图案化、几何化,制作精确化和简化,屋檐有时吸收了西方建筑的线脚,等等。② 这种变化,其实正是徽州文化善于兼容并包在建筑文化上的一种体现。

（三）徽州文化是引领潮流的文化

作为引领潮流的文化,徽州文化中的新安理学成为国家意志和国家主流意识。从中国传统学术文化的发展历程来看,它先后经历了先秦儒学、两汉经学、魏晋玄学、隋唐佛学、宋明理学和清代朴学等几个主要时期。宋代理学导源于

① 参见李开:《戴震评传·第一章》,南京大学出版社 1992 年版。
② 参见朱永春:《徽州建筑·徽州建筑的沿革》,安徽人民出版社 2005 年版。

周敦颐,分流于张载、邵雍和二程(颢、颐),而集大成于朱熹。祖籍徽州婺源的朱熹以孔孟之道为本,援佛道入儒,综罗北宋理学诸家之说,将传统儒学提高到前所未有的哲理化高度,创建了一个完整而系统的理学体系,后世称之为"朱子之学"。徽州学者以朱熹为核心,以阐扬朱子之学为宗旨,形成了徽文化中重要的学术流派新安理学。该流派形成于南宋、发展于元代、全盛于明初、衰落于清中叶,期间人才辈出,著述宏富,对 12 世纪以后的思想界产生了重大影响。作为新安理学开山宗师的朱熹,虽生前备受压制,但因其书"有补治道",去世后地位日隆,其学说受到历代统治者的大力推崇。宋宁宗时,朱熹以《论语集注》《孟子集注》立学;宋理宗时,其又先后被封为信国公、徽国公,从祀孔庙。入元之后,朱子之学被"定为国是",规定"设科取士,非朱子之说者不用"。明清二朝,明确规定以朱熹《四书集注》为科举考试准绳。这些表明,新安理学的宗旨朱子之学在南宋之后已经渐成官方哲学。同时,新安理学中其他重要理学家及其著作也得到国家层面的认可。如明朝初年钦定《五经大全》,以确立程朱学说在明朝的统治地位。其中《春秋大全》系全部采自汪克宽的《春秋胡传附录纂疏》,《周易大全》采录了胡一桂的《周易本义附录纂疏》和胡炳文的《周易本义通释》,《书传大全》采录了陈栎的《尚书集注纂疏》,《诗经大全》则以朱熹《诗经传》为主,五经中有四经主要采录了新安理学家的著述。此外,《四书大全》又多采自休宁人倪士毅的《重订四书辑释》。新安理学家及其学说成为当时思想界的主流。

作为引领潮流的文化,徽州文化中的各种文化现象,不仅因其地域特色鲜明而在中国传统文化中独树一帜,而且也能突破区域局限,引领各领域的文化潮流。比如,徽州文化中的传统学术文化,其演变大致与中国学术文化之变迁保持了同步,是中国学术文化变迁的一个缩影。作为中国传统学术文化的典型代表,徽文化中传统学术文化的演变,并非只是追随中国学术文化变迁的大势之后,而是常反过来起引导和强化的作用。又如,徽剧是明清时期徽州艺人在吸收弋阳腔和西秦腔等地方唱腔基础上,经过衍变而成的一个新剧种。至清代中叶,徽剧已风靡全国,形成了一个唱、念、做、打并重的成熟剧种。"四大徽班"

在扬州进京,将徽剧推向顶峰。道光年间,徽剧与汉剧结合,产生了"国粹"京剧。由此可见,徽剧对中国戏曲发展潮流的传承和引领作用非常明显。再如徽派篆刻始于明代何震,其后名家有汪关、以程邃为首的"歙中四子"和以黄士陵为代表的"黟山派"。徽派篆刻对其他篆刻流派"邓派""浙派""粤派"等产生了重要的影响,并始终影响着文人篆刻风格的衍变。可以说,在徽派篆刻出现后,它引领了中国传统文化中的篆刻艺术潮流。此外,徽派建筑风格在皖南和江南地区的扩散,也是引领建筑潮流的重要表现。有研究者以皖南泾县查济村为样本调研发现:徽州文化对查济村的影响首推其相近的宗法结构,这是一个与歙县呈坎、棠樾、绩溪龙川一样,祠堂、牌坊林立的村落;该村沿袭了徽州村落的布局方式和村落结构,依山傍水沿溪两岸组成水街,并另设一条平行于河流的道路,作为村落交通骨架及邻里交流的管道;建筑单体外观和组群风貌,都呈浓郁的徽派建筑风格。① 查济村是个典型的样本,不少皖南村落也呈此种样貌,它反映了徽派建筑的引领作用。从诸种文化领域来看,徽州文化代表的是主流方向,是一种引领潮流的文化。

(四)徽州文化是世俗生活的文化

徽州文化中无论是精神层面的文化,还是物质文化和制度文化,都与世俗生活息息相关。

徽州文化的精神层面文化,以新安理学为代表。新安理学不仅是学理的、形而上的文化,更是世俗生活的规范和指南,有着浓厚的世俗色彩。众所周知,徽州是个宗族社会,徽州的世俗生活在宗族体制和规范中展开。徽州形成宗族社会的原因乃是多方面的。从其起源来看,当与北方世家大族在魏晋以来的南迁有直接的联系。徽州宗族社会的重大发展在南宋以后,尤其是明清时期。作为宗族社会典型标志的祠堂、牌坊、族产、族谱、族规等,在徽州大多是南宋以后修建或修撰的。我们注意到,这一重要现象的出现,或者说,徽州宗族社会的重大发展,应该主要归结于朱熹及其创导的新安理学的作用。首先,新安理学所

---

① 参见朱永春:《徽州建筑·徽派建筑风格》,安徽人民出版社 2005 年版。

倡导的伦理观,是徽州宗族制定族规和祖训的理论依据。其次,朱熹的《文公家礼》以及新安理学家的有关礼学著作,是徽州宗族活动的指南性经典。① 因此,徽州社会的世俗生活离不开徽州文化精神层面新安理学的影响。换句话说,徽州文化中的新安理学,其实就是一种关注世俗生活、本身具有世俗性的精神文化。

在物质文化方面,徽州文化的世俗性体现也极为明显。以徽商为例,明清时期,随着徽商财力的增长和对徽州建筑的大规模投入,徽州建筑发展进入鼎盛期,并呈现日趋世俗化的倾向。一是商人的审美取向在徽州建筑中得到体现。清代商宅门厅侧门,普遍采用了"商"字图案装饰门楣,建筑雕饰中,"官运亨通""财源茂盛"成为两大主题。二是商人"逸性文化"处处展示在徽派建筑中。宅邸普遍园林化,戏台数量增多,建筑装饰求细求工求排场。② 徽州建筑本身就是世俗生活的载体,这里又将商人文化融入其中,展示的是世俗化的图景。

在制度文化方面,徽州宗族制度已深深渗透到徽人的日常生活中。嘉庆《黟县志》记载:"徽州聚族居,最重宗法。黟地山逼水激,族姓至繁者不过数千人,少或数百人或百人,各构祠宇,诸礼皆于祠下行之,谓之厅厦。"③《绩溪县志》称:"深山大谷中人,聚族而居,奉先有千年之墓,会祭有万丁之祠,宗祐有百世之谱。"④这种情形,在徽州六县中非常普遍。可以说,宗族制度已经影响到徽州世俗生活的全部。精神文化、物质文化以及制度文化与徽州世俗生活紧密联系、融为一体,反映了徽州文化的世俗性特征。

(五) 徽州文化是体系完备的文化

中国传统社会后期,随着传统文化的地域化发展,各具特色的区域文化纷纷出现,形成繁星满天的情景。这些区域文化,各擅其长,或以哲学思想影响当时及后世,或因文学流派享誉天下,或借教育和科举形成特色,或由民风民俗传扬四方,但集各种文化现象于一身者,并不多见。徽州文化则因其具有丰富的

---

① 参见周晓光:《新安理学与徽州宗族社会》,载《安徽师范大学学报》2001 年第 1 期。
② 参见朱永春:《徽州建筑·徽州建筑的沿革》,安徽人民出版社 2005 年版。
③ 嘉庆《黟县志》卷三《风俗》。
④ 乾隆《绩溪县志·较陈锡序》。

内涵,成为别具一格的文化体系,形成鲜明的区域特色。

从精神文化的层面来看,徽州文化有新安理学、徽派朴学,以及文学艺术等文化现象。新安理学在其六百多年的发展历程中,始终有一脉相承的理学家群体、有一以贯之的学术宗旨,并对中国传统社会后期中国文化的发展和明清时期徽州社会的各种现象产生了深远的影响。正是由于新安理学的广泛影响,徽州被人们尊为"程朱阙里""东南邹鲁",被视为中国传统社会后期儒学的正宗传承地。徽派朴学是由歙县黄生开其端,婺源江永奠其基,休宁戴震集大成的考据学流派,该流派是乾嘉考据学中与"吴派"并称的两大学派之一,在清代学术史上地位崇高、影响深远。清代中后期的著名徽派朴学家还有歙县人程瑶田、金榜、洪榜、江有诰、汪莱、凌廷堪、程恩泽,绩溪人胡匡衷、胡秉虔、胡培翚,黟县人俞正燮等。徽州文化中文化艺术包括自成一脉的新安画派、徽派篆刻、徽派版画、徽剧、徽州礼俗等。

从物质文化的层面来看,徽州文化有徽派建筑、新安医学、徽商、徽州科技、徽菜、徽派雕刻、徽派盆景以及徽墨、歙砚、徽笔、徽纸等各种文化现象。徽派建筑又称徽州建筑,流行于徽州及浙西地区的严州、金华、衢州等地。作为徽文化的重要组成部分,徽派建筑是中国古建筑最重要的流派之一。它的工艺特征和造型风格主要体现在民居、祠堂、牌坊等建筑实物中,历来为中外建筑大师所推崇。新安医学是中国传统医学中独树一帜的著名流派,以新安江上游的徽州为核心区域。该流派始于北宋、鼎盛于明清,数百年间涌现医家 540 余人,撰辑医学著作 460 余部,被称为根植于徽文化沃土上的一朵中医奇葩。① 徽商是原徽州一府六县商人所组成的松散型的商人集团。该商帮始兴于明代成化、弘治年间,至万历时成为与"晋商"并称的两大商帮之一。清代康熙、乾隆年间,徽商因在两淮经营盐业成功,一跃而为明清时期十大商帮之首。它的活动范围"几遍禹内",甚至远涉海外;从商人数居徽州男子人口的 70%以上;一般商人的资本在四五十万,百万以上乃至千万的大商人不在少数;经营内容"无所不居",而以

---

① 参见张玉才:《新安医学》,安徽人民出版社 2005 年版。

"盐、典、茶、木"为"大宗";其商业活动影响之大,以至于出现"无徽不成镇"之谚。可以说,徽商其实是引领了中国明清时代商业发展的潮流。徽州文化中的徽州科技、徽菜、徽派雕刻、徽派盆景以及文房四宝等其他物质文化,也都是自成一派,影响广泛。

从制度文化的层面来看,徽州文化有成熟的宗族制度和发达的教育制度,它们不仅在当时深刻影响了徽州文化的发展趋向,在中国传统文化中具有典型性和示范性,且其本身也成为徽州文化重要的组成部分。

上述徽州文化现象,涉及了徽州经济、社会、教育、学术、文学、艺术、工艺、建筑、医学等学科,涉及了中国传统文化的各个方面,也全面反映了中国传统社会后期经济、社会、生活及文学艺术等基本内容。无论是物质文化、制度文化,还是精神层面的文化,中国传统文化的特质在徽文化中均有典型体现。因此我们认为,徽州文化是一种体系完备的文化。

第二章
徽学的研究对象、范围与学科性质

第 一 节

徽学的研究对象

一、"徽学"的发端①

　　诸多学者认为,具有现代学科意义的徽学,最早提及者是近代书画大师、歙县人黄宾虹。在近代社会的复杂环境中,黄先生从其自身的书画背景出发,认为徽州地区乡邦文献将有助于国粹的传承与研究,在此基础上,总结使用了"徽学"这一名词。1932 年,黄宾虹在致清末翰林、歙县人许承尧的信中写道:"……遇有歙人墨迹,仍当留意收入,以借采择。歙中他姓族谱记载轶闻,往往有所见。如见书画篆刻之人,能分类录存,亦徽学之关系于国粹者,祈公赞助之。至于经史著述,博大精奥,不易为力,可搜其书……"之后,黄先生又屡次以"歙学"为名,表达了同样的意思。1936 年,他致信许承尧:"歙中文物之盛,传或不传,其曾见于楮墨者,皆足为山川生色……歙学盛时,正以藏弆之富,磋磨者众。"晚年在致段无染信中又写道:"目前董理拙稿为亟,近从至简二种入手,一、歙故,搜辑歙中佚闻不著志乘者,因歙学为中国关系至大……"②从上述情况看,黄先生虽未总结概括"徽学"的定义,却提到了"徽学"三个重要的内涵:一是徽学是中国传统国粹的重要组成部分,二是徽学所拥有的大量资料可为研究国粹作出重要贡献,三是徽学的重心在于搜罗那些未曾进入传统史学家视野的下层人民生活史料。

---

① 关于"徽学"一词的溯源参见本书《绪言》部分。
② 黄宾虹:《黄宾虹文集·书信编》,上海书画出版社 1996 年版,第 162、151、91 页。

"徽学"真正从学术名词变为学科名词则要到改革开放之后。按照人文科学中新学科的发展脉络,国学大师王国维、陈寅恪等有着明确的阐述,即首先需要有新材料。对此,王国维先生即有言:"古来新学问起,大都由于新发见(现)。"同时还应有新问题,陈寅恪先生讲得十分明白:"一时代之学术,必有其新材料与新问题。取用此材料,以研求问题,则为此时代学术之新潮流。治学之士,得预于此潮流者,谓之预流。其未得预者,谓之未入流。此古今学术史之通义,非彼闭门造车之徒所能同喻者也。敦煌学者,今日世界学术之新潮流也。"由此可知,新学科的建立不仅要有新材料为基础,还要有时代提出来的新课题。作为新学科的徽学也正是在这两者的作用下形成的。

首先是新材料。从 20 世纪 50 年代起,以徽州文书为核心的徽州乡邦文献逐渐被发现,成为中国历史文化的又一大新发现。随着大规模的徽州文献资料搜集工作的展开,不断有新材料出现。这些材料时间跨度长,主要是宋元以来徽州区域民间遗存的地方文书档案,是这一长时段地方社会生活所生成的原始文字记录和文本。这些新材料不仅数量庞大,而且种类全面,构成了一个少有的完整文献体系。除了文献资料之外,在原徽州一府六县广大区域内,还存在大量的以古民居为主体的古建筑群体和古村落实态。物质文化遗产与非物质文化遗产交相辉映,使得这些新材料能够在最大限度上保持了原有的文化生态。

其次是新问题。近代以来,从进化论到马克思主义,这些西方社会发展理论与方法逐步使中国人对于历史的认识建立在科学历史观的基础之上。伴随这种转变的是学术研究的宗旨发生根本变化,从过去的一般表象记述变为要求作出科学分析。在科学论证和科学分析的指导下,中国历史文化研究逐渐走出以往的以文献证文献的圈子,逐步向以实证方法为核心的科学研究靠拢。与此同时,研究视野也在不断扩大,从以往的国家层面逐渐推进至整体的社会层面研究,研究重心不断下沉,力图实现从社会基层的角度阐释整体文明的变迁。在这种学术研究变迁的背景下,新问题层出不穷,需要人们去探索。

正是在新材料支持和新问题需求的双重作用下,徽学逐步成为一门新学科,"徽学"一词也从以往的历史文化名词转变成为具有现代人文社会科学含义的学科名词。

二、徽学的研究对象

作为建立在新材料基础上,为解决新问题服务的新学科,徽学研究对象属于中国历史文化中的一个特定分支是没有错的,这个分支冠以徽州地域名词,自然具备地域的特殊性。但它同样也是中国历史文化的组成部分,它的研究对象又具备中国历史文化发展的一般性。只有将双重特性结合起来,才能够完整概括徽学的研究对象。

(一)区域社会文化视野下的徽州独特历史现象

作为中国历史行政地理单位的徽州,在其地域范围内具备一定的特殊性,这种特殊性是在多重因素影响下形成的。

首先是行政区划因素。徽州行政区划肇始于唐开元、永泰年间,到大历五年(770年),歙州领黟、歙、祁门、休宁、婺源、绩溪六县,形成一府六县格局。宋徽宗宣和三年(1121年),改歙州为徽州,府治今歙县,从此历宋元明清四代,徽州统一府六县。直至1934年之后,徽州地区行政区划才有所变化。在近一千二百年的时间里,历经四朝,徽州地区行政区划一直未有变化,保证了行政区划的相对稳定性,为徽州文化的发展创造了稳定的外部环境。

其次是地理环境因素。徽州地处丛奥,崇山峻岭环峙,属于典型的山区。徽州地理上的这种四面环山、高台城垒式的自然环境,使得其地域范围内部可耕土地面积狭小,"八山半水半分田,一分道路和庄园"。陆路交通不便,自然屏障相对闭塞,当北方出现战乱之时便会给人以一种稳定感,人们可以在其中安其生、乐其土。在水系上,东部的新安江、龙田河水系下汇钱塘,西部的婺江、阊江水系流入鄱阳湖。四射的江河水系又把徽州人和外面世界紧密联系起来,是徽州人走出去的重要通道。同时在空间位置上,徽州位于江南闽浙山地和长江中游的江湖山地之结合处,而境内水系的走向又为徽州人向两方面迁徙提供了便利。在这种自然地理条件下,环境的承载力成为徽州人行为选择的一个重要的参考标准,进而对徽州地方社会文化的特殊性自然产生了影响。

再次是经济结构因素。虽然早在秦汉时期,徽州地域内就已设有郡县,已有相应的经济开发,但这种开发程度十分低下。大规模经济开发则在唐代黄巢起义之后,尤其是到了宋代,随着北方人口的大量迁入,徽州地域经济得到长足的进步。唐宋时期,土豪、地主和地方官员均借助于自身与国家力量持续对徽州土地进行开垦和开发,但因受到自然条件的限制,这种大规模的土地开发到明弘治年间就已结束。① 在徽州地区苛刻的农业发展环境的制约下,徽州地域形成了农业经济与山林经济混合的经济结构。这种经济结构在一定程度上依赖市场,某种意义上说,在徽州地区土地资源开发殆尽之后,徽州地域经济已经有了开放性与市场化的影子。除此之外,正是受到耕地面积的限制,在达到承载力限度之后,徽州地区人口必然会向外流动,并逐渐从不得已的行为转变成一种社会风尚。同时,在缺少明确山地产权与林地产权保护的中国传统社会,这种经济结构也是造成徽州契约与文书文化兴盛的原因之一。

最后是人文思想因素。在三国时期,徽州地区社会文化属于山越文化的组成部分。直到唐代之后,随着北方大量移民的流入,徽州地区与中原文化核心区的联系日渐紧密。到宋代之后,伴随着徽州本地经济的发展,独立的徽州文化区开始孕育。特别是在徽州本土文人的关注下,逐渐总结徽州文化的特殊性,并为之进行符号化,典型的就是"东南邹鲁"和"程朱阙里"。前者是元代休宁学者赵汸在《商山书院学田记》中提出的:"新安自南迁之后,人物之多,文学之盛,称于天下……故四方谓'东南邹鲁'。"正如赵汸所总结的,"东南邹鲁"代表的是徽州地区文化的兴盛。后者则是和新安理学密切相关,其形成的代表是在明朝万历四十三年(1615 年),徽州士绅编纂并刊行的《程朱阙里志》,以构建程颐与朱熹故乡来强调徽州地域内的程朱理学的正统,最终凸显徽州地区文化的优势。除此之外,大量徽州本地文人还展现出了强烈的徽州本土认同。如元

---

① 参见刘和惠:《徽州土地关系》,安徽人民出版社 2005 年版,第 34 页。

代陈栎的《新安大族志》,明代程瞳的《新安学系录》、程敏政的《新安文献志》、汪道昆的《太函集》、程尚宽等的《新安名族志》、曹嗣轩的《休宁名族志》以及清代赵吉士的《寄园寄所寄》、徐卓的《休宁碎事》等。这些文人将自身的学术视野和志趣与家乡紧密联系起来,在整理徽州本地文化成果的同时,还致力于概括徽州文化的特殊性,将徽州地区的区域特征展现出来。

正是由于徽州地域文化的特殊性,使之成为徽学研究对象的重要组成部分。从新材料本身出发,以徽州文书为主的徽州乡邦文献,大量反映的是徽州本身的社会历史文化,不论这些文献史料是否经过时人的加工,必须认识到其产生的核心影响因素是当时徽州地域本身的社会背景。这些新史料也能够有效反映当时的社会背景,这样一来,徽州地域社会文化的特殊性自然成为徽学的研究对象之一。

从新问题出发,随着中国史研究的不断深入,现今学界已经在中国内部发展不平衡和存在区域间社会文化差异上达成共识。特别是在新史学兴起之后,史学界更为重视中国内部的区域研究,尤其是在近代中国的研究上,表现十分突出。在这种研究区域潮流中,不断深入并提出大量有关地域社会文化的新问题。就徽学而言,区域社会文化研究中的新问题也引导徽学将研究对象放置于徽州地域社会的特殊性之上。

(二)整体社会文化视野下的徽州共性历史现象

在徽州地区展现其特殊性的背后,还应看到,徽州地区一直是中国广大地域范围内的一个普通的地域行政单位。事实上,从徽学本身的发展历程来看,学者最初关注徽州的动因就是如此。如傅衣凌即是把徽州当作国家大问题的试验场来看的:"我对于徽州研究的发端,应追溯到三十年代。那时对于中国奴隶制度史研究感到兴趣,曾从事于这一方面史料的搜集。嗣又见到清雍正年间曾下谕放免徽州的伴当和世仆,唤起我的思索。"①正是透过徽州观察中国整体社会文化的普遍性方才使得徽学具有成为独立学科的价值。具体而言,这已不

---

① 傅衣凌:《序言》,见刘淼:《徽州社会经济史研究译文集》,黄山书社 1988 年版。

仅是对徽州历史文化中的特殊性进行描述性研究,而是在此基础上对徽州文化所能展现中华文化的一般性进行研究。这样一来,就徽学而言,其研究对象就已大大扩展了。

一是共同的一般性历史现象。正如前述傅衣凌先生的事例一样,徽学研究可以扮演一种"试验场"的角色,即通过整理和研究中国史中一般性现象在徽州地区的表现从而探索出这种现象的内在运作模式。具体而言,这种研究应是一种专题性质的,其研究对象是与这一现象有关系的人物和事件。举例来说,在明清时期,土地买卖是有着明确市场的一种普遍经济现象,关于这种经济现象的运作原理就可以通过对徽州地区相关买卖文书和经办人家谱来进行实证性质的论证,还可以反向通过对这些史料进行解读来总结某一特定时期的土地买卖现象的具体表现。除了这一现象之外,以血缘为纽带的宗族化是中国传统社会的普遍社会现象。同样可以在徽州地区对这一现象进行论证。在这些国家影响较小的现象之外,还应有着国家力量直接作用下的社会现象。比如说,宋代以降,理学逐渐成为官方哲学,这一点在徽州也不例外,可以在徽州地区实证其具体表现情况。又比如说,徽州地区在法制体系上与中国其他地区并无太大差别,同样可以在徽州实证传统社会法律体系的具体运作情况。由于徽州地区文献所具备的独特完整性,使得类似一般性历史现象自然成为徽学的研究对象。

二是同种事物背后的不同历史因素作用。除了一般性横断面的研究外,徽学的研究对象还应包括这些一般性现象产生的缘由,特别是以徽州地区为模本,引入有同一类型历史现象的不同区域进行比较,可以突出地展现出不同力量对这些现象产生的不同作用。举例而言,宗族组织作为一个在中国史上的一般现象,推动其形成发展却有着多重因素,有经济的、有文化的,还有其他的因素,究竟是哪些因素在其中起到核心作用,这一点在宗族史和家族史研究中至今仍然没有较为统一的答案。完全可以以探究徽州地区宗族发展的影响因素为基础,将之与福建、广东、江南、江西、华北等地方宗族的发展情况进行对比,还可以进一步扩大比较范围,将整个东亚地区纳入比较的范围。又譬如说,明清时期中国地域性商帮十分兴盛,是当时社会商人团体的主要组成形式。这些商帮有着自身明确的分野,也有着不同的发展过程和模式,但其中仍有相当程度的共同因素,可以在研究影响徽商发展因素的基础上,进一步将晋商、粤商等地域性商帮列入研究对象进行比较,还可以适当扩大比较范围,将徽商与华侨华人世界中的地域性商帮进行比较,深入探究相关课题。

三是整体的历史发展趋势。除了将徽学进行专题切割以研究其中的一般性之外,徽学的研究对象还应包括徽州地区的自宋之后历史的整体发展趋势,并将这种发展趋势进行归纳总结,在一定程度上和范围内能够展现出中国社会的整体发展趋势。事实上,这种研究的对象与前两者有着重合之处,主要的是以整体史的角度来观照,而研究对象除了包括各种专题自身的发展与表现外,还应包括这些分支之间的交叉互动。可以说,这种整体史的研究对象是前两者研究对象在具体时空范围内的有机整合。举例来说,明清以来,徽州地区内部地方士绅的作用呈现出不断扩大的发展趋势。这一点实际上也是这一时期整个中国社会的发展趋势。对徽州地区这一趋势的具体剖析,总结这种发展趋势背后的动因,并总结其中一些规律性的表现,要进行以上研究,那么其研究对象不仅包括徽州士绅及其关联的群体,还应涵盖与之行为或社会背景类似的他地士绅群体,如此方才能够阐释清楚这种趋势。

总体而言,徽学的研究对象逃不脱徽州人的历史痕迹,但历史研究的目的并非仅仅是对史料的科学解读,而是在此基础上对历史事实的建构,以探寻人类过往的发展规律。从这个意义上来说,徽学的研究对象是双重的,一重是生活在徽州的人民所创造的独特的徽州地域社会文化,另一重则是将目光放在徽人的行为和活动背后那些处于同样文化背景下的一般性举动。特别是第二重研究对象,唯有将徽学的研究对象放在这种一般性上,方才能够规避为解决新问题所带来的一些弊端。①

---

① 现今学界对此问题已有了忧虑,如学界对"碎片化"问题的讨论(参见《近代史研究》2012 年第 4 期),又如杨念群所提出的"在地化"问题(参见杨念群:《"在地化"研究的得失与中国社会史发展的前景》,载《天津社会科学》2007 年第 1 期)。

第 二 节
徽学的研究范围

徽学研究范围的界定需要关注的基本因素是徽州历史文化的典型性与稳定性,因此必须是发生在特定时空范围内的历史文化现象,但作为历史文化现象又要考虑其在时间上的延伸性和空间上的外溢性。

徽学作为"在原徽州(府)下属六县(歙、黟、休宁、祁门、绩溪、婺源)所出现的既有普遍性又有典型性并且具有一定学术含量的各种文化现象的整合",其形成受到中原文化"基因"和徽商"酵母"的双重作用。中原文化"基因"的沉淀过程决定了徽学研究的时间范围,徽商的"催化剂"作用则对徽学的地域性,即空间产生了影响。

一、时间范围

从徽学研究时间范围角度来看,离不开中原文化在徽州地区的传播并最终与徽州特定的经济、人文、社会等因素结合,形成独具徽州特色的历史文化过程。基于此,可以将徽学研究的时间范围理解为两种时间段,即主体时间段和延伸时间段。

主体时间段是指徽州历史文化形成的具有稳定的、典型性特征的这一时段,主要是指北宋末年至清末这一时段。之所以这样划分,是基于下面五个因素:

一是这一时期徽州稳定的行政区划格局及徽州府名称自宋徽宗宣和三年(1121 年)确定以来,直到清朝灭亡,没有发生改变,这是徽学得以存在的基本行政生态环境。

二是作为中原文化"基因"的儒学在徽州扎根成长,并形成了独特的新安理学。从南宋开始,徽州实现了从六朝以来的"武劲之风"向重视"儒风"转变,这可以从北宋与南宋科举中式中略见一斑。以收录在道光《徽州府志·选举志》中的进士人数为例:北宋时期进士有251人,其中婺源101人、歙县51人、黟县38人、祁门县25人、绩溪县18人、休宁县14人、籍贯不明者4人;南宋时期进士有530名,其中婺源179人、休宁144人、歙县90人、黟县42人、祁门47人、绩溪20人、籍贯不明者8人。① 不难看出,无论是在总人数上,还是在各县中式员额上,南宋徽州进士都有了大幅提升,这一点很好地体现了徽州儒学文化环境的形成。到了明清时期,徽州更是"儒风独茂"。明人汪道昆说:"新安自昔礼仪之国,习于人伦,即布衣编氓,途巷相遇,尊卑少长以齿。此其遗俗醇厚,而揖让之风行,故以久特闻贤于四方。"②清代《徽州府志》将徽州描绘成"人文辈出,鼎盛辐臻,理学经儒,在野不乏",以致"四方谓新安为东南邹鲁"的地区。③

在推崇儒学的同时,朱熹的理学思想在徽州形成独特的新安理学。随着中原士族南渡,加之南宋的政治中心南移,以北宋"二程"为主导的理学亦传入徽州地区。至南宋,朱熹继承和发展了"二程"思想,建立了更为系统的、实现儒释道融合的客观唯心主义思想体系。因朱熹在新安地区的特殊地位,加之其常自称"新安朱熹",在徽州地区开始流行以朱熹学术为主体的新儒学,此便是后来的新安理学。朱熹生前,徽州地区朱子之学已经得到广泛的传授与认可,在其去世后,宋理宗题写"紫阳书院"匾额,宋度宗诏赐婺源朱熹故居为"文公阙里"。元至正年间诏赐婺源朱熹故里建"文公家庙",明朝诏赐歙县黄墩兴建"程朱阙里"牌坊和程朱"三夫子庙",进一步强化了新安理学与程朱理学的深层渊源。清康熙二十六年(1687年)御书"学达性天"、乾隆九年(1744年)御书"道脉薪传"匾额悬于紫阳书院。可以说历经四朝大力推扶,朱熹理学成为官方

---

① 参见李琳琦:《徽州教育》,安徽人民出版社2005年版。
② 汪道昆:《太函集》卷一,黄山书社2004年版。
③ 道光《重修徽州府志·序》。

统治思想,新安理学也获得了更为尊崇的地位。因而在徽州形成了"读朱子之书,服朱子之教,秉朱子之礼,以邹鲁之风自待,而以邹鲁之风传之子若孙也"①的局面。

三是传承中原文化"基因"的宗族文化在徽州独具风貌。从《新安名族志》及家谱资料来看,徽州许多大族从中原地区迁到徽州后,依然聚族而居,并利用宗法思想,通过建祠堂、修祖墓、纂家谱等手段,不断加强宗族建设,形成了许多徽州的名族,他们"家多故旧,自六朝唐宋以来,千百年世系比比皆是。人们重宗谊、修世好,村落家构祖祠,岁时合族以祭"②。这种宗族制度,在近千年的徽州地区,一直被很好地保存了下来。明末清初之际,赵吉士说:"父老尝谓新安有数种风俗胜于他邑:千年之冢,不动一抔;千丁之族,未尝散处;千载谱系,丝毫不紊;主仆之严,数十世不改。"③这些经过数十世传承下来而且"胜于他邑"的习俗,形成了既有古中原宗族痕迹又独具地域特色的宗族文化。

四是作为徽州文化"酵母"的徽州商帮的形成。徽州文化的发展,与徽商创造的财富密切相关。徽州独特的自然环境造就了徽商,徽州因"地隘斗绝",加之移民日多,迫于生计,不得不"寄命于商",到了明代以后,"出贾既多,土田不种",形成"贾者十之七,农者十之三"的局面。在一个地区之内,从商人数的比例如此之大,则为其他地域所罕见。徽商中"业儒"出身的人较多,他们在商场角逐中,能够审时度势,精于筹算,善于取与,并以"徽骆驼"精神,不辞艰辛,所以有不少人很快"家业隆起",即所谓"五年而中(贾),十年而上(贾)矣"。在徽商中,"藏镪"二三十万(两银)、百万(两银)者不乏其人,甚至有千万(两银)计者。从明代中期起,徽商凭其群体人数之众、财力之强、活动范围之广、经营规模之大,成为"称雄"于江南的一大商帮。他们在商业经营中获得了丰厚的商业利润,便逐渐改变了山区原来贫穷的面貌,于是呈现出"江南称饶,首推新安"的富庶景象。而徽商"贾而好儒"的商帮特点,又极大地推动了徽州文化的发展。

---

① 吴翟:《茗洲吴氏家典·序》。
② 许承尧:《歙事闲谭》卷十八《歙风俗礼教考》,黄山书社 2001 年版。
③ 赵吉士:《寄园寄所寄》卷十一,周晓光、刘道胜点校,黄山书社 2008 年版。

　　五是形成了以"徽州"或"新安"冠名的各种学派和文化现象,体现了明确的地域文化认同感。出现了诸如新安理学、新安宗族、新安商人、新安文献、新安医学、新安画派、徽州书院、徽州方言、徽州礼俗、徽州戏剧、徽州民居、徽州谱牒、徽州土地制度、徽州佃仆制度、徽州契约文书以及徽派朴学、徽派版画、徽派篆刻、徽派建筑、徽派盆景,乃至徽墨、徽砚、徽笔、徽纸,等等。以"新安"或"徽"为标志的文化"特产",反映了这一时段徽州"学成派"的局面,构成了徽学研究的基本内容。

　　在主体时间段之外,徽学研究的时间还要考虑到延伸时间段。

　　一是先秦至唐末的土著文化主导期。在中原文化传入徽州地域范围之前,当地的土著文化也是徽州文化形成的"因子"之一。在徽州作为正式行政单位建置之前,古徽州地区在先秦属于楚头吴尾之地,其居民以山越为主。土著文化的标志,一方面是农耕与渔猎并重,另一方面是尚武之风盛行。但在这个漫长过程中亦有阶段性的变化:第一,秦统一前,山越文化独盛于此。第二,汉代时,中原文化开始零星影响新安地区。诸如吴氏、汪氏都有记载其始迁祖于此时进入该地区,特别是方储已经是有史可考的代表人物了。[1] 第三,魏晋至唐末,随着永嘉之乱和唐末农民战争,因中原战乱,大量中原士族南迁徽州,将中原文化带到徽州,开始了与当地土著文化的交融。朱熹在《婺源茶院朱氏世谱后序》中说:"喜(此为文献志误,其他收录中均为熹——引者)闻之,先君子太史吏部府君曰:吾家世居歙州歙县之黄墩。旧谱云长春乡呈坎人(小字为原文注释——引者)。相传望出吴郡,秋祭率用鱼鳖。"[2]从中就可以看出当地土著文化的影响。这一时间段也是理解主体时间段徽学产生的历史渊源之一。

　　二是清末以来的徽州文化转型期。这一时段虽然作为行政区划的徽州依然没有变化,但因太平天国战争及近代化进程,明清以来的宗族组织遭到破坏和重构,新安理学也遭到皖派朴学和西方文化的冲击,徽州商帮则因转型应对不力而走向衰落。从研究角度来看,这一时段应视为徽州文化的延续与嬗

① 参见姚之骃:《后汉书补逸》卷九《方储传》。
② 朱熹:《婺源茶院朱氏世谱后序》,见程敏政:《新安文献志》卷十八。

变期。

从经世致用的角度出发,徽学研究的时限完全应该延续到当今时代,今天的徽州区域依然是徽学传承之地,具有重要的时代价值。

二、空间范围

徽学研究既有特定的时间范围,同时也有特定的空间范围。一个基本的认识是徽州文化的产生和发展不仅仅局限在徽州本土,徽州地区作为一个行政单位虽然是相对封闭的,但作为一个文化互动交流的区域是十分开放的,徽州文化始终在双向互动的文化交流中不断发展。对徽学空间的认识,胡适的论述最有启发,也极具指导性,他说:"县志应注重邑人移徙经商的分布与历史。县志不可但见'小绩溪',而不看见那更重要的'大绩溪'。若无那'大绩溪','小绩溪'早已饿死,早已不成个局面。"这就是通常所言的"小徽州"与"大徽州"的两个空间范围。

"小徽州"的空间比较容易理解。首先源于徽州的地理空间,即传统意义上的徽州一府六县的设置,但在研究上要考虑到其历史上的区域沿革,见前所述。其次是"小徽州"的历史文化概念,即一切在徽州区域范围内创造的历史文化现象。这是徽州文化的特色,也是徽州文化的根。正是有了这一特定的区域作为载体,才有了以"新安""徽"字为首的历史文化现象,最有名者如"徽州宗族""徽商""新安理学"等,都显示了这些历史文化的特定空间。

"大徽州"则主要是指徽州文化在"小徽州"与其之外的社会进行的文化互动与交流过程中的空间存在。它既指与徽州相邻的江南地区,也指更广阔的华夏大地,乃至海外的广大空间。

徽州历史文化空间扩大的主要贡献者是徽商。虽然在宋代已有关于徽商的记载,但成为商帮性的徽商集团是明代中叶以后的事。随着徽商经营的商运路线不断地增辟与延伸,活动地域范围也随之不断地扩大,徽商的商业文化及与之相关联的历史文化现象便在"小徽州"之外的区域发生发展。有谚云:"钻天洞庭遍地徽。"徽州富商大贾商游全国,通达四海,不但活跃于城市及大小县镇,甚至深山老林、沙漠海岛等人迹罕至之地皆有涉历。民国《歙县志·风土》载:"田少民稠,商贾居十之七,虽滇、黔、闽、粤、秦、燕、晋、豫,贸迁无不至焉。淮、浙、楚、汉,又其迩焉者矣。"明代张瀚亦说:"其民多仰机利,舍本逐末,唱棹转毂,以游帝王之所都,而握其奇赢,休、歙尤夥,故贾人几遍天下。良贾近市利数倍,次倍之,最下无能者逐什一之利。其株守乡土而不知贸迁有无长贫贱者,则无所比数矣。"①在清代有"无徽不成镇"之说,徽州商人"足迹几遍禹内",活动范围非常广,北京、南京两京,苏、浙、闽、粤、云、贵、陕、冀、晋、豫、鄂、湘、川诸省,杭州、嘉兴、苏州、松江、淮安、扬州、南昌、开封、武昌诸府,临清、济宁诸州,仪真、芜湖诸县,塘栖、盛泽、濮院、景德镇诸镇,甚至山陬海堧、孤村僻壤,无不留下了徽商的足迹。特别是如今研究者已在日本、欧洲发现了明清时期徽商的相关资料,直接将徽学研究的空间拓展到了海外。如果我们只研究"小徽州",而忽略"大徽州",那"小徽州"的很多现象就无法解释。

当然,"大徽州"的形成,除了徽商在其中起的主导作用之外,徽人出仕、游学也起到了推动作用。

"大徽州"与"小徽州"之所以能够得到时人及研究者的认可,这与两者之间紧密互动是分不开的。比如民国《歙县志》载:"两淮八总商,邑人恒占其四。各姓代兴,如江村之江、丰溪、澄塘之吴,潭渡之黄,岑山之程,稠墅、潜口之汪,傅溪之徐,郑村之郑,唐模之许,雄村之曹,上丰之宋,棠樾之鲍,蓝田之叶,皆是也。彼时盐业集中维扬,全国金融几可操纵。致富较易,故多以此起家。席丰履厚,闾里相望。其上焉者,在扬则盛馆舍,招宾客,修饰文采;在歙则扩祠宇,置义田,敬宗睦族,收恤贫乏。"②这就生动记录了大、小徽州之间的互相支持关系。

---

① 张瀚:《松窗梦语》卷四。
② 许承尧:民国《歙县志》卷一《舆地志·风土》,见《中国地方志集成》,江苏古籍出版社 1998 年版,第 41 页。

第 三 节
徽学的学科性质

改革开放以后尤其是 20 世纪 90 年代以来,作为一种学术潮流,徽学研究始终在澎湃向前。但徽学的理论研究还非常薄弱,远远落后于具体研究的发展。徽学学科属性是什么,如何定义,目前仍是多义多解、众说纷纭。

一、关于徽学学科性质的主要观点

关于徽学的性质,20 世纪 80 年代中期以来,"综合性学科"的提法最为常见。如:有人认为,徽学是以徽州历史、文化或历史文化为研究对象的综合性学科;有人认为,徽学是以大量的徽州文献与文书以及文物遗存为基础的,以历史上的徽州文化为主要研究对象,并进而认识中国传统文化的综合性学科;有人认为,徽学是以徽州文书档案、徽州典籍文献、徽州文物遗存为基本资料,以徽州历史文化为研究对象,进而探索中国传统文化的一门综合性学科;有人认为,徽学的研究内容极其丰富,如此丰富的研究内容既可以说构成了徽学研究的内涵,也可以说徽学研究并不是单一的学科所能包括的,从这个意义上讲,称徽学为综合性学科,应该说是比较妥当的;有人认为,徽学不仅仅是一门地方学,也不仅仅是属于历史学,作为一门综合性学科,它在哲学、伦理学、美学、法学、人类文化学等多学科领域都有着重要的价值和意义,这是由徽学研究对象的性质和特点决定的。如此等等,虽表述各有不同,但认为徽学属于综合性学科的性质是一致的。

第二种看法认为徽学是一门"学问"或"新学科"。如:徽州学是研究中国封建社会后期,特别是封建社会衰落时期,在徽州这个封闭、落后、贫困山区出现的一种具有丰富性、辉煌性、独特性、典型性、全国性的徽州文化产生、繁荣、衰落规律的学问;徽学是以徽州文书研究为中心,综合研究社会实态,探寻中国封建社会后期发展变化规律的新学科。

第三种看法认为徽学应该是历史学的分支学科,但是归属于专门史还是历史文献学有不同的看法。

我们认为,第一种"综合性学科"的看法,只是指出了徽学学科的特点而没有归纳徽学学科的属性。从研究对象和研究内容来看,所有学科都属于综合性学科,如历史学、地理学、文化人类学、社会心理学、生物化学、物理化学等,既然如此,讨论徽学的学科性质还有什么意义呢?正如张子侠所说:"在目前学科发展越来越走向交叉综合的大背景下,徽学研究也程度不同地涉及历史学、古文献学、档案学、哲学、社会学、经济学、文化人类学、地理学、法学等不同领域,从而使其带有明显的交叉综合性的特点。但是,一门学科的研究对象和内容与其他学科有交叉,或者在研究方法上借鉴吸收了其他学科的研究方法,这在现代学科发展中是一种很普遍的现象,它并不一定因此改变了学科的性质。所以,交叉综合是特点而不是学科属性。"[1]

学科是一种学术思想和知识学问的体系。第二种认为徽学是一门"学问"或"新学科"的看法,也只是指出了徽学作为一门学科的可能性,同样没有归纳徽学的学科属性。

二、徽学应属于历史学的分支学科

就学科性质而言,我们认为,徽学应当归属于历史学,是历史学的分支学科。具体来说,它应该属于历史学门类中的一级学科"中国历史"之下的二级学科"专门史"的范围。理由如下:其一,徽学研究的对象和内容无论多广泛、多丰富,徽学研究的时间和空间无论多长久、多宽广,也都是过往的人和事,都是历

---

① 张子侠:《徽学学科体系刍议》,见朱万曙:《论徽学》,安徽大学出版社 2004 年版,第 89 页。

史时期的自然、社会、经济、科技、思想和文化，抑或是物质和精神的各个方面，均属于"史"的范畴。其二，徽学有其主干和重点的研究领域。有人认为应以社会经济史为主干，有人认为应以历史文化为重点，有人认为应以徽州文书研究为中心，看法虽不一致，但提出的主干和重点均在史学的范围之内。其三，徽学的研究方法虽然多种多样，但最基本最重要的方法仍是历史学的原则和方法，如搜集、整理、考订和运用史料的方法以及历史的分析方法等。其四，综合史和专门史是相对而言的：就中国通史来说，中国经济史是专门史；但就中国经济史来说，中国商业史是专门史，中国经济史上升为综合史。况且专门史本身就包含经济史、思想史、文化史、社会史等，属于综合的范畴。因此，把徽学的学科性质归属于历史学门类中的一级学科"中国历史"之下的二级学科"专门史"的范围，无论是从理论层面还是从实践层面都是比较恰当的。

如果要给徽学下个定义的话，我们认为可以这样来表述：徽学是指以原徽州府下属歙县、休宁县、婺源县、祁门县、黟县、绩溪县六县的自然社会和历史文化为主要研究对象，旁及对受其影响的其他地域的各种文化现象的研究，进而探寻中国传统社会后期经济社会发展变化规律的中国史的分支学科。这一定义包括如下内涵：一是明确了徽学的研究范围，它不仅包括一府六县的"小徽州"，同时还包括由"小徽州"创造从而辐射、影响于外的"大徽州"。二是明确了徽学的研究对象，即以"小徽州"的自然社会和历史文化为主，旁及对受其影响的"大徽州"的各种文化现象的研究。与以往不同的是，增加了"小徽州"的"自然社会"，这是考虑到自然和社会是历史和文化发展的"舞台"，所以理应列入学科研究对象之中，否则历史和文化就成了无源之水、无本之木。三是明确了徽学研究的最终目标，这就是通过对"小徽州"和"大徽州"的典型性和特色性研究，进而探寻中国封建社会后期经济社会发展变化的规律，即从个别到一般。四是明确了徽学作为历史学分支学科的属性，这使徽学有了学科归属，有利于学界对徽学学科的认同，也为未来徽学的学科建设提供了依据。

三、加强徽学学科体系研究的思考

第一,徽学学科的理论研究亟须加强。每一门学科都应该而且必须有不同于其他学科的认知对象和知识学问的体系。徽学学科的理论阐述要求我们必须首先回答这样几个重要的问题:一是徽学的学统问题。徽学有没有一个一脉相承的学统,即徽学的学术思想、知识学问有没有一个相对清晰的传承关系。二是徽学的学术旨趣问题。徽学有没有一个相对统一的学术旨趣、知识兴趣和话语体系。三是徽学的学统和学术旨趣与中华传统的学统和学术旨趣的关系问题。徽学承继和发展了什么,有没有地域性特征,如果有,其表现又是什么。四是徽学和已有学科之间的关系问题。特别是与其相近的人文社会学科,如历史学、哲学、文学、经济学、社会学、法学、艺术学等之间的联系和区别是什么。

第二,徽学学科的文献基础亟须加强。文献资料是学科研究和学科知识体系建构的基础。改革开放以来,学界虽然在徽学文献资料的发掘、收集、整理和出版方面做了大量的工作,成绩显著,但作为各种文献资料遗存最多的府级区域,我们对徽州文献资料发掘、收集、整理和出版方面所做的工作还远远不够。仅就契约文书来说,目前我们整理出版的仅仅是"冰山一角"。这方面,我们需要打破各收藏单位对文献资料的封锁,需要收藏单位和研究单位的协同配合,需要学者们的奉献精神。

第三,需要对徽学学科相关领域进行细部的研究。细节决定成败,这虽说的是做事,但对学术研究同样适用。细节决定着我们对问题了解的程度;细节有时还决定着事实的真伪,关乎我们对问题和事件性质的判断。我们以往的徽学研究,对问题的细部分析不够,导致我们对问题的解剖浅尝辄止,对问题的分析不够透彻,所得出的结论不能完全令人信服。细部的研究需要有大量具体材料的支撑,这方面条件基本可以具备;细部的研究还需要我们对相关材料的细致分析,而这方面需要我们自身的努力。

第四,需要把徽学学科的相关研究放到"大历史"中进行审视。我们不能就徽学来研究徽学，也不能就徽学中的具体问题就事论事，而是需要把徽学的相关研究放到"大历史"中进行审视。所谓放到"大历史"中进行审视，是指应具备两个方面的意识：一是指要有"过程观"，一个事件、一个现象，我们首先要去了解它是怎么产生的，又是如何演变和发展的，每个演变和发展阶段的特征是什么。二是要有"整体观"，无论是"小徽州"抑或"大徽州"都只是中国行政区划的一个部分，徽州的历史和文化也只是中国历史和文化的一个部分，所以要把徽学的相关研究放到"整体"史中进行考察。只有这样，我们才能了解徽学和徽学相关问题的特点，才能科学地分析它的历史地位和作用。

第三章

徽学的研究理论和方法

第 一 节

徽学研究理论

一、历史唯物主义理论

徽学作为历史学的一门分支学科,必然要自觉地接受历史唯物主义的指导,因为徽学研究是以明清史料作为基础开展的研究。这就要充分认识到作为意识产物的史料与徽州历史客观存在之间的关系,因此徽学研究要从以下基本理论观点出发。

一是徽学研究要从客观历史事实出发。依据唯物主义历史观的要求开展徽学研究,就是要从历史事实出发,避免研究者先入为主的主观认识,努力揭示徽州历史社会发展的真相。一直以来认为,徽州地区是明清时期中国传统社会后期的典型区域,对其的研究就代表了对中国传统社会后期社会的研究。这种认识需要用历史唯物主义和辩证唯物主义的方法来进行论证,从社会存在与社会意识、生产力与生产关系等基本范畴展开论述,以期对徽州社会进行深入的研究,得出徽州社会发展的基本规律问题,既认识到徽州社会历史的一般性规律,也要看到徽州社会发展的特殊性规律,既看到徽州社会历史发展的共性问题,又要看到徽州社会发展的个性问题,真正从理论层面解决明清徽州社会与中国历史发展的内在关系与逻辑问题。

同时还要避免一种错误的倾向,即利用徽州地区的史料,直接来为唯物史观中的一些论断提供根据,这不是用唯物史观来指导徽学研究,而是将研究实践作为唯物史观的注解,不是从史料中得出规律性的认识,而是随意对史料进行裁剪,以满足一些先验的结论。

二是要坚持用社会存在去说明社会意识。唯物主义历史观坚持用社会存在去说明社会意识的产生、发展,认为社会精神生活产生的根源不应从思想、观念中去寻找,而要到社会的物质生活条件、社会存在中去寻找。这一方法在徽学研究中尤为重要。因为徽学研究的重要资料是"数以万计的文书、数以千计的家谱和数以百计的方志",还有大量的徽人文集,而这些大量的史料无疑是作为意识产品而存在的,这就要求研究过程中要正确对待史料与真实的徽州客观历史之间的关系,要始终坚持这些史料是徽州社会历史发展的成果,其形成与出现是由徽州历史社会的客观存在所决定的。此外,对于徽州出现的新安理学、宗族文化和商帮文化这三种核心文化,都需要从社会存在的视角去进行论证分析。

三是要坚持探寻徽州社会发展的规律性问题。首先,研究徽学的最终目的不是去关注碎片化的细节,而是要去探讨徽州社会历史运动的规律性问题,透过丰富的历史资料和偶然的历史现象,去发现徽州社会发展的一般规律。而且这种规律的认识对于增进了解中国传统社会后期发展规律是能够提供直接的依据的。其次,要探讨徽州社会发展规律的根本动力问题。徽州社会发展的决定性因素,还是要从生产力和生产关系这对矛盾中去寻找,在徽学研究中要特别重视经济因素的作用。

四是要用马克思主义历史进步的观点去看待徽州历史上的事物。唯物史观认为人类的历史是一个由低级向高级螺旋式发展上升的过程,徽州历史文化活动是人类历史进程中的一个有机组成部分,徽州历史发展也当符合这一基本规律。因此,徽学研究总体的价值取向应当是去探究徽州历史发展在推动历史前进过程中的积极因素,去寻求和说明那些在徽州历史发展进程中的进步因素。

所以,用历史进步的观点去进行徽学研究也是基本要求之一。以徽州宗族研究为例,就需要从以下维度去思考:首先,要承认徽州宗族产生的历史必然性,肯定其在一定时限内的正当性、合理性。其次,要肯定徽州宗族组织的历史地位和作用。作为基层治理的一种民间组织,其在推动徽州历史发展中起到了积极作用。要肯定徽州宗族所起的作用,还要去关注其在基层社会治理、乡村社会秩序构建中的主导性作用,一定程度上维持了传统社会的稳定。再次,要对徽州宗族组织进行历史的批判。作为阶级社会的产物,徽州宗族组织的作用是在一定的历史时期才得以显现,才能发挥进步的作用,因此要看到宗族的历史局限性,其阶级压迫也是客观存在的,其对妇女、人性的专制也是不容忽视的。

二、中国传统史学理论

中国传统史学理论中形成的许多研究视角,对开展徽学研究具有借鉴意义。根据徽州历史文化发展的特点,以下几个方面表现十分突出:

(一)对徽州历史文献进行整体的深入研究

众所周知,徽学的出现与新史料的发现紧密相关,徽州文书的发现与整理是徽学不断拓展的基础,直接推动了诸如徽州土地制度研究、徽商研究及宗族研究的开展。而随着徽州家谱、徽州方志不断地进入研究视野,徽州历史文献的重要性及价值进一步显现。因此,从研究深化的目的出发,需要将徽州历史文献放入传统史学研究的范畴中进行讨论。

第一,要注重徽州历史文献类型多样的研究。粗略看来,现今留存的"小徽州"历史文献至少有方志、政书、文集、家谱、文书等多种,涉及"大徽州"的史料则种类更多,几近涵盖了所有的通行中国历史文献。这些文献的产生与流变形式不一,文献主体亦有差异,故而需要对这些文献进行分类研究。这种分类研究应从文献的产生过程出发:对于刻本文献,应当考察文献的版本与传播,追溯文献内容之由来,最终对文献进行价值判断。而就写本文献而言,首先是真伪判断,然后尝试进行"归户",尽可能去求得文献之产生环境,而后则应利用"小学"手段,正确阐释写本文献中的字句,最终完成对写本文献的价值判断。

第二,要注重徽州历史文献类型间的贯通研究。多样的徽州历史文献是延绵不绝的徽州人所共同创造出来的,只是由于传承中的多种因素,使得它们未能以整体的面貌呈现在研究者面前。我们应秉承传统中国史学的贯通思维,尝试贯通不同类型的历史文献,从中发现中国历史现象,并深入探究,以揭示现象背后的历史演进规律,方才可以真切了解徽州历史文献的魅力所在。

(二) 从传统史学思想出发思考徽学研究问题

对于传统史学思想我们应予以批判继承,尤其应当重视传统史学思想中的精华,可以此发现徽学研究中的诸多问题。

第一,以经世致用思想研究徽学。无论是大、小徽州,其历史上存在的多维元素,其中一些因子尽管多有变化但仍存留至今。这些传承下来的社会因素既有精华也有糟粕,如何判定它们在当下社会中的性质与意义,必须先行求助于历史,追本溯源之后便可准确认识它们。传统中国史学强调经世致用,以史为鉴,尤其契合徽学范围内此类问题的研究。举例而言,就"大徽州"而言,徽商乃是主要研究内容之一,虽说徽州商帮本身已湮没于历史长河之中,但其影响至今仍然存在。当下商业正在不断形塑着中国社会与人民,并且影响到中国的全球化进程。而在明清社会,徽商展现出的商业力量同样对于当时中国有着重大影响。徽学研究者应当感知现今变化,以变化中的问题为思考导向,展开对徽商的整体研究,自然可以获知徽学的致用之处,亦可推动徽学走向深入。而在"小徽州",宗族等传统社会因子依然存在,并且有些仍在发挥着作用。观照这些当今依然存在的历史因素,以此为驱动,探索宗族的时代演变与持续动因,在服务于现在地方社会治理的同时,也可拓宽徽学研究的范围。在经世致用思想的推动下,徽学研究在加深以往研究的同时,还可发现一些新问题。

第二,采用传统会通史学思想以构建徽学中的通史体系。在徽学研究中,很多问题在时间与空间上都超出了"王朝"的范围,当以断代史学方式讨论它们时,很难展现出考察对象应有的面貌,也会给研究者在相关问题上造成很多障碍。面对如此情境,以传统史学中的会通思想为指导,尝试构建徽学内部的通史体系可以有效解决相应问题。这种通史体系的构建可先从"小徽州"范围内展开,时间以明清为断限。在此时空范畴内,行政区划较为固定,并且社会形态也一样。选择徽学研究中的某些重要议题,在此范围内进行通史性研究,既要展现出研究对象的稳定延续,也要揭示它们的变化样貌,最终分析它们的发展原因。以明清时代为基础,逐渐拉伸时代范围,将通史的时间上限推至两宋,乃至于隋唐,下限延续至民国和当代,最终实现"小徽州"空间内的通史体系构建。至于"大徽州"的通史体系构建,则明确以问题为导向,在中国整体史乃至全球史的框架下进行相应的尝试,并且有效吸收其他学科学者的成果。在时段上,与"小徽州"类似,当以明清为出发点,步步上推与下移。最终的目标则是将大、小徽州的通史体系完全整合,以最终形成徽学的通史体系。

第三,以徽学推进典章制度研究。中国传统史学历来重视典章制度史的研究,近代以来的前辈学者亦在此领域内取得了丰硕的成果。以此为基础,近年来有学者又提出活的制度史研究,尝试构建出从制度到制度史的整体研究框架。徽学坐拥浩如烟海的多样史料,其中大量涉及制度运作与社会应对的内容。研究者当以此类史料为出发点,在典章制度史研究中有所作为。相关议题可谓比比皆是,仅就明代而言,徽学前贤所做的里老人制、里甲制、一条鞭法等研究都是此中典范。当下徽学资料之丰富远超 20 世纪,以如此新资料,思考中国制度的实际状态,这种思考至少可以有两个面向:一方面是探寻历代国家制度在府县两级官府层面的运行情景;另一方面是寻求历代国家制度中商业管理等专门制度的执行情况。在了解实际状态的基础上,探索制度的变化过程,自然可以获得一些新知,进而服务于中国制度史的研究。

第四,在徽学研究中引入史学评论与批评。史学评论与批评乃是中国传统史学的重要组成部分,这种重视评论与批评的传统是传统史学发展的重要推动力量。而在徽州范围内,便有洪垣、吴士奇等人耕耘于此,留下了精彩的史评作品。就徽学研究而言,引入这些评论的思维,对徽学研究的范畴、方法以及最终的结论等多个方面都进行评论,可以在徽学研究中构建出属于自身的争鸣氛围与范式,直接促进徽学具体议题研究的深化,最终在总体上推动徽学研究的发展。具体来说,这种评论可以传统史评类文献为蓝本,吸收现代史学评论的最新成果,并适当引进一些其他学科的成功范例。此种评论可以徽学中较为成熟的研究问题为起点,逐渐扩展至整个徽学层面。当进行评论时,学者应以某个共同关心的问题为媒介,可先集中评论既有的研究思想与方法,以此为基础然后进行相应的史学评论,以期最终能够达成某些共识。

三、西方史学理论

徽学一直是一门开放的学科,从确立之初,它就能够主动接受并吸收西方史学理论中的优秀成果,并将之与中国传统史学理论进行融合,共同推动徽学的持续发展。根据徽学的研究资料和徽州历史发展历程,可资借鉴的西方史学理论在以下几方面表现得尤为明显:

(一)在历史文献研究方面

就徽学研究所赖以生存的多样文献而言,文书当为其中比重最大的一部分,对于此种文献的深度解读乃是徽学持续发展的重要支撑。传统史学家尽管早已认识到文书对于史学的作用,却未能提出系统的文书研究理论方法。反观西方史学(包括日本史学),文书文献的研究正是他们的长处之一。在此背景下,吸收他们的文书学研究理论自然可以直接推动徽学中相关文献研究的进步。这种吸收应当建立在系统学习的基础之上,以他者之经验,研究徽州文书的产生背景、内容结构、书写方式,并尝试复原其流动样态,最终形成对于文书的完整认识。除文书外,在研究其他徽学文献时同样能够吸收西方史学中的部分理论。在以往的徽学研究中,对于刻本文献的研究,多是从谱牒学、方志学等专门学科出发的,其中的主要弊端在于缺少社会史的视角,未能明确展现出人与文献间的多样关系。近年来,西方史学界兴起了书籍社会史的研究热潮,相关研究者提出在研究书籍本身情况的同时,重视书籍所涵盖的知识,以及创造、吸收这些知识的人群,整体观察"人—书籍—知识",以实现探索书籍在推动社会发展中的作用。此种研究理论与方法能够为徽学研究提供多种借鉴,成为相关文献研究的助推剂。

(二)在徽学研究课题方面

对于徽学研究而言,包括日本在内的西方史学界在世界史与中国史两方面研究所形成的史学理论皆有可资借鉴之处。同时,就大、小徽州研究而言,两者在采纳西方史学理论上亦有着一些区别,但绝非壁垒森严的两种吸收体系。

第一,在"小徽州"研究当中,西方史学界中的微观与区域社会研究理论是可以接受的主要理论。20世纪70年代之后,脱胎于法国年鉴学派的西方史学家们将目光逐渐聚焦于社会的细微之处,以微观视角探知历史上多样人群的生活经历,最终以拼图形式来展现整体历史的样貌。这种微观剖析式的研究理论与方法,较为适用于"小徽州"的研究。大部分徽州本地历史文献的遗存较为细碎与散乱,其中涉及的人物、事件与区域亦较为"微小"与"普通",通过解剖麻雀式的研究,深入了解某位人物的面貌、某个地区的机理,可以实现对研究对象较为全面的了解。有机整合这些研究,可以获得更大范围的研究成果。区域社会研究理论同样可以为徽学研究提供有效的帮助,其中直接的帮助是西方学者,特别是日本学者在中国史研究中所提出的区域社会论。这些理论多是这些学者在思考某些重要问题时派生而来,并不是完全针对某些特定区域而展开。在此情况下,徽学研究便可进行选择性的吸收,特别是在以"小徽州"为模板讨论中国史研究中的大问题时,这种区域社会的研究理论能够给予多样的帮助。实际上,在国内学者针对江南的研究当中,已有相应的消化吸收范例,观察他们的研究思路,将之有效运用于徽学当中,能够使得相关应用更为方便、有效。在运用区域社会研究的同时,还可以借鉴采纳历史比较理论,以更为广阔的时空视野去研究"小徽州"。除此之外,一些其他西方史学理论同样对徽学研究有所助益,例如年鉴学派的长时段理论,以及日常生活史的研究理念等。这些理论及相关方法在"小徽州"的研究中均有着合适的运用之地,恰当吸收它们能够有助于推进徽学中这部分的研究。

第二,就"大徽州"研究而言,借助近年来西方史学界所兴起的全球史研究范式,学者们在这个领域内可以有着更大的作为。"大徽州"的出现就在于以商人为代表的各时期徽州人在徽州以外的地区生活。这些长时期大规模的人口流出,重要的背景之一就是整个中国各区域间隔膜的消减,并且与中外关系逐渐加强的时代趋势有着莫大的关联。在此情况下,尝试以全球的视角观察"大徽州"，将徽人外出经商、出仕等多种流动放置于全球化的商业互动等情境下进行考量，可以有效扩大徽学历史文献的来源，并且拓宽"大徽州"研究的范畴。同时，近年来西方史学界所出现的新文化史研究范式，同样可以对认识、研究"大徽州"带来帮助。这种研究突出文化在历史进程中的作用，注意探讨文化与经济、社会间的多样联系，这种研究理论可以帮助研究者解读"大徽州"人群所创造的文化内容与意涵。在这种研究潮流中，有些研究着力于探讨不同区域间人群的文化交流与冲突，借助此类研究理论，将有助于徽学工作者讨论旅外徽州人在不同地区的文化标签，展示他们融入当地文化与保持自身特色的实际状态。此外，21 世纪以来，西方史学界愈发转向于时间与区域，他们着重分析特定历史时段和区域，这种史学动态很难直接推动"大徽州"研究向前进步，但对于考察与"大徽州"有关的特定区域、人群或事件有着一定的帮助。

总体而言，包括日本在内的西方史学理论对于徽学研究能够提供足够有效的帮助，但需要对这些理论范式进行筛选，做到去伪存真、去粗取精之后，方才能运用到徽学研究当中。同时，也要考虑到，这些理论绝非完全适用于徽学，在运用它们时，应以研究对象为导向，而非削足适履、生搬硬套，如此方才能够真正利用好这些理论。

四、相关学科理论

无论大、小徽州，其研究对象均牵涉颇广，需要史学以外其他学科理论的支持，方才能够有效解决相关研究中所遇到的多样问题。就徽学研究而言，社会学、经济学、人类学与地理学能够有助于徽学的研究，建筑学、医学、教育学与民俗学等其他社会科学则对解决徽学专门性问题有所助益。

就前者而言，这些学科之所以能够推动徽学研究，是因为有些学科在研究对象上与徽学有着大范围的重合之处，如社会学与经济学。人类学与地理学则是因为其学科特性，能够成为研究徽学的基础性因子。具体来说，长期以来，社会学一直关心社会结构、社会流动、社会组织等诸多议题，而这些问题在大、小徽州研究当中都能看到,仅是在关心时段上有所不同而已。以社会流动为例,徽商研究中的一个重要议题便是商业与社会流动间的关联。在明清两代,徽人外出经商乃是普遍现象,这种行动不仅直接影响到这些外出者及其家庭社会的流动状态,还能够间接影响到他们的亲友与同乡。同时,这些外出者还会对当地整体社会流动状态有所影响,进而在更广泛的时空范畴内对整体中国社会流动有所作用。利用社会学的相关理论与方法,对这些问题进行研究,确实能够推进徽学的研究。在经济学方面,探讨经济行为的产生及结果乃是学科的核心研究点,而在徽学范畴中这些问题同样是绕不过去的基础议题。在"小徽州"历史文献当中,数以万计的文书及关联文献直接或间接反映出传统中国社会中的基本经济行为,讨论这些行为,将直接深化研究者对于"小徽州"历史发展的认识。就"大徽州"而言,讨论徽商的经营活动同样是相关研究的出发点,属于此项研究中不可规避的问题。这个问题同样是经济学关心的重大课题。利用经济学中的相关理论解决其他理论所不能解决的问题,这将直接推动徽学研究的发展。

近年来,在区域历史研究中运用人类学田野调查的方法,将历史与区域空间中的人联系起来的方法方兴未艾。尤其是在华南地区,相关的跨学科研究已经逐渐成为一门名为历史人类学的新学科,为整体理解晚期中国区域社会提供了有力的帮助。吸收历史人类学的优良之处,将人类学正确运用于徽学,特别是"小徽州"的研究当中,能够为整体徽学研究提供白描性的观察认识,进而为整体理解徽州历史文化提供帮助。此外,需要看到,针对大、小徽州的研究离不开对大、小徽州历史空间的准确认识,这种认识涵盖地理学中的多个细分学科。实际上,当下的历史地理学已经较为成熟,从徽学研究的需求出发,积极吸收地理学的理论与方法,具体包括基本自然地理,以及人文地理中的政区地理、经济地理、城市地理等学科的理论,选取涉及大、小徽州的不同地理单位进行研究,可以为徽学研究提供基本的地理数据与准确的位置信息,从而服务于徽学研究的深入。

在徽学研究范畴中,有些涉及学科的问题相当专业,并且有着区别于历史学的学科规律,在这些问题的驱动下,徽学研究工作者在具备基本史学理论的基础上,吸收相关学科理论,能够更为深入地解决相关问题。具体而言,当研究对象为徽派建筑时,特别是那些至今依然留存于原址的民居、祠堂,使得吸收建筑学,特别是中国传统建筑学的基本理论大有必要。当学者知晓这些基本理论后,将此与史学理论相融合,自然能够准确认识徽派建筑的具体特征与历史流变。在研究新安医学、徽州科技、徽州工艺等专业范畴时,亦是如此。研究者在积累史学理论的同时,必须明了医学、数学、物理、化学等学科的专业理论体系,才能够准确解读这些问题,了解相关成就的价值,最终判断徽人在此方面的贡献。如果缺失这方面的理论知识,相关研究定然不会产生科学的研究成果,也就遑论为徽学提供增益。在现今学科壁垒之下,很难出现全面的跨学科人才,故而可以通过团队合作的形式对相关问题展开研究,以实现推动徽学前进的目的。

此外,有些社会行为与人文因素现在同样已经形成专门学科,例如教育学、民俗学、文学和哲学,等等。在徽学研究中有些问题同样会是这些学科所关心的,但对于这些学科而言,此类问题仅是广袤研究范畴中的几个点,并非是学科所关心的重点。举例而言,在徽学当中,"小徽州"范围内的教育乃是一个重要的组成部分。徽州教育包括私塾、书院等正规教育,以及师徒间的职业教育,这些问题对于现今教育学而言有着一定的借鉴意义,但不构成学科研究的重心。在此情况下,当徽学研究者进行相关专题讨论时,可以借助教育学中的部分理论去讨论这些问题,以获得新的研究视角与结论。再就哲学而言,徽学中的新安理学与徽派朴学直接与当下中国哲学范畴中的某些议题有着重合之处,在进行此类研究时,参考中国哲学的研究理论与方法,对这两个范畴内诸多问题进行研究,能够形成推动徽学发展的新思维和新视角。总体而言,这些学科理论对于徽学而言,能够在具体问题上提供相当有益的帮助。同时,传统徽学工作者在学科从属上与这些学科有着亲近之处,故而在吸收这些学科理论时,并不存在太多的困难。研究者可以单独借助这些学科理论面对此类具体问题,以实现研究突破,最终推动徽学的前进。

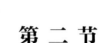

第 二 节
徽学研究方法

徽学的学科性质决定了徽学的研究方法是以历史学研究方法为基本方法，同时兼顾吸收借鉴其他各相关学科的研究方法。因而，徽学的研究方法不是一元的，而是多元的，具有多样性。以下对徽学研究常用的一些方法作一介绍。

一、定量分析与定性分析方法[①]

定量分析方法，又称历史计量方法，是指通过对历史过程中所表现的种种数量关系进行数据分析，进而认识历史发展过程和历史规律的一种研究方法。运用定量分析方法，有助于解释历史的趋势，判断历史的性质和价值。

在历史时期，徽州社会历史现象往往存在于一定的时空形式和数量关系之中，丰富多彩的徽州社会历史进程，也往往通过各种数量关系得到反映和确认。在徽州文书档案、徽州典籍文献、徽州文物遗存等各类资料中充斥着大量的历史数据，计量方法或定量分析方法对于徽学研究而言，既有资料基础，更有实践需要，显得至关重要。

在徽学研究中运用计量方法或定量分析方法，就是旨在揭示徽州历史发展过程中各要素之间，经济、政治、思想、文化、社会、生态等方面量的规定性，进而认识和把握徽州历史进程的丰富性和复杂性。

计量方法或定量分析方法对于徽学研究而言，有着较为广阔的使用空间。特别是在徽州社会经济史研究领域，这种研究方法的价值和优势更为明显。比

---

① 参见姜义华等:《史学导论》,陕西人民出版社 1989 年版,第 169—175 页。

如,在以徽商、徽州土地制度、徽州经济、徽州人口研究等为代表的徽州社会经济史研究领域,计量方法或定量分析方法得到了较为充分的运用。

计量方法或定量分析方法对于徽学研究而言,其价值和优势主要可归纳为:第一,这种方法借助于计算机等先进技术手段,可以使以往徽学研究中无法处理的大量史料得以合理处理和适当运用。例如,对于具有独特研究价值的浩如烟海的徽州民间文书、数量巨大的徽州典籍文献和各类档案、种类丰富的徽州文化遗存等资料,由于研究手段的陈旧落后,长期无法得到较为充分的利用。利用计算机等先进技术手段,发挥现代计量方法的快速整理效用,可以实现徽学研究手段的科学化与现代化。第二,这种方法使徽学研究更加精细化、精密化,使得徽学学科领域中的一些原先不甚明了甚至无法解决的学术问题得到了可靠数据的证明,也使得出的结论更具科学性。第三,这种方法把研究对象赋予数学符号,赋予数理逻辑,加以量化,使得数据的呈现具有较少的主观性,更具科学性,有助于改变原来较为单一化的研究方法和思维方式,使徽学研究适应当代新技术革命和社会发展现代化的历史潮流。

计量方法的运用有助于揭示徽州社会历史发展的规律。因为揭示历史规律,需要借助专门的指数对关系的紧密程度作出评价,需要分析历史过程和历史现象所固有的相互关系及其密切程度。[①] 而在这一过程中,计量方法大有用武之地。

值得注意的是,在徽学研究过程中,运用计量方法或定量分析方法,必须坚持唯物史观等科学的历史理论和方法的正确指导,切忌"完全撇开由复杂社会关系网络构成的社会历史大系统及其有血有肉的丰富内容而不顾,把历史过程完全抽象化、数学化"[②],否则很难达到反映历史本质、揭示历史规律的目的。

计量方法或定量分析方法在一定程度上促进了徽学的研究与发展。但这种方法也有它的局限性,它只能适用于徽学中有限的范围及可能适用的研究对象,只能为解释徽州历史提供可靠的根据,只能帮助描述徽州历史发展过程,不

---

① 参见李伯重:《史料与量化:量化方法在史学研究中的运用讨论之一》,载《清华大学学报》2015 年第 4 期。
② 姜义华等:《史学导论》,陕西人民出版社 1989 年版,第 172—173 页。

能确定徽州历史的性质,不能给徽州社会历史以理论的说明。而解决徽学研究中的上述问题,需要定性分析。

定性分析方法,是指通过确定历史的性质,给历史以合理的解释,进而揭示历史的本质与规律的一种研究方法。定性分析方法主要运用于历史认识的提出与历史结论的确定过程,多属宏观分析。定性分析是在定量分析的基础上所概括出来的历史认识,是对历史本质和规律的揭示,是史学研究的最终目的和最高要求。

在徽学研究中运用定性分析方法,就是旨在透过纷繁复杂的表面现象以揭示徽州历史的本质和规律性。这种研究方法,对于原始社会、奴隶社会、封建社会等不同历史时期徽州社会历史性质及其特点的认识,对于徽州历史上长期延续的宗族制、佃仆制的性质的认识,对于徽商的历史作用与历史地位的认识,对于徽州文化的历史地位的认识,等等,皆具有重要的意义。在上述研究领域中,定性分析方法得到了较好的运用。

就徽学研究而言,既需要数据基础扎实的定量分析,又需要理论凝练提升的定性分析,在具体的研究过程中,应该注意把定量分析与定性分析二者有机地结合起来。

二、历史分析与逻辑分析方法①

历史分析方法,是指从历史的联系与历史的线索出发去研究与描述历史发展的自然过程,进而揭示其运动规律的研究方法。运用历史分析方法,要求做到:第一,把历史事件、人物、制度、思想等置于特定的历史条件下进行分析;第二,把历史事件、人物、制度、思想等作为运动的历史发展过程进行分析;第三,把历史事件、人物、制度、思想等不仅当作抽象的个体,而且当作统一的、有联系的有机整体进行分析。

在徽学研究中运用历史分析方法,就是要求我们用历史的眼光和历史的思

---

① 参见姜义华等:《史学导论》,陕西人民出版社 1989 年版,第 175—177 页。

维,从中国历史以及徽州地域历史的普遍联系和发展脉络出发去研究国家大历史影响之下的徽州历史事件、徽州历史人物、徽州社会经济制度、徽州社会思潮和思想流派等,并从中归纳揭示出徽州社会历史的本质和带有规律性的内容。在运用历史分析方法研究徽学的实际过程中,应充分关照历史环境、历史条件、历史过程、历史系统对于徽州历史事件、人物、制度、思想等的影响。这种研究方法在徽学研究各个专门领域都有较好的运用。

逻辑分析方法,是指超越自然历史过程,在纷繁复杂的历史资料中抽象出最本质、最普遍的属性,加以概括、升华为概念(理论)认识的研究方法。在徽学研究中运用逻辑分析方法,就是要求我们在研究分析纷繁复杂的徽州社会历史现象的基础上,通过分析与综合、抽象与概括等途径,将徽州社会历史现象等形成为带有规律性的历史认识,上升为徽学学科自身的概念、理论,建立徽学自身的逻辑话语体系。这种研究方法在徽学理论构建、徽学学科构建等领域有其独到的运用价值。

研究徽学,应注意把历史分析方法与逻辑分析方法二者有机地结合起来。研究者运用历史分析方法,可以重构徽州社会历史过程,揭示徽州社会历史现象之间的内在联系,使徽学研究有血有肉,富于真实感和朝气。但是,研究者要突破具体的历史过程的描述与建构,在揭示历史联系的基础上概括出带有规律性的历史认识,上升为一般的概念或理论,建立起自身的逻辑话语体系,必须运用逻辑分析方法。只有将历史分析方法与逻辑分析方法二者有机地结合起来的徽学研究成果,才是既有具体鲜活的历史内容、丰富生动的历史知识,又有严密的逻辑体系、令人信服的理论的高质量的学术成果。

三、结构分析与阶级分析方法[①]

结构分析方法,是指对社会结构及其内部诸要素排列组合方式进行分析,进而揭示社会结构特别是静态横断面结构的联系和特点的一种研究方法。结

---

① 参见姜义华等:《史学导论》,陕西人民出版社 1989 年版,第 177—182 页。

构分析方法是西方现代社会科学研究方法之一,它突出和强调人类社会生活静态横断面结构的分析,主张同时态研究。在徽学研究中运用结构分析方法,就是要求我们全面地分析构成历史时期徽州社会特别是社会横断面的各种因素及其之间的关系,加强对徽州社会中同时态、非连续性历史事件和社会经济制度的研究。结构分析方法对于历史时期的徽州宗族结构、徽州社会组织结构等徽州社会结构的研究,是一种较为有效的研究方法。

西方结构分析方法的不足之处在于,它过于坚持同时态原则、强调同时态研究,而否认历时态研究的意义和价值。与西方结构主义理论及方法不同,马克思主义唯物史观有一套属于自己的科学的社会结构理论和社会结构分析方法。马克思主义的社会结构理论和社会结构分析方法强调社会经济结构、社会阶级结构在历史运行中的地位与作用,强调从考察生产力与生产关系的矛盾运动的角度来考察历史的运动,强调从全面考察经济基础与上层建筑的各个组成部分及其矛盾运动的角度来研究社会历史,强调结构与过程、同时态与历时态的有机结合。因而,在徽学研究过程中,运用结构分析方法,必须坚持以马克思主义唯物史观为指导,注意综合运用分析徽州社会经济结构、社会阶级结构等各种有效的史学方法,把对徽州社会的同时性考察与历时性研究恰当地结合起来,把结构分析与历史过程的分析有机地结合起来。

阶级分析方法,是指运用马克思主义关于社会划分为阶级及由此产生的阶级斗争的观点,分析社会历史的研究方法。运用阶级分析方法,要求做到:第一,深入分析某一历史时期或某个历史专门领域的阶级状况及阶级斗争的形式和特点;第二,从阶级关系出发,分析特定历史阶段或专门领域的政治、经济、思想、文化、伦理、宗教、哲学、艺术等意识形态所反映的社会关系;第三,着重分析某一历史时期或某个历史专门领域中的各个阶级与阶级斗争所赖以产生与存在的经济基础;第四,着重考察历史人物或社会集团的历史活动、思想主张所反映的阶级利益与阶级要求。

历史时期的徽州是一个阶级社会,士、农、工、商、佃仆等社会各阶级阶层在徽州历史发展演进过程中发挥着各自不同的作用。在徽学研究中运用阶级分析方法,就是要求我们全面地分析历史时期徽州社会的阶级构成、阶级状况、阶级关系、阶级斗争以及各阶级的利益与诉求,重视阶级关系史的研究。这种研究方法在有关徽州佃仆制、宗族制、土地制度、徽商等研究领域内有较多的运用,取得了较为显著的成果。

四、系统分析与多学科交叉分析方法①

系统分析方法,是指运用系统论原理,从客观对象的整体观念出发,研究整体与部分、整体与层次、整体与结构、整体与环境的辩证统一关系,进而揭示对象的整体特性的研究方法。把系统论方法应用于历史研究,即为历史系统分析方法。它要求从整体观念出发,认识历史运动的整体过程。运用系统分析方法,要求做到:第一,整体分析。在进行历史整体分析时,不能以历史局部分析的总和去代替历史整体的分析,必须对历史过程进行独立的整体分析。第二,层次分析。历史过程总是表现为多层次的等级结构。一般的历史现象也有表层与深层的差别。在研究历史时,应把历史的整体过程分为若干不同的层次进行逐层次的分析。第三,结构分析。系统论的结构分析,强调分析整体与要素之间的关系以及要素与要素之间的关系。第四,环境分析。系统论强调对整体系统与环境之间关系的分析,强调维持系统与环境的平衡作用。第五,动态分析。历史是一个动态开放的系统,系统论强调运用动态、开放的观念与方法去研究历史过程,分析历史人物和历史事件,从而认识历史,揭示历史运动的本质和规律性。

历史时期的徽州是一个大系统,是一个有机系统。在这个系统内外部,存在着整体与部分、整体与层次、整体与结构、整体与环境的辩证统一关系,存在着不同层次的历史运动与能量交换。在徽学研究中运用系统分析方法,就是要求我们运用系统论的思维全面地分析徽州社会历史人物和历史事件,全面地观照历史时期徽州社会历史的发展与演进过程,从而揭示徽州社会历史运动的本

① 参见姜义华等:《史学导论》,陕西人民出版社 1989 年版,第 182—192 页。

质和规律。这种研究方法对于研究与揭示徽州境内商人、宗族、文化教育之良性互动,"大徽州"与"小徽州"之共生共存,徽州社会长期和谐稳定的成因等,有较多的帮助。

多学科交叉分析方法,又称跨学科研究方法,是指运用多学科的理论、方法对某一问题进行综合研究的方法。多学科交叉分析方法反映了历史自身的多面性与当代科学发展综合化的趋势。多学科交叉分析方法在徽学研究中的运用,是指徽学研究者立足于历史学本位,根据研究的实际需要,综合运用政治学、经济学、社会学、地理学、人类学、心理学、统计学、人种学、人口学等学科的方法,对徽学相关问题进行的学术研究。

由于徽学的内涵和外延十分广泛,决定了在实际研究过程中必须充分掌握相关学科的理论与方法,进行跨学科或多学科交叉研究。运用多学科交叉分析方法,要求做到:第一,借助于其他学科的理论和方法,从新的视角加深对徽学中特定研究对象的理解;第二,拓宽徽学研究的范围,体现徽学研究的综合性、深入细致性。比如,在很长一段时间内,徽学界对徽州宗族的研究,往往是就宗族论宗族,研究方法较为单一。后来,随着社会学、经济学、人类学、法学、政治学、管理学、民俗学等学科的理论和方法的引入,学者们对于历史时期徽州宗族的不同面相、不同侧面进行了多维度的揭示,大大推进了学界对于徽州宗族社会的特质和徽州宗族社会长期繁荣的原因的深入理解。

多学科交叉分析方法的要义,在于博采众长并灵活运用各种有效的研究方法对徽学特定研究对象进行全面深入系统的研究。它有助于克服某种单一的方法原则与理论框架的局限性,有助于克服徽学研究者画地为牢、目光狭隘甚至是先入为主的做法。

在多学科交叉分析方法中,历史心理分析法是较有代表性的一种研究方法。历史心理分析法,是指运用心理分析手段考察历史上人们精神状态的一种研究方法。心理分析法重视历史上各种类型人物的欲望、动机和价值观念,重视历史上各种社会集团、各种阶层的精神风貌,重视和平年代人们的精神活动和激荡岁月中人们的精神变化,重视上述这些因素对历史进程所产生的广泛而深刻的影响。① 心理分析法特别注意研究历史人物的传记、回忆录、书信和谈话记录,并由此分析形成这些历史人物心理特征的因素,进而对历史事件作出属于心理分析的结论。②

徽州在不同的历史时期曾分别以宗族社会、商业社会、理学社会而闻名,在宗族社会或商业社会或理学社会中,徽州人的精神面貌和社会心态各有不同。若要深刻理解和把握历史时期徽州人的求富心态、功名心态、浮躁心态、等级心理、奢靡心理以及徽州宗族社会、徽州商业社会、徽州理学社会的特质,通过对徽州社会大众的心理、心态进行分析,是一个重要的路径。此外,在徽州文书中保留有大量的书信、传记、日记等第一手文献资料,通过心理分析法有助于研究和窥探这些书信、传记、日记作者的创作目的和心理动机。

五、历史比较研究方法③

历史比较研究方法,又称历史比较法,是指通过对不同时间、不同空间条件下的复杂历史现象进行对比研究,分析异同,发现历史本质,从而探寻历史共同规律与特殊规律的史学研究方法。历史比较研究方法是一种在明确的理论指导下,依照一定的规则对各种历史现象进行历时性和共时性比较的研究方法。④历史比较研究方法对于促进史学研究与史学发展具有多方面的积极意义。主要体现为:第一,历史比较研究,有助于冲破史学研究领域僵化、教条、沉闷的局面,促进史论的进一步结合。第二,历史比较研究,有助于克服史学研究的片面性、狭隘性,便于在比较广阔的历史背景中发现历史现象之间的因果联系与同异关系。第三,历史比较研究,可以起到"间接实验法"的作用。第四,历史比较研究,便于从整体上把握历史的全局与局部的同异关系,以便进一步探求历史发展的普遍规律与特殊规律。

---

① 参见彭卫:《历史的心镜——心态史学》,河南人民出版社 1992 年版。
② 参见邹兆辰:《新时期以来对中国史学影响较大的几个西方史学流派》,载《江西社会科学》2004 年第 1 期。
③ 参见姜义华等:《史学导论》,陕西人民出版社 1989 年版,第 192—204 页。
④ 参见黄树民、张海洋:《比较方法的运用与滥用:学科史述评》,载《广西民族学院学报》2003 年第 3 期。

科学地进行历史比较研究,必须注意可比性原则与类型选择。所谓可比性原则,即是两种或两种以上的历史现象进行比较时,必须具备共同的基础或联系。可比较性是进行历史比较的先决条件。所谓历史比较的类型,即是选用何种思维方式、思维模型进行历史比较研究。常用的历史比较类型主要包括横向比较、纵向比较、宏观比较、微观比较四种类型。

历史比较研究方法可以从空间与时间两个维度来展开。空间上,可以对不同民族、不同地区、不同国家的历史进行比较分析。在徽学研究中,我们可以把徽州文化与中国境内其他的地域文化以及国外的地域文化进行比较,如学界已经开始的徽商文化与晋商文化、徽州文化与韩国安东文化、徽州文书与清水江文书等的比较研究,等等。时间上,可以对历史现象进行不同事件、不同阶段、不同层次的研究。比如,对徽商发展史、徽州佃仆制历史等的纵向比较研究。就徽商发展史而言,明成化年间徽商开始崛起,遍地开花,逐渐形成"无徽不成镇"的兴盛局面,到清道光年间,徽州盐商逐渐衰落,徽商辉煌不再,出现徽州商人纷纷转型的局面。通过比较研究,可以较为清晰地梳理出历史时期徽商的发展轨迹、不同时期徽商的盛衰规律。

历史比较研究方法还可以从宏观和微观两个角度展开。宏观比较,是指站在历史整体的角度,对不同的历史现象进行贯通的或者高度概括的比较研究。对于历史的系统认识、历史本质的揭示、历史规律的发现,主要是靠宏观比较研究。比如:对于徽商兴衰史、徽州文化兴衰史、徽州宗族史、徽州土地制度史、徽州佃仆制发展史等问题的研究,就要站在宏观的角度,运用宏观比较的视野和维度进行研究。微观比较,是指不论在时间观念还是空间观念上,都是站在历史的特定角度,对特殊的历史现象或局部的个体的历史问题进行具体的比较研究。比如:对徽学研究中的一些带有规律性的问题的认识,往往需要站在宏观比较的角度去把握;对于徽学研究中的一些局部的专门领域的具有相同或类似性质、类型的问题的认识,往往需要站在微观比较的角度去把握。

有比较方能有鉴别。徽学研究运用比较方法,可以使我们从不同角度、不同侧面加深对徽学领域内相关问题的认识与把握。

六、田野调查方法

田野调查方法作为一种社会科学研究方法，最早被用于人类学研究领域，是由英国功能学派的代表人物马林诺夫斯基奠定的。在我国，这方面卓有成绩的是著名社会学家费孝通先生。人类学的田野调查法要求调查者要与被调查对象共同生活一段时间，从中观察、了解和认识他们的社会与文化。田野调查工作的理想状态是调查者在被调查地居住一段时间，并精通被调查者的语言，以便对被调查者的文化进行深入的研究和解释。严格意义上的田野调查可分为准备阶段、开始阶段、调查阶段、撰写调查研究报告阶段、补充调查阶段等五个阶段。

徽州民间文书和传世文献，数量巨大，浩如烟海，在充分重视历史文献的同时，为了更好地理解徽州民间社会的基本面貌，徽学研究者十分重视田野调查法的运用。

在徽学研究中，较早采用田野调查法的是叶显恩先生。20 世纪六七十年代，叶显恩在研究徽州佃仆制与农村社会时曾深入徽州歙县、休宁、祁门、绩溪等地开展实地调查。他的《关于徽州祁门查湾和休宁茗洲佃仆制的调查报告》，就是利用田野调查法获得的资料，结合文献史料撰写而成的。后来他于 1983 年出版的《明清徽州农村社会与佃仆制》一书，也大量使用了田野调查获得第一手资料。[1]

在徽学研究中，较多采用田野调查法的学者还有赵华富、刘伯山、王振忠先生。赵华富先生从 1990 年至 2000 年十年时间里，每年都到徽州农村住一两个月，进行田野调查。他的足迹遍及古徽州一府六县——歙县、休宁、婺源、祁门、黟县、绩溪，对歙县棠樾鲍氏，绩溪龙川胡氏，黟县南屏叶氏，歙县呈坎前、后罗氏，休宁月潭朱氏，祁门渚口、伊坑、滩下、花城里倪氏，黟县西递明经胡氏，婺源游山董氏等宗族进行了重点调查。为了使调查研究工作顺利进行，获得比较丰

---

[1]　参见王振忠：《徽学研究入门》，复旦大学出版社 2011 年版，第 75 页。

富的调查研究资料,取得调查研究工作的成功,他采用了行之有效的科学调查研究方法。他每一次的田野调查都做了精心准备,正式调查前,先撰写详细的调查研究提纲,采用个别采访与调查研究会议相结合的方式,并入住农村,与农民交朋友。他遵循的调查研究原则有两条:一是选择耳闻目睹者和亲身经历者作为主要调查对象;二是口碑资料,必须考证。① 在上述田野调查基础上,赵华富撰写了 8 篇专题调研报告,并结集出版了《徽州宗族调查研究》②一书。

刘伯山、王振忠二位先生长期致力于收集和抢救徽州文书,他们经常深入徽州农村作田野调查。刘伯山主编多辑《徽州文书》和《徽州谱牒》,其中很多珍贵文献就是他长期坚持田野调查的结果。王振忠自 20 世纪 90 年代以来,在皖南作过百余次村落人文地理调查,收集有大批徽州民间文献,目前个人收藏有近 2 万件(册)的徽州文书,其中有大批的珍稀文献抄本、稿本。他主编的《徽州民间珍稀文献集成》(全 30 册),其中多数珍稀文献是他长期坚持田野调查而获得的成果。

田野调查法在徽学研究中的运用,还受到国外研究者的青睐。1998 年 2 月至 3 月间,日本学者涉谷裕子在徽州休宁县南部山间地带进行田野调查,收集到一些珍贵的碑刻史料和口碑资料,对徽州棚民的移住形态与地域社会的状况作了细致的调查和分析。③

徽学研究者以文本特别是徽州文书为基本线索,通过田野调查法走进历史现场,感悟历史现场,有助于推进徽学相关领域的研究不断走向深入。

---

① 参见赵华富:《徽州宗族调查研究》,人民出版社 2014 年版,第 1—10 页。
② 赵华富:《徽州宗族调查研究》,人民出版社 2014 年版。
③ 参见王振忠:《徽学研究入门》,复旦大学出版社 2011 年版,第 75 页。

第四章

徽学的研究资料

文献资料

一、徽州方志

方志是综合记载一定区域自然及人文社会情况的一种著述形态。在丰富的徽州历史文献中,方志是其重要的组成部分之一。自南朝到民国,徽州方志的发展经历了地记、图经到方志的形态演变过程,其修志传统已有一千五百余年之久。历史时期,徽州方志发展与全国各个时期方志的发展形态大体同步。徽州迄今有名可考的府县乡镇志计 119 种(其中佚志 44 种,存志 75 种),若加上山水、古迹、书院、物产、人物、艺文(文献)、金石等各类专志,徽州志书数量蔚为大观。①

从地记到图经。早在东汉尤其是两晋南北朝时期,地记是记载各地地理和人文的重要地方文献,徽州地记见于著录的有南朝梁新安太守萧几所撰《新安山水记》和王笃所撰《新安记》(今均佚)。隋唐以后,适应分裂时代要求的地记开始由显而微,历唐而宋,封建政权为了及时掌握全国情况以巩固中央集权统治,图经成为这一时期官修地方志书的主要形式。徽州其时产生的图经有名可考者有《新安图经》《新安图》《歙州图经》《婺源古县记》《歙县图经》《(黟县)邑图》《图经》《(歙州)旧志》《(祥符)歙州图经》《(歙州)图经》《(歙州)新经》《黄山图经》等。

宋元时期的徽州方志。宋元以降,我国方志发展由重视地理记载向地理历

---

① 参见刘道胜:《徽州方志研究》,黄山书社 2010 年版,第 83—191 页。

史记载并重过渡,方志形态趋于定型。这一时期,徽州有名可考的府县志书有《(新安)广记》《新安郡志》《新安志》《新安广录》《新安续志》《(新安)广录续编》《星源图志》《新安后续志》《祁阊志》《星源续志》《婺源县志》等。这一时期,徽州府县志频频修纂,从而使该地区成为我国"修志起源较早而且次数较多的一种典型"①。其中,罗愿所纂《新安志》是我国传世的三十三种宋代志书之一,也是安徽现存最早的和唯一存传的宋代志书,它历来被视为志书中的杰作。随着《新安志》的问世,宋元至明初,徽州府志被频频修撰,仅以"新安"命名的徽州府志有名可考的有《新安广录》《新安续志》《(新安)广录续编》《新安后续志》《新安府志》等。②但随着明代弘治《徽州府志》的纂修,诸志尽佚,究其原因,与"继起之作,踵事增华"是有一定关系的。相比较而言,《新安志》得以存传至今,与该志自身的质量、成就和地位有关。尤其到清代,在诸如朱彝尊、王士禛、汪洪度、汪洋度、黄以祚、李宗煾等学者和刊刻家的关注下,《新安志》得以不断刊布。然而,这种刊布主要是翻刻。历史上对《新安志》作系统整理者,当属明代嘉靖间徽州方信《新安志补》,该志旨在补正罗愿《新安志》以及弘治《徽州府志》之遗误,考订精审。此外,元代陈栎所撰《新安大族志》是迄今遗存最早的一部反映徽州大族的专志。

明代徽州方志的编修。明代徽州府县志的编修进入兴盛时期,据统计,徽州府及其所属六邑今存方志及亡佚可考的志书达 31 种,其编纂概况以成化、弘治为界可以分成前后两个阶段。成化、弘治以前,徽州方志的编纂承元代修志低潮之余绪而处于复苏时期,这一时期徽州府邑共成志书 3 种:朱同纂《重编新安志》10 卷(今佚),蒋俊、黄汝济等纂修永乐《祁阊图志》10 卷,孙遇主纂景泰《新安府志增编》(今佚)。成化、弘治以后,徽州府邑修志日益兴盛,共成志书 28 种。遗存至今的府县志书有:程敏政主纂的弘治《休宁志》38 卷,彭泽修、汪舜民等纂的弘治《徽州府志》12 卷,冯炫修纂的嘉靖《婺源县志》6 卷(今仅存 3 卷),宋国华修、吴宗尧等纂的嘉靖《休宁县志》,方信纂的嘉靖《新安志补》,何

① 王成组:《中国地理学史》,商务印书馆 1988 年版,第 63 页。
② 参见康熙《徽州府志》卷十八《杂志下·修志源流》。

东序修、汪尚宁等纂的嘉靖《徽州府志》,陈嘉策修的万历《绩溪县志》,余士奇修、谢存仁等纂的万历《祁门县志》,李乔岱纂修的万历《休宁县志》,张涛修、谢陛等纂的万历《歙志》。综观明代徽州府邑志的编纂可以看出,其主要集中于弘治、正德、嘉靖、万历四朝,尤以嘉靖朝数量为最。涌现出诸如朱同、程敏政、程瞳、程一枝、汪舜民等修志名家,促进了徽州方志的发展,同时也大大提高了其志书的编纂质量,为后来清代徽州修志热潮的到来,从编纂理论和实践上奠定了坚实的基础。

清代徽州修志概况。清代是我国方志发展的全盛时期,这一时期徽州也出现了编修方志的热潮。其府县乡镇产生了一批体例成熟、内容丰富、影响深远的志书。根据《中国地方志联合目录》的统计,徽州府县乡镇今存宋至民国的各类方志61种,其中清代占41种之多,约占总数的7/10。其修纂概况可以从以下三个时期来看。

第一个时期是清初的顺治、康熙时期。此期徽州共修志书13部。顺治间,从全国范围来看,因清朝统治尚不稳固,方志修纂处于低潮,徽州府县也仅成书两部:宋希肃修、吴孔嘉纂顺治《歙县志》,窦士范修纂顺治《黟县志》。到了康熙年间,特别是三藩之乱的平定和台湾的统一,清朝统治日益稳固,全国开始了大规模的修志活动。这一时期,徽州府邑共修志书11种:苏霍祚修、曹有光等纂康熙《绩溪县志续编》,刘光宿修、詹养沉纂康熙八年(1669年)《婺源县志》以及蒋灿纂修康熙三十三年(1694年)《婺源县志》,高晫纂修康熙十二年(1673年)《徽州府通志》和丁廷楗修、赵吉士等纂康熙十八年(1679年)《徽州府志》以及林国柱纂修康熙二十二年(1683年)《徽州府通志续编》,姚启元修、张瑷等纂康熙《祁门县志》,王景曾修、尤何等纂康熙《黟县志》4卷,靳治荆修、吴苑等纂康熙《歙县志》,廖腾煃修、汪晋征等纂康熙《休宁县志》以及吴度所纂《补遗郡志》4卷(今佚)。康熙时期是徽州在清代成书数量最多的时期,徽州府县均修了志书,府志还先后修了三次。这些志书大多属官修,尤其是康熙时预修全国性一统志,"故内自畿甸,外自藩服,以及郡邑皆遵例修志"①。"圣明在宥,百废俱兴,顷者命各省直各修其地志,而上之于朝。"②徽州府县长官也都"奉命修志",积极行事,"檄至祁,余捧而喜"③,修志热情十分高涨。从康熙年间徽州府县修志的时间先后看,一般是县志编修在前,府志编修在后,"邑各自辑其志,即郡志之所由资"④。最后府志编修时,各县志主修的知县等又参与其事。

第二个时期是乾隆、嘉庆、道光三代。这是徽州方志编纂的稳定发展时期。清雍正年间,整个徽州只修了两部小志:许绪祖编修(休宁)《孚潭志》,余华瑞编修《岩镇志草》4 卷。乾隆年间编修志书 9 部:较陈锡修、章瑞钟纂《绩溪县志》,俞云耕修、潘继善纂乾隆二十二年(1757 年)《婺源县志》和彭家桂修、张图南纂乾隆五十二年(1787 年)《婺源县志》,凌应秋纂修《沙溪集略》,张佩芳修、刘大櫆纂《歙县志》,孙维龙纂修《黟县志》,江登云、江绍莲纂《橙阳散志》。乾隆年间,除祁门县外,其他县均修有志书,《婺源县志》先后修了两次,歙县还产生了两部小志。此期修志总数虽不及康熙朝,但总体而言,当时徽州仍处于修志的高潮期。嘉庆时徽州修志 5 部:邵棠编《徽志补正》,赵汝为纂修《婺源县志》39 卷,清恺修、席承泰纂《绩溪县志》,徐卓修纂《休宁碎事》,吴甸华修、俞正燮纂《黟县志》。这些志书中值得一提的是吴甸华等的《黟县志》。其修纂之时,所见旧志已不完整,此志实有独创之功,被称为"一志",后来道光(二志)、同治(三志)、民国(四志)等志书的编修,均是在此志体例基础之上增补损益而成。道光时期,从当时全国的修志情况看,修志活动相对沉寂,但徽州府邑修志仍如火如荼。因为当时安徽要编修第一部官修省志,巡抚陶澍"檄各府州县各修其志,以备通志之采择"⑤,于是"通志资于府,府资于县"⑥。徽州府县因此积极行动起来,共成志书 7 部:何应松修、方崇鼎纂《休宁县志》,吕子珏修、詹锡龄纂《黟县续志》,黄应均等纂修《婺源县志》,王让修、桂超万纂《祁门县志》,劳逢

---

①　康熙《黟县志·王景曾序》。
②　康熙《休宁县志·廖腾煃序》。
③　康熙《祁门县志·姚启元序》。
④　同治《祁门县志·何家聪序》。
⑤　道光《黟县志·詹锡龄序》。
⑥　道光《歙县志·马步蟾序》。

源、沈伯棠纂修《歙县志》,马步蟾、夏銮纂修《徽州府志》,徐起霖纂修《徽郡志记略》1卷(今佚)。这一时期,县志大多因修通志、府志的需要而"取办于一时",但都对前志作了续补。值得一提的是《徽州府志》,其卷帙浩繁、体例完备、内容宏丰,尤其是人物志、艺文志记载广博翔实,实乃研究徽学不可或缺的重要史料。后来,同治年间,歙县进士出身的黄崇惺又专门对此志作了考辨,以正其讹误,有四十八条之多,可弥补其不足。梁启超曾视道光《徽州府志》为斐然可列著作之林的志书之一。

第三个时期是同治、光绪时期。同治年间修有志书5种:曹光洛编《歙县采访册》不分卷,谢永泰修、程鸿诏等纂《黟县三志》,周溶修、汪韵珊纂《祁门县志》,黄崇惺纂《徽州府辨正》等。由于同治前期"粤贼流窜,毒遍江南"①,徽州遭受战争破坏严重,尽管同治年间又倡修省志,只有祁门和黟县奉檄成书。光绪年间有志书7部:程文翰续修(祁门)《善和乡志》,吴鹗修、汪正元纂《婺源县志》,倪望重纂修《祁门县志补》,胡在田纂修《绩溪县志补》1卷(今佚)。另外,随着外国列强侵华日深,光绪以后在全国范围掀起了编写乡土志的热潮,将乡土志作为地方各级学堂进行爱国爱乡教育的教材。徽州其时也编有4部乡土志:董钟琪、汪廷璋修纂《婺源乡土志》,董万里修纂《婺源地理教科书》,李家骧修纂《祁门县乡土地理》,以及《黟县乡土志》。乡土志大体都采用西方的课目形式编写,尤其重视经济方面的记载,是研究近代地方经济和社会民情的重要资料。徽州乡土志的编纂主要在民国时期。

有清一代,徽州府县方志的编纂可谓盛极一时,最引人注目的是这一时期产生了5部乡镇小志。总体而言,这些志书尤其是府县志大多以官修为主。通常是官府设立志局,缙绅宿儒参与其事,遴选地方文人名贤采集资料,众手成书,其质量良莠不齐。

民国时期徽州方志的编纂。民国之际,鉴于晚清以来徽州历经兵燹,文献散佚,倡修志书者不绝如缕,加上民国十七年(1928年),国民党政府通令各省

---

① 同治《祁门县志·周溶序》。

纂修地方志,安徽于民国十九年(1930年)议修省志。在这种形势下,徽州府县成书有民国《歙县志》、民国《绩溪县志》、民国《婺源县志》、民国《黟县四志》和民国《祁门县志氏族考·艺文考》,只有休宁县未成书。诸如《绩溪县志采访表》《绩溪县志馆第一次报告书》《绩溪县志略例》《婺源县志稿》《婺源采辑》等类型的志书是当时编纂县志的产物。另外,徽州一些关心地方文献的学者还积极从事乡土志、风土志和小志的编纂,主要有吴吉祐的《丰南志》、许承尧的《西干志》、程敷楷的《徽州乡土地理》、许家栋的《歙县乡土志》、汪稼云的《绩溪乡土历史》与《绩溪乡土历史教科书》、胡步洲的《绩溪乡土地理》与《绩溪乡土地理教科书》、李洁非的《婺源风土志》、胡存庆的《黟县乡土地理》等。民国时期所修志书一般是在前代的基础上集其大成,诸如民国《歙县志》、民国《黟县四志》、民国《黄山志》以及一些乡土志等均乃通纪古今之作。虽然当时旧史学告退历史舞台,方志作为重要的传统典籍却赓续不断,这在徽州也得以体现。

徽州专志。专志是指专门记载某一项内容的志书,它是方志发展的一个支裔,大多属私家撰述,体例也较自由。徽州在明清时期私撰专志成风,其构成了徽州方志编纂成就的另一个重要表现。

1.山志。关于黄山志书编修:明代万历年间,潘之恒修撰《黄海》60卷。康熙六年(1667年),僧人弘眉辑成《黄山志》10卷。康熙十三年(1674年),程弘志撰修《黄山志》50卷。康熙十八年(1679年),闵麟嗣辑成《黄山志定本》7卷,此志自成体例,考订精致,内容宏富,堪称黄山志书的扛鼎之作。齐云山是徽州另一名山,从唐代到明代,道教逐渐兴盛于此,齐云山遂跻身于道教圣地之列。早在明代景泰年间,歙人方汉撰《齐云山志》7卷,这是该山最早的志书。万历间,休宁知县鲁点编纂《齐云山志》5卷,此志内容翔实、文墨灿然,乃一部山志力作。这部山志到了清代先后共重刻三次。其他有关黄山等的专门性纪略、游录等更是不胜枚举。

2.人物志。明清徽州有关人物方面的专门志书也是层出不穷、类型多样。有专记一地人物者,如明汪心的《婺源贤宦录》1卷、清初许楚的《新安外纪》等。有专记某类人物者,如明程瞳的《紫阳风雅》和《新安学系录》、程岩长的《新安孝行录》、赵滂的《程朱阙里志》,清代汪佑的《紫阳书院会籍》、咸丰间程氏合族编的《继忠录》等。有仿正式方志的列女志,专为本地妇女作专志的,如汪洪度的《新安女史征》20 卷和《新安节烈志》、程云鹏的《新安女行录》20 卷等。有专记某个或某些姓氏望族的,如吴远修的《吴氏纪源录》、程傅的《程氏志略》、康熙间程之康纂辑的《程氏人物志》8 卷,等等。值得一提的是,自元代著名理学家陈栎纂《新安大族志》后,在明代嘉靖间,先后有戴廷明、程尚宽等人续纂的《新安名族志》,该志广摭徽州六县著姓望族之谱,历时多年众手成书,实乃一部不可多得的"郡志"。另外,明末曹嗣轩也编撰了《新安休宁名族志》等。

3.文献、金石、砚墨志。明代有程敏政的《新安文献志》,程瞳的《新安文献补》,程廷策的《续新安文献志》,朱泰阳的《新安文征》,金德铉的《新安文粹》(此书后由苏大重辑并刊行),孙阳的《新安文粹》,程允兆的《天都阁藏书》,程仲虞的《紫云隐书》,程质的《文献录》,等等;清代有汪德渊的《汪氏艺文》,方椿的《歙艺文志》,吴荫培的《吴氏艺文略》,胡培系的《绩溪金紫胡氏所著书目》,等等。金石方面有明代江绍前的《金石录》、清代方豫立的《歙县金石志》等。有关歙砚的专门志书有明代江贞的《歙砚志》和叶天球的《歙砚志》等。

4.古迹、书院志。如黄山翠微寺始建于唐代,此寺自唐以后历代迭有废兴,康熙间,该寺住持超纲辑成《黄山翠微寺志》3 卷。清光绪年间,企詹民编撰《徽郡古迹志》。康熙间,休宁施璜一生潜心致教,先后主讲于紫阳书院和还古书院历几十年,曾主修《紫阳书院志》18 卷和《还古书院志》18 卷,另纂《塾讲规约》1 卷。康熙间,旅居湖北汉口的徽州人士曾在当地创建了汉口紫阳书院,用以联络乡谊,崇祀朱子。到嘉庆间,董桂敷在前人的基础上成《增订汉口紫阳书院志》8 卷等。

凡此种种专志,多系私家撰述,体例不拘,内容博杂,其记载专门性强,尤其是府县正式方志等文献对相关内容的记载语焉不详时,此类书籍的史料价值则更显珍贵。

二、徽州家谱

家谱是宗法制的产物,在宋代以前以官修为主,宋代后向民间基层社会下沉,成为宗族社会构建的重要因素,也是宗族社会发展的产物。家谱是以谱系作为核心依据,遵循亲亲尊尊原则,为实现统宗收族目的而编纂的宗族文献。其基本内容包括谱序、编修凡例、先祖像赞、世系图表、村图、祠墓图、人物传记、家族文翰等。徽州地区因宗族的繁盛,在历史上编修了大量的家谱,历经宋、元、明、清至民国时期均有家谱存世。其中馆藏宋元家谱有 14 种,民国时期家谱有 600 余部。因徽学研究以明清时间段为主,其依赖的家谱主要是明清时期徽州家谱。以现今馆藏明清徽州家谱为主,对有具体修谱年代的明清徽州家谱遗存(不含徙谱)作了初步统计,现今馆藏明清徽州家谱共有 1928 部,其中明代家谱为 730 部,清代家谱为 1198 部。明清徽州一府六县家谱遗存具体数目参见下表:

馆藏明清徽州家谱遗存数目统计表

地区	综合及待考	歙县	休宁	黟县	祁门	绩溪	婺源	合计
明	167	202	199	5	50	16	91	730
清	199	347	211	34	102	95	210	1198
合计	366	549	410	39	152	111	301	1928

(注:表中图书馆是指国家图书馆、上海图书馆、安徽省图书馆及中国徽州文化博物馆,表中所列综合及待考一栏主要统计对象为馆藏明清徽州家谱中涉及多县的及少数家谱因未见到具体内容而不敢轻易归并属县的。)

以上统计的仅仅是以中华书局版《中国家谱综合目录》、安徽教育出版社出版的《徽州刻书史长编》第 8 卷、上海古籍出版社出版的《上海图书馆馆藏家谱提要》及《中国家谱总目》所记载收录的信息为主。实际有更多的地方性公藏单位如安徽境内的图书馆、博物馆、档物馆等都藏有诸多名谱,如安徽省图书馆即是收藏各类谱牒的大户,只可惜许多单位对家谱的整理与保护工作尚在进行中,不能轻易得见。若对各个公藏单位进行完全的统计,预计公藏的数目会增加许多。徽州民间家谱私藏更无法确切统计,境内几乎家家有谱。如绩溪县民间便藏有丰富的家谱资料,经过对绩溪县内 11 个乡镇 30 多个村庄的走访调查,获悉绩溪民间约有胡、汪、程、章、王、许、方、周、冯、曹、邵、张、姚、洪、葛、俞、倪、舒、高、钱、陈、戴、何、包、黄、吴、丁、叶、石、穆等 30 个姓氏,101 部家谱。显而易见,徽州民间收藏的家谱亦是数量雄厚、品种繁多,是亟待我们探索发掘的一座"富矿"。

明清徽州家谱日益受到研究者的关注,这是由其独特性决定的。

一是明清徽州家谱具有体例完善、内容丰富的特点。徽州家谱在明代体例已逐渐走向成熟,形成了包含新旧谱序、编修凡例、先祖像赞、世系图表、村图、祠墓图、人物传记、家族文献等内容的基本编修体例。许多家谱在此基础上还不断丰富其内容。明代万历年间范涞修《休宁范氏族谱》即是这方面的代表。该谱含谱叙、谱原、谱序、谱居、谱茔、谱祠、谱表、谱传和谱考九章,章下再分为旧谱目录、旧谱序文以及旧考、新考、附考等共 37 个细目。① 全谱"洒洒数千万言,上自陶唐……纤悉不遗,彬彬乎齐家睦族之典刑云"②,全方位反映了范氏宗族生活的场景。

明清徽州家谱内容的丰富性表现在记载了大量特色文献,尤以保存地契、文书及明代以来鱼鳞图册信息而知名。从《潭渡孝里黄氏族谱》即可管窥,该谱有数十篇上述资料,正如该谱序文所言:"新安之异于邻郡县者有三,其一为田土黄册,册定于明洪武初,迄今完好藏长史廨宇中,脱有侵欺,检册瞭然……守令增修黄册,或遭受豪猾改窜,非征信于谱不得也。"③家谱成为记载当时社会经济活动的重要档案。

二是明清徽州家谱具有连续性的特点。明清徽州社会一直有重视修谱的传统,在"三世不修谱,则为不孝"的思想指导下,各家族大致确立了家谱"十年小修,三十年大修"的原则,贯彻这一原则就保证了家谱编修的连续性。

---

① 参见范涞:《休宁范氏族谱·目录》。
② 范涞:《休宁范氏族谱·范守己序》。
③ 黄元豹:《潭渡孝里黄氏族谱·黄逼序》。

第一，从家族内部看，不同时期家谱之间有继承相因性，在扬弃中延续。如明成化年间程敏政修成《新安程氏会通谱》后，对其批评者有之，继承者有之。持批评态度的有：明嘉靖年间，程项因"学士篁墩先生之笔削者，不无遗逸讹谬"①，而作《新安程氏统宗迁徙注脚》；清康熙年间，程士培又因"篁墩先生统宗谱之系讹支遗"②，作《新安程氏统宗补正图纂》；同样在康熙时，程浩然也因"学士统宗谱仅隶休歙为十支，何其略且隘也，况变易宗祖，错乱旧章"③，而作《新安程氏世谱正宗》。对其持肯定态度而继承的有：明弘治年间，程祖瑗认为"克勤先生因两公所编，复在会诸派宗人及各族所藏新旧谱牒，理淯伐舛……而睦族之义，尊祖之心诚为全且备矣"，并且"依谱抽绎画为总图，著其说于下方"，作《新安程氏统宗世谱图》；④清道光年间，程梦诏等修《新安程氏族谱》时说，"同治四年合邑续修汇谱，更加厘订，确遵休宁陪郭敏政公新安统宗世谱旧系"，因此本次修谱，"合邑各股支谱皆因之"。⑤ 在批评与继承之间，程氏家谱得到续修，保持着有机的联系。

第二，从徽州来看，自明至清不同时期均有家谱存世。根据《中国家谱总目》统计：明代家谱有确切年代的为238部，其中洪武时家谱存3部，为明代最少，万历时家谱存78部，是明代最多；清代有明确年代的家谱为571部，最少是顺治时期的9部，最多是光绪时期的157部。虽然各时期家谱数量多少不等，但这种连续性，为考察徽州社会变迁提供了依据。

三是明清徽州家谱具有注重理论总结的特点。明清徽州家谱在长期发展中形成了重视家谱编修理论总结的传统，万历年间的《临溪吴氏族谱》专作"编略"一卷，以"家史氏"名义撰写了《谱则略》《谱例略》《谱议略》《谱考论》，集中论述了家谱编修应该遵循的理论规范。论义例则有："家史氏曰：先王之世辩之氏族，统之世系而家教以兴，迨其后姓氏不命于上，于是族自为谱，谱虽一家之

---

① 程项：《新安程氏统宗迁徙注脚·卢璧序》。
② 程士培：《新安程氏统宗补正图纂·朱坤序》。
③ 程浩然：《新安程氏世谱正宗·程万里序》。
④ 程履初：《新安休宁山斗程氏本支谱·程祖瑗序》。
⑤ 程耀等：《新安程氏族谱·程梦诏序》。

书哉,实以补国书之所不逮,其义例体裁盖不可以不谨焉。"①论取舍则有:"家史氏曰:谱以彰既往而励该来,传其所信,斯足征也。故时之先后异代,事之显晦异迹,因以考证焉,而去取详略乃可得而断矣,是以定新例而谱为八集。"②这些反映了作者对家谱编修理论的思考与总结。

至清代光绪年间,《绩溪县南关惇叙堂宗谱》仅"谱例"篇就有四千多字,系统论述了家谱编修中世系、小传、书法、笔削、遗像、祠墓、传序、殇灵、编次、续稿十个体例问题。如界定"小传"为"系名大书其后,分注生殁娶葬,子女谓之小传,或称年表,然与史记以年为表而横列人世者体例迥殊,当称小传为是"。对于"书法"亦有讲究,如记迁徙,"凡迁居由本宗市南迁往则书迁某处;由某处再迁则书转迁或书分迁;至于兵难后或因避难流寓至今未归故土,或随贸易侨居,眷属羁旅异乡,但书今居某处,不列分迁图内,其未定迁也"③,对宗族人员流动作了细致区分,体现了对家谱编修方法的深入思考。

四是明清徽州家谱具有与其他徽州地方文献高度关联性特征。明清徽州作为"文献之邦",除以文书、家谱和方志为特色外,还有大量的文集,这些资料林林总总,共同成为重现徽州基层社会实态的资料,其中家谱与其他各类材料关联度最高。徽州文书一个重要的特征是"归户性",即可归入具体的家族或宗族,这恰与该族的家谱相联系,从而提高了其价值。明清徽州家谱中的许多人物,在对应的方志中会有相关记载,可实现家史与官方文献的结合。另外,许多与家谱相关的信息保存在徽人文集之中,两者可互为补充。如万历年间汪道昆所修《灵山院汪氏十六族谱》,许多明代歙县汪氏文书均与之相关,而该谱中所记人物、事件又与《歙县志》《岩镇志草》有联系,谱中许多内容在汪道昆的《太函集》中又有记载,这种关联性不仅扩大了家谱的信息量,也能相互验证资料的真实性,从而提高资料的可信度。

---

① 吴元孝:《临溪吴氏族谱·谱则略》。
② 吴元孝:《临溪吴氏族谱·谱例略》。
③ 许文源:《绩溪县南关惇叙堂宗谱·谱例》。

三、文集、笔记、小说

宋以后尤其是明清以来的文集、笔记、小说也是徽学研究的宝贵资料，甚至可以说是为徽学研究提供了最丰富的资料。

这里所谓的文集，包括文人专门的学术著作和其他文章的结集。文集的作者既有徽州人，也有非徽州人。汉末、唐末以及北宋末年，由于中原板荡不安，很多大族不断南迁徽州，逐渐改变了徽州的风俗。原来徽州"武劲之风，盛于梁陈隋间"①，入宋以后，徽州风俗逐渐由"崇武"转向"尚文"，在朱熹的影响下，"元明以来，英贤辈出，则彬彬然称'东南邹鲁'矣"②。自宋朝后，徽州不仅名臣辈出，而且儒者风起云涌，研究学术的人特别多。近代徽州知府程怀璟感慨地说：徽州"人文辈出，鼎盛辐辏，理学经儒，在野不乏"③。正是在这样的背景下，徽州人的学术著作特别丰富，尤其是宋以后形成的新安理学以及清代中叶崛起的徽派朴学，汇聚了大批徽州学者，这些学者贡献了大量的学术著作。这些著作大都被《四库全书》《续修四库全书》以及道光《徽州府志·艺文志》所收录。仅道光《徽州府志·艺文志》收录自唐至清道光间徽人著作3332种，7万余卷。这些著述无疑是研究徽州学者的学术思想和学术贡献以及徽州学术史的宝贵资料。另外，在修《四库全书》时，由于四库馆臣在收录书籍时的种种限制，也有一些徽人著作没有被收录，但在《四库全书存目丛书》《四库禁毁书丛刊》和《四库未收书辑刊》中可以查到这些著作，这也是我们研究徽学时所不能忽略的。

著名徽学专家、歙县人汪世清曾指出："至于说到徽州先贤遗留下来的诗文总集和别集，数量之多，屈指更难胜计。作为文化形态之一的文学，这类诗文总集和别集，就其内容而言，涉及自然和社会的诸多方面，蕴藏着极丰富的文史资料，为对徽州文化的研究提供了极其广阔的文献依据。"④这里的所谓别集，一般

---

① 许承尧：《歙事闲谭》卷十八《歙风俗礼教考》，黄山书社2001年版，第602页。
② 许承尧：《歙事闲谭》卷十八《歙风俗礼教考》，黄山书社2001年版，第602页。
③ 道光《重修徽州府志·序》。
④ 许承尧：《歙事闲谭·序一》，黄山书社2001年版，第5页。

是指作者专门学术著作以外的文章结集。有的文集是作者生前自己整理而成，有的文集是作者死后由朋友或亲人整理出版。宋代以后，徽州科举入仕的人非常多，他们踏上仕途后一般都在中央各部门或地方各级政府做官。凡是所见、所闻、所为、所感，都会付诸笔端，形成文字。有的笔耕不辍之人，一生的文章结集后堪称巨著。如明代歙县人汪道昆入仕后，宦履广泛，先后在地方和中央任官，交往又多，他晚年的文章结集《太函集》有一百七十多万字，堪称巨制。《太函集》内容分为序、传、行状、墓志铭、墓表、碑、墓碑、碑记、记、铭、箴、颂、赞、诔、哀辞、祭文、论、说、杂著、偈、跋、议、疏、书牍、骚、古乐府、铙歌、四言诗、五言古诗、七言古诗、五言律诗、五言排律、七言律诗、七言绝句等 34 类，可见其内容之丰富。其中的序、传、行状、墓志铭、墓表，不少都是为徽州商人而写的，这就为我们研究徽商提供了极好的资料。据粗略统计，仅仅这一部《太函集》，关于徽商的内容就有二十余万字。徽州文人的文集存世者尚有不少，如鲍应鳌《瑞芝山房集》、方弘静《素园存稿》、汪文奎《荪堂集》、方扬《方初庵先生集》、金声《金正希先生文集辑略》、汪循《仁峰集》、吴子玉《大鄣山人集》等，不仅有不少关于徽商的资料，而且有丰富的关于徽州的资料，我们应该充分发掘利用。

为了全面了解徽人所著文献情况，胡益民编著的《徽州文献综录》是一本特别重要的工具书，2014 年由安徽教育出版社出版。胡氏历十几年之功，编成这一巨著，收录了从唐宋至清末(少数放宽至民国)徽州籍人士以及与徽州有关的作者近 6000 人，著作 15000 余种，几乎将徽人著述网罗殆尽，堪称荦荦大观。尤其是该书创新编纂体例，以人系书，每人之下分"作者小传""著录与版本——馆藏""传记——研究资料索引"三栏，给徽学研究者带来了极大的便利。

还应指出的是，提到文集，我们不能只把视野局限在徽州人的文集上，还要关注非徽州人的文集。明清时期，徽商作为"贾而好儒"的商帮，大多以"儒商"的面貌呈现在世人面前，他们每到一处经商，与名流达士、骚人墨客，皆纳交往来，相互唱和，这些文字也是我们研究徽商的宝贵资料。明清时期，随着商人社会地位的提高以及商人意识的觉醒，商人已不再像以前那样呈现出庸碌猥琐的形象了，而是要向世人昭示自己的社会存在。这在很多方面都能反映出来。例如,徽人重视孝道,当自己的亲人逢五十、六十、七十、八十大寿时,总要举行隆重的祝寿活动。此前大多花重金礼请当世名人为其亲人写寿序,这些名人当然有徽州人,亦有外地人。还有亲人去世后,家人也要请名人为死者写行状、传记、墓志铭等,其中就有不少外地的名流学者。例如晚明朝中大臣、著名文学家、文坛领袖李维桢就与徽商有着密切的交往,曾经为不少徽州人写过寿序、园记、家传、墓志铭之类,都收录在他的文集《大泌山房集》中,据粗略统计,这类资料也有近二十万字。再如清歙县人程晋芳出身盐商世家,生活在扬州,由于他惛惛向儒、博学多才,受到当时很多著名学者文人的赞赏,并与他们结下深厚的情谊。所以他去世后,著名学者翁方纲为其写了墓志铭,收录在《复初斋文集》中,大诗人袁枚也为他写了墓志铭,收录在《小仓山房文集》中。再如扬州盐商祁门人马曰琯去世后,杭州著名学者杭世骏为他写了墓志铭,收录在《道古堂文集》中。总之,凡是与徽商及徽州官员有交往的非徽籍官员、学者、文人,他们的文集也应关注,其中有不少徽学研究的资料。

说到明清文集,有两部大型工具书值得一提。一是沈乃文主编、黄山书社出版的《明别集丛刊》(5 辑),系第一部明代作家传世作品总集。该书从明代政治、经济、思想、学术、文学、艺术等方面有相当影响或极具史料文献价值的个人诗文集中,遴选出总计 1800 余人的 2000 余种明人诗文集汇编出版。二是李灵年、杨忠主编,安徽教育出版社出版的《清人别集总目》(3 卷),著录了清人现存的近 2 万名作者的约 4 万种作品。而且此书实用、周全,便于检索:要了解一般作者情况,小传即可提供;要深入发掘作者的生平事迹,传记资料索引指示了途径。这两部工具书为我们的研究提供了极大的方便。

除了文集以外,还有笔记。笔记作为一种文体,不拘形式,随笔而录,是很多文人都采用的文体。笔记的内容十分广泛庞杂,涉及政治、历史、经济、文化、自然科学、社会生活等许多领域,但也有专门记叙、论述某一个方面问题的笔记。明清时期,无论是徽籍学者还是非徽籍学者,甚至一般的文人都留下了不少笔记,其中也给我们提供了丰富的徽学研究资料。徽籍学者的笔记最著名的恐怕就是近代歙县人许承尧的《歙事闲谭》。许承尧是末代翰林,晚岁家居,乐志林泉，又锐意收集乡邦文献，所闻所见，皆有记录。这部笔记专记"歙事"，多达30卷，洋洋七十万言，是研究徽学极为珍贵的资料。再如歙县人黄崇惺的《凤山笔记》，上部记述太平军在徽州与清军作战始末，下部杂记当时徽州事，是徽学研究的重点资料。又如胡雪岩是晚清著名的红顶商人，但正史中几乎没有关于他的记载，幸亏同时代的文人在笔记中留下了一些记录，像李伯元的《南亭笔记》①、徐一士的《一士类稿·一士谈荟》②等，为我们研究胡雪岩提供了可贵的资料。

非徽籍学者的笔记，也有不少是我们研究徽学时可资利用的，比如浙江学者俞樾《右台仙馆笔记》中有"许翁散财"一则：

许翁，歙县人。余尝见之于故人汪镜轩坐上，盖即汪之妻父也。家故巨富，启质物之肆四十余所，江浙间多有之，至翁犹然。翁为人极厚悫，其言呐呐然如不出口。而其子弟中，则有三四辈，以豪侈自喜，浆酒霍肉，奉养逾王侯。家僮百数十人，马数十匹，青骊彤白，无色不具，腹鞊背鞯，亦与相称，每出则前后导从，炫耀于闾巷间。一日忽郡吏持官文书来，太守以其豪横欲逮问之，乃凶惧，上下行赂求免，所费无算，始寝不问。于是此三四辈者相与谋曰："家乡不可居矣，盍出游乎？"各具舟车出游江浙间。凡其家设肆之处，无远不至。至则日以片纸至肆中，取银钱餍足。主者或靳之，辄怒曰："此故吾家物，何预公事？"使所善倡家，自至肆中，恣所取。主者大惧，皆以书白许翁。许翁自度不能要束其子弟，乃曰："今吾悉闭诸肆，彼无所取，则已矣。"为书遍告诸肆，使同日而闭。已而，肆中之客皆大哗："主人所不足者，非财也，何为悉罢诸肆？主人自为计，则得矣，如吾曹何？"许翁闻之曰："诚如公等言。"乃命自管事者以下，悉有所赠。管事者或与之千金，或二千金，视肆之大小，自是递降，至厮役隶养皆有分也，最下亦与钱十万。方许翁定此议时，初未尝較较其人数，及此议出，主者按籍而计之，则

① 李伯元：《南亭笔记》，上海古籍书店1983年版。
② 徐一士：《一士类稿·一士谈荟》，书目文献出版社1984年版。

四十余肆,其人几及二千,各如数拜赐而去,而许翁之钱罄矣。十数世之积,数百万之赀,一朝而尽,亦可骇也。余见许翁时,其冠犹戴青金石顶,缀镪羽兰翎。镜轩语余曰:"翁所存惟此矣。"按:曲园少时,曾馆休宁汪氏,故记此事特详。

应该说,此条记载史料价值极高,给我们传递了很多信息。

再比如明代福建学者谢肇淛,入仕后走遍大江南北,对各地的风土人情皆有记述。他在笔记《五杂俎》卷四中写道:"富室之称雄者,江南则推新安,江北则推山右。新安大贾,鱼盐为业,藏镪有至百万者,其他二三十万,则中贾耳。山右或盐,或丝,或转贩,或窖粟,其富甚于新安。新安奢而山右俭也。然新安人衣食亦甚菲啬,薄糜盐齑,欣然一饱矣。惟婚妾、宿妓、争讼,则挥金如土。余友人汪宗姬,家巨万,与人争数尺地,捐万金。婚一狭邪如之。鲜车怒马,不避监司前驱,监司捕之,立捐数万金。不十年间萧然矣。至其菲衣恶食,纤啬委琐,四方之人,皆传以为口实,不虚也。"这当然是研究徽商乃至徽州文化的重要资料。他还将徽州风俗与自己的家乡福建长乐相比较:"今世流品,可谓混淆之极。婚嫁之家,惟论财势耳,有起自奴隶,骤得富贵,无不结姻高门,缔眷华胄者……余邑长乐此禁甚厉,为人奴者,子孙不许读书应试,违者必群击之。余谓此亦太过……及之新安,见其俗不禁出仕而禁婚姻,此制最为得之。乃吾郡(陈留)有大谬不然者,主家凌替落薄,反俯首于奴之子孙者多矣,世事悠悠,可为太息者此也!"①我们要研究徽州的奴仆制度,当然不能忽视此资料。

研究徽学尤其是研究徽商还不能忽略小说中的资料。小说家言,虽多出于虚构,但意识是存在的反映,小说在很多方面也反映了社会现实。陈寅恪说过:"小说亦可作参考,因其虽非个性的真实,但有通性的真实。"②正是小说中这种"通性的真实",为研究历史提供了有用的资料。用小说证史,不失为一种研究方法。前辈大家在这方面已作出很好的典范。明清时期,随着商品经济的繁

① 谢肇淛:《五杂俎》卷十四。
② 石泉、李涵:《听寅恪师唐史课笔记一则》,见《纪念陈寅恪先生诞辰百年学术论文集》,北京大学出版社 1989 年版,第 33 页。

荣,市民阶层崛起,市民文学也开始出现,很多小说都反映了市民的生活。由于徽商在社会上的巨大影响,他们往往被小说家们写进小说中。如明代冯梦龙《警世通言》、天然痴叟《石点头》、钝庵《生绡剪》、凌濛初《初刻拍案惊奇》、西湖渔隐主人《欢喜冤家》以及清代李宝嘉《官场现形记》、吴敬梓《儒林外史》、沈起凤《谐铎》、心远主人《二刻醒世恒言》、徐震《珍珠舶》、李渔《十二楼》等都有徽商的角色。研究明清时期的徽商就可以利用这些小说资料。

另外,明清笑话中也有可资利用的资料。如明浮白主人《笑林·盐豆》记:"徽人多吝。有客苏州者,制盐豆置瓶中,而以箸下取,每顿自限不得过数粒。或谓之曰:'令郎在某处大阚。'其人大怒,倾瓶中豆一掬,尽纳之口,嚷曰:'我也败些家当吧。'"①作者本意是借此把徽商作为吝啬的典型加以讽刺,可是如果我们换一立场来看,这不正是徽商艰苦创业的绝好写照吗?

四、徽州文书

宋代以降尤其明清,徽州高度发达的经济文化,致使公私交往频繁。徽州民间具有重视在社会活动中因时立约、因事立约的传统,人们事无巨细,往往诉诸白纸黑字。在文书保存上,传统徽州具有强烈的文书保存意识,尤其是大多数具有重要书证的契约,人们往往视为家珍。值得一提的是,在徽州宗族社会中,公匣制度是民间文书保存的重要手段和特色。② 加上徽州山限壤隔,因地理环境的封闭性,历史上鲜有兵戈扰攘。凡此种种原因,使得徽州历史上不但产生了丰富的民间文书,而且大量文书长期处于秘而不宣的状态而被遗存下来。

徽州文书面世始于民国时期,当时上海、杭州等地书商和文人就经常到徽州来购买古籍,不少文书开始流出。历史学家方豪是较早收藏和刊布徽州文书的学者,他于抗战结束后在南京地摊收集了一批徽州文书,并于 20 世纪 70 年代,以"战乱中所得资料简略整理"为专题,撰写了十余篇论文,陆续刊载于台湾

---

① 陈如江、徐侗:《明清通俗笑话集》,上海人民出版社 1996 年版,第 96 页。
② 参见刘道胜:《公匣制度与明清徽州民间文书的保存》,载《图书馆杂志》2009 年第 2 期。

《食货月刊》(1971—1973) 各期中。20 世纪 50 年代,随着土地改革运动的开展,传统意义上的土地契约等文书结束了其原有作用,并被视为封建糟粕遭到大规模销毁,随即引起了有识之士和各级部门的重视。特别是在时任文化部副部长郑振铎先生和中国科学院经济研究所副所长、著名经济史学家严中平先生等的密切关注下,屯溪市新华书店专门开设了古籍书店,负责收购徽州文书和古旧书籍,并开始介绍徽州文书收集情况。当年古籍书店负责人余庭光先生在宣传和抢救徽州文书中做了大量卓有成效的工作。据余氏介绍,当年"收购的契约总数有十多万件"[1]。屯溪市古籍书店把收集到的文书编制目录和价格,销售到全国各地的书店、图书馆、博物馆等单位,其中尤以北京中国书店和上海古籍书店为主。通过这一渠道,徽州文书先后流传到了全国各地。此后,安徽省博物馆、安徽省图书馆、安徽省档案馆、安徽师范大学图书馆等单位相继从徽州购买收集了一大批珍贵的徽州文书和地方文献。20 世纪 50 年代以来的徽州文书大规模发现和收藏一直延续到"文化大革命"前。20 世纪 80 年代以后,随着徽学的兴起,徽州文书再次大规模被发掘。

目前,徽州文书在国内外各博物馆、档案馆、图书馆、资料室多有庋藏。如中国国家图书馆、中国社会科学院历史研究所和经济研究所资料室、北京大学图书馆、天津图书馆、上海图书馆、南京图书馆、南京大学历史系资料室、安徽省博物院、安徽省图书馆、安徽省档案馆、安徽大学徽学研究中心资料室、安徽师范大学图书馆、黄山学院图书馆、黄山市中国徽文化博物馆、原徽州六县档案馆等。日本东洋文库、东洋文化研究所、美国哈佛燕京图书馆、英国大英图书馆东方收藏部以及法国和中国香港、中国台湾地区也收藏有徽州文书。近年来,中山大学、上海交通大学、中国人民大学、南昌大学、安徽师范大学、安徽大学等高校仍在大力从事徽州文书的搜集。此外,国内外私人收藏徽州文书者亦不乏其人[2],且还有大量徽州民间文书,或深藏在有关单位,或散在民间,尚待发掘出来。这些不明数量的公私之藏以及有待发掘的遗存情况虽难以统计,然笔者粗

---

① 周绍泉:《徽州文书与徽学》,载《历史研究》2000 年第 1 期。
② 如复旦大学王振忠教授、安徽大学刘伯山教授等。

略估算,至少有数十万件。因此,目前徽州文书遗存数量应在 100 万件以上是颇为可信的,并随着不断发掘以及整理公布,有关徽州文书遗存数量还将不断得以突破。遗存的徽州文书从宋代至民国各个时期均有发现,尤以清代和民国时期居多。举凡交易文契、合同文约、承继分书、产业簿册、私家账簿、官府册籍、政令公文、诉讼文案、会簿会书、乡规民约、日用类书、民俗歌谣、村落文书、尺牍书札等类型不一而足,无论就数量还是价值而言,当之无愧成为 20 世纪我国发现的民间文书之典型者和代表者。

徽州文书的整理出版开始于 20 世纪 80 年代,经过数十年的努力,已出版的徽州民间文书资料集越来越多。相关资料集有:

安徽省博物馆编:《明清徽州社会经济资料丛编》第一集(明代 390 件,清代560 件,共计 950 件),中国社会科学出版社 1988 年版,主要辑录安徽省博物馆(888 件)、黄山市博物馆(原徽州博物馆,62 件)所藏徽州契约文书。

中国社会科学院历史研究所徽州文契整理组编:《明清徽州社会经济资料丛编》第二辑(宋元 12 件,明代 685 件,计 697 件),中国社会科学出版社 1990年版,主要辑录中国社会科学院历史研究所藏徽州契约文书。

王钰欣、周绍泉主编:《徽州千年契约文书》(宋元明编 20 卷,清民国编 20卷,计 40 卷),花山文艺出版社 1993 年版,影印本。据中国社会科学院历史研究所藏徽州民间文书编撰,其价值高、数量大。另外,中国社会科学院历史研究所将该所资料室所藏的 14137 件徽州文书进行了系统分类编目,形成《徽州文书类目》,由黄山书社于 2000 年出版。

周绍泉、赵亚光校注:《窦山公家议校注》,黄山书社 1993 年版。

张传玺主编:《中国历代契约汇编考释》,北京大学出版社 1996 年版。该资料集经修订于 2014 年由北京大学出版社重新出版,题名《中国历代契约粹编》(3 卷本),收录有宋至清的徽州民间文书。

章有义著:《明清及近代农业史论集》,中国农业出版社 1997 年版。该著辑录有 48 件分家阄书以及 4 种置产簿。

《中国明朝档案总汇》(全 101 册),广西师范大学出版社 2001 年版,主要收录明代中央档案,其中第一册辑录的文书档案中多系徽州文书。

田涛等主编:《田藏契约文书粹编》,中华书局 2001 年版。该书据田涛个人收藏契约文书编辑,收录徽州民间文书数百件。

陈智超著:《明代徽州方氏亲友手札七百通考释》一、二、三册,安徽大学出版社 2001 年版。据美国哈佛大学哈佛燕京图书馆所藏徽州民间文书编撰,该书第三册为方氏亲友手札原件影印资料集。

鲍传江主编:《故纸堆》(10 卷),北京图书馆出版社 2003 年版。该书收录有部分清代至民国时期的徽州民间文书。

刘伯山主编:《徽州文书》,截至 2019 年已经出版 6 辑,每辑 10 卷本,广西师范大学出版社影印出版。

臼井佐知子编著:《徽州歙县程氏文书·解说》,东京外国语大学大学院地域文化研究科 21 世纪 COE"史资料ハプ地域文化研究据点"本部 2006 年影印本。该书据编者在黄山市文物商店所购文书编辑而成。

詹鸣铎著,王振忠、朱红整理:《我之小史》,安徽教育出版社 2008 年版。

周向华编:《安徽师范大学馆藏徽州民间文书》,安徽人民出版社 2009 年版。该书据安徽师范大学图书馆馆藏编辑而成。

东洋文库明代史研究室编:《中国土地契约文书集(金—清)》,财团法人东洋文库 1975 年刊行,辑录本。该书据各种文献所录契约文书编辑而成,其中收录一定数量的徽州民间文书。

黄山学院编:《中国徽州文书》(10 卷本,民国编),选辑徽州文书 5886 件(其中簿册 170 册,散件 5716 份),清华大学出版社 2010 年版。2016 年,在第一辑基础上,由合肥工业大学出版社继续出版了 10 卷本。

李琳琦主编:《安徽师范大学馆藏千年徽州契约文书集萃》(全 10 册),安徽师范大学出版社 2014 年版。

黄志繁等:《清至民国婺源县村落契约文书集录》(全 18 册),商务印书馆 2014 年版。

王振忠主编:《徽州民间珍稀文献集成》(全 30 册),复旦大学出版社 2018

年版。该资料集遴选了近 150 种徽州珍稀簿册文书,多系稿本、抄本,所设内容宏丰,弥足珍贵。

《中国社会科学院经济研究所藏徽州文书类编·散件文书》(全 4 册),社会科学文献出版社 2018 年版。

《中国社会科学院经济研究所藏徽州文书类编·置产簿》(全 15 册),社会科学文献出版社 2019 年版。

但从目前整理出版情况看,已出版的徽州文书有五六万件,相对于已发现的现存数量而言,有关徽州文书的整理公布仍可谓任重而道远。

第 二 节
地面遗存

一、徽州碑刻资料

作为一种原始金石文献,徽州碑刻真实地记录和反映了徽州社会、经济和文化教育发展状况,是徽学研究不可多得的重要原始文献之一。

(一)徽州碑刻资料的时空分布

徽州现存包括田野遗存和博物馆收藏的各类碑刻有 1000 余通(处)。在时间上,已知现存最早的碑刻(不含摩崖石刻)是宋哲宗元符二年(1099 年)婺源县的佛说八师经碑,时间最晚的是民国三十六年(1947 年)绩溪伏岭逍遥岩古道江南第一关如来佛柱石刻。[①] 从已经初步整理的情况看,徽州碑刻中属于明

---

① 本章所指碑刻的时间下限为 1949 年,新中国的碑刻和纯粹的书画碑不在本节叙述范围之内。此外,尽管民国叶为铭辑录的 14 卷本《歙县金石志》收录的歙县碑刻最早为梁大同元年(535 年)的《吕揭记》,另有唐代碑刻 2 通、宋代碑刻 13 通,但因这些碑刻业已不存,故不计入内。

清时期的最多,其中尤以清代居多。

徽州碑刻在时间和地域上的分布呈现出以下几大特征:一是宋代(不含宋代)以前碑刻今已不存,只有9通(处)为宋代碑刻遗存至今,其中又以南宋居多,北宋为2通(处),分别是《宋元符二年季冬婺源县佛说八师经碑》①和《宋政和三年九月歙县王道宁墓志铭》②,其余7通(处)均为南宋时期。现存宋代徽州碑刻虽然数量极少,但文物和学术价值较大。二是元代碑刻仅存1通(处),这直接反映了元代徽州社会与文化的萧条状况。三是明代和清代碑刻数量最多,但又相对集中于明嘉靖和万历时期以及清乾隆、道光时期。在地域上,徽州碑刻又以祁门、歙县和婺源为众。徽州碑刻这种时间和空间上的布局,基本上反映了徽州历史发展状况,即明嘉靖、万历和清乾隆时期,是徽州社会经济繁荣特别是徽商较为活跃的历史时期。

(二)徽州碑刻的主要内容

综合反映徽州社会、经济、历史、文化的碑刻(含部分摩崖石刻),内容十分丰富。概括而言,主要有以下几个方面内容:

第一是宗族类碑刻。历史上,徽州是一个聚族而居的山区,宗族牢固地控制和左右着人们的生产与生活甚至是精神世界。为维护宗族血缘关系的纯洁性,一些宗族对紊乱宗支的现象甚至以邀请国家权力介入的方式进行辨别和打击。《清乾隆五十一年四月黟县正堂严禁伪派盗紊左田黄氏宗支告示碑》③就是黟县左田黄氏宗族借助官府权力对伪派紊乱黄氏宗支行为进行打击的碑刻,这类碑刻在徽州宗族碑刻中具有一定的代表性。

关于宗族运行内容的碑刻数量很大。诸如《明嘉靖二十年闰五月歙县绍川张氏新建宗祠记碑》④和《清嘉庆二年十月祁门造祠乐输碑记》⑤等,皆是其中之典型者,体现了徽州宗族在祠堂营造和管理中具有绝对权威和无可替代的地

---

① 《宋元符二年季冬婺源县佛说八师经碑》,原碑现存于江西省婺源县文化局内。
② 《宋政和三年九月歙县王道宁墓志铭》,原碑现藏安徽省歙县披云山新安碑园内。
③ 《清乾隆五十一年四月黟县正堂严禁伪派盗紊左田黄氏宗支告示碑》,原碑现镶嵌于安徽省祁门县横联乡社景村一本堂墙上。
④ 《明嘉靖二十年闰五月歙县绍川张氏新建宗祠记碑》,原碑现立于安徽省歙县绍川张氏宗祠内。
⑤ 《清嘉庆二年十月祁门造祠乐输碑记》,原碑现藏于安徽省祁门县博物馆内。

位。而宗族对族产控制类的碑刻也有不少。如清嘉庆二年(1797 年)歙县棠樾《鲍氏义田记》《鲍氏义田禁碑》和清同治元年(1862 年)四月《祁门严潭王氏义积会记碑》等,就集中反映了清代歙县棠樾鲍氏宗族和祁门严潭王氏宗族控制族产的情况。宗族在管理基层公共事务与社会秩序方面,也发挥着其他组织所难以起到的作用。在明代中后期徽州社会急剧转型并出现了前所未有的新问题之时,为了规范人们的道德行为、履行教化的义务,徽州宗族遂配合乡约,竖立碑刻,积极发挥基层教化功能。祁门彭龙汪氏宗族和绩溪大坑口胡氏宗族《明嘉靖五年四月祁门县拾柒都里社申明乡约碑》①《明嘉靖五年二月朔日绩溪县大坑口上乡祖社乡约碑》②,实际上就是宗族和县级政权互相配合,共同加强基层社会治理,创立乡约、颁行乡约、厉行道德教化的一个重要举措。清乾隆三十年(1765 年)以后,毗邻徽州的安庆府和江西赣北地区的棚民,蜂拥而至徽州歙县、休宁等六县山区,乱砍滥伐,掘山烧炭,种植苞芦,致使徽州不少地区水土流失,生态恶化,"不惟山遭残废,樵采无资",而且"砂石下泻,田被涨荒"。③ 为此,一些宗族开始参与保卫家园、严禁棚民的驱棚运动。很多宗族甚至将严禁棚民、流民和驱逐棚民的官府钤印告示勒石立碑,以示永远。类似碑刻在徽州六县有五十余通(处)被保存了下来。如清道光六年(1826 年)祁门黄古田汪氏宗族就是以族长的名义,请求祁门县勒石,严禁棚民"盗租山场,锄种苞芦"④。这些石碑使我们深入系统研究乾隆至道光时期徽州的棚民问题成为一种可能。

徽州宗族在维护农村社会治安和经济秩序方面也是作用显著。最能集中反映徽州宗族维护社会治安和社会稳定的碑刻,是大量保存下来的"禁赌碑"。如《清嘉庆十三年十月祁门许村禁止赌博碑》⑤《清光绪十八年祁门历溪奉宪示加禁赌博碑》⑥《清嘉庆十年八月初禁、同治四年六月加禁婺源冲田奉例永禁赌

---

① 《明嘉靖五年四月祁门县拾柒都里社申明乡约碑》,原碑现立于安徽省祁门县彭龙乡彭龙村田野路上。
② 《明嘉靖五年二月朔日绩溪县大坑口上乡祖社乡约碑》,原碑现立于安徽省绩溪县瀛洲乡大坑口村尚书府门前。
③ 《清乾隆五十九年四月休宁浯田岭严禁召棚民种山碑》,原碑现嵌于安徽省休宁县龙田乡龙田村一商店墙中。
④ 《清道光六年三月祁门黄古田奉例永禁棚民食利锄种碑》,原碑现立于安徽省祁门县胥岭乡黄古田桥头。
⑤ 《清嘉庆十三年十月祁门许村禁止赌博碑》,原碑现立于安徽省祁门县历口镇许村许进安屋基处。
⑥ 《清光绪十八年祁门历溪奉宪示加禁赌博碑》,原碑现立于安徽省祁门县彭龙乡历溪村舜溪桥旁。

博碑》①《清嘉庆十五年四月示、民国二十六年加禁婺源洪村永禁赌博碑》②等。这类碑刻内容简单,极富地域特色,多由当地宗族或乡约勒石于村首、路边或桥头,一般阴刻"奉宪永禁赌博"及勒石者和勒石年代等字,一次禁而不止,再行二次严禁,在碑刻上体现的文字是"奉宪加禁"或"加禁赌博"。此外,徽州宗族对经济秩序的维护,主要体现在对家族和乡村经济事务的管理和仲裁方面。如祁门渚口倪氏宗族《清道光三年祁门渚口申禁茶叶交易兴利碑》③、婺源《清道光四年五月婺源清华洪村光裕堂公议茶规碑》④,都是以宗族名义规范茶叶公平交易、平买平卖的真实记录。由此可见,徽州宗族在维护农村社会治安、社会稳定和经济秩序等方面,的确发挥了极其重要的作用。

徽州还有大量关于公益事业领域的碑刻,其中就有各种筑桥修路碑。如《宋宝祐丁巳六月绩溪伏岭逍遥岩古道江南第一关石刻》⑤《明成化十五年十月祁门桃源里桥记》⑥《明隆庆元年四月休宁齐云山吏部右侍郎林平泉修路碑记》⑦《明万历十九年十月歙县重修河西太平桥碑》⑧和《清道光二年十一月十二日祁门县大洪岭修路碑记》⑨等。这些碑刻对徽州人热心于建桥、修路等公益性事业的记载真实可信,是徽州公益事业研究不可缺少的第一手资料。

徽州大量的人物传记碑刻真实而详尽地记录了徽州各个阶级和阶层人物的活动。这些人物传记包括墓志铭、去思碑等。墓志铭中既有封建朝廷官员墓志铭,如《宋淳熙二年十二月婺源汪杞墓志铭》《清乾隆二十三年二月休宁县溪

---

① 《清嘉庆十年八月初禁、同治四年六月加禁婺源冲田奉例永禁赌博碑》,原碑现铺砌于江西省婺源县赋春冲田村中河旁水埠。
② 《清嘉庆十五年四月示、民国二十六年加禁婺源洪村永禁赌博碑》,原碑现嵌于江西省婺源县清华镇洪村村门八字墙上。
③ 《清道光三年祁门渚口申禁茶叶交易兴利碑》,原碑现立于安徽省祁门县渚口乡渚口村东约半里大路旁。
④ 《清道光四年五月婺源清华洪村光裕堂公议茶规碑》,原碑现嵌于江西省婺源县清华镇洪村光裕堂外围墙上。
⑤ 《宋宝祐丁巳六月绩溪伏岭逍遥岩古道江南第一关石刻》,原石刻现存于安徽省绩溪县伏岭逍遥岩古道江南第一关门以东约 150 米处。
⑥ 《明成化十五年十月祁门桃源里桥记》,原碑现嵌于安徽省祁门县桃源村桃源廊桥墙上。
⑦ 《明隆庆元年四月休宁齐云山吏部右侍郎林平泉修路碑记》,原碑现存于安徽省休宁县齐云山上。
⑧ 《明万历十九年十月歙县重修河西太平桥碑》,原碑现立于安徽省歙县新安碑园内。
⑨ 《清道光二年十一月十二日祁门县大洪岭修路碑记》,原碑现立于安徽省祁门县大坦乡大洪岭头。

口吏部尚书汪由敦墓志铭》①,也有文人学士墓志铭,如《清康熙三十七年十月歙县潜口汪洪度墓志铭》②,还有普通劳动者如徽商、节妇等墓志铭,如《元至正十六年撰文、清乾隆六十年重刊歙县蜀源鲍孝妇贞烈氏传碑》③和《明万历三十年二月歙县郑村故处士少徽商海郑君墓志铭》④。甚至还有新安画派开创者渐江和尚的传记石碑,以及当地民众歌颂外地来任知府和知县等父母官的去思碑,如歙县新安碑园《明正德元年八月徽州知府何公德政碑》⑤等,为我们研究该官员执政时期的政绩和当地社会经济状况提供了最为直接的史料。

关于文化教育的碑刻,如兴建儒学、书屋和书院的碑刻等数量不少。如现存歙县中学的《清乾隆五十七年歙县紫阳书院规条》⑥,黟县中学崇教祠的《清嘉庆十六年新建碧阳书院记》《嘉庆十六年公议碧阳书院规条》和《嘉庆十七年创建碧阳书院工匠姓名碑》⑦,以及婺源的《清光绪十年婺源汪口永禁霸收霸吞和私相典卖养源书屋膏火田碑》⑧。另外还有清末兴办新式学堂的《歙县清光绪三十三年新安中学堂记碑》⑨。开展文会活动及其有关文会的规约,则有清代歙县雄村的《文会条约碑》⑩等。以上有关徽州教育文化的碑刻,反映了历史时期特别是明清时代徽州教育和文化事业的发达,是徽州文化教育兴盛的最直接体现。

徽州宗教信仰的碑刻,在徽州碑刻中占有一定比重。历史上朱熹的理学思想在徽州得到推崇,且封建宗族制统治根深蒂固,因此,许多人认为徽州的宗教

---

① 《清乾隆二十三年二月休宁县溪口吏部尚书汪由敦墓志铭(满汉合文)》,原碑现立于安徽省休宁县溪口镇木干村汪由敦墓前。

② 《清康熙三十七年十月歙县潜口汪洪度墓志铭》,原碑现藏于安徽省黄山市徽州区潜口镇。

③ 《元至正十六年撰文、清乾隆六十年重刊歙县蜀源鲍孝妇贞烈氏传碑》,原碑现置于安徽省黄山市徽州区潜口镇蜀源村蜀源小学内。

④ 《明万历三十年二月歙县郑村故处士少徽商海郑君墓志铭》,原碑现藏于安徽省博物院。

⑤ 《明正德元年八月徽州知府何公德政碑》,原碑现藏于安徽省歙县新安碑园。

⑥ 《清乾隆五十七年歙县紫阳书院规条》,原碑现嵌于安徽省歙县徽城镇歙县中学古紫阳书院中祠左侧墙壁上。

⑦ 《清嘉庆十六年新建碧阳书院记》《嘉庆十六年公议碧阳书院规条》《嘉庆十七年创建碧阳书院工匠姓名碑》,原碑现嵌于安徽省黟县中学崇教祠墙中。

⑧ 《清光绪十年婺源汪口永禁霸收霸吞和私相典卖养源书屋膏火田碑》,原碑现嵌于江西省婺源县汪口村养源书屋墙中。

⑨ 《歙县清光绪三十三年新安中学堂记碑》,原碑现存于安徽省歙县新安碑园。

⑩ 《文会条约碑》,原碑现嵌于安徽省歙县雄村竹山书院墙中。

势力影响很小。如民国许承尧援引清乾隆时江绍莲的《歙风俗礼教考》时云："徽州独无教门。亦缘族居之故,非惟乡村中难以错处,即城市诸大姓,亦各分段落。所谓天主之堂、礼拜之寺,无从建焉。……徽俗不尚佛、老之教,僧人、道士惟用之以事斋醮耳,无敬信崇奉之者。所居不过施汤茗之寮,奉香火之庙。求其崇宏壮丽所谓浮屠、老子之宫,绝无有焉。"①但从我们收集和掌握的碑刻来看,有关佛、道和其他宗教信仰的碑刻为数不少。如《宋元符二年季冬婺源县佛说八师经碑》《宋宝庆三年闰五月婺源敕赐黄连院重建钟楼记》和《宋嘉泰元年八月黟县碧山村黄箓法坛龙简碑》,祁门西峰寺大面积的佛教摩崖石刻及兴建道观、捐输香火的纪事碑刻等,歙县潜口的《清康熙五年重修都天庙记》②,全国四大道教圣地的齐云山道教摩崖石刻,绩溪蜀马村觉乘寺《明万历二十七年胡文泰捐产碑》《崇祯四年祀产碑》《清康熙三年重修觉乘寺碑记》和《清道光十四年绩溪县蜀马村重建觉乘寺记碑》等。③ 这些宗教碑刻大量存在的事实表明:徽州并不是一块缺乏宗教信仰的土地。事实上,自宋代以来,徽州的宗教势力即已相当庞大。尤为值得重视的是,一些碑刻甚至在文字中对徽州是儒教思想支配社会等问题提出了质疑。《清道光十四年绩溪县蜀马村重建觉乘寺记碑》即云:"自后梁以来,其间人事之变迁,村落之灭没,何可胜纪? 而独兹古刹千有余年,犹能后先相继而存之,且加宏壮焉。岂释氏之教果高于儒耶?"所以徽州的宗教信仰问题确实值得研究。

徽州的碑刻还有许多内容,如兴建水利设施的包括歙县渔梁坝在内的碑记,创建廨署的如休宁、绩溪的鼓楼碑记,另外还有一些诗碑、画碑等。如立于清嘉庆年间的婺源延村的两通文昌阁诗碑,不仅文字遒劲潇洒,而且诗文极其优美,其中一通由探花伍长华题赠赞修文昌阁的金霁坪的诗。其诗如下:"黄山白岳秀而神,淑气钟灵出伟人。朱子渊源垂教远,雪峰接迹契情真。延川缭绕

---

① 许承尧:《歙事闲谭》卷十八《歙风俗礼教考》,黄山书社 2001 年版。
② 《清康熙五年重修都天庙记》,原碑现存于安徽省黄山市徽州区潜口镇。
③ 《明万历二十七年胡文泰捐产碑》《崇祯四年祀产碑》《清康熙三年重修觉乘寺碑记》《清道光十四年绩溪县蜀马村重建觉乘寺记碑》,原碑现存于安徽省绩溪县蜀马村蜀马小学。

千层碧,杰阁巍峨万象新。为羡雄才成美举,知君明月是前身。"①

(三) 徽州碑刻的学术价值

徽州碑刻具有重要的学术价值。

首先,作为一种金石文献,徽州碑刻是与契约文书同等重要的原始文献。一部徽州文献学或徽州文献史,如果缺少了金石文献,就会显得很不完整。徽州碑刻丰富了徽州文献的内容,使徽州文献在种类和内容上更具完整性。

其次,徽州碑刻资料由于记载的历史真实完整,且保存时间久远,可以弥补文书或文献中很多不足甚至是空白的问题。如徽州的乡约问题,过去研究者一直把岩寺乡约看作徽州最早的乡约。但祁门彭龙的《明嘉靖五年四月祁门县拾柒都里社申明乡约碑》②的发现,把徽州实行乡约的时间提早到了明代嘉靖五年(1526 年)。这是迄今所知徽州系统实行乡约的最早时间。该通碑刻的发现,实际上填补了徽州乡约研究中的一大空白,其学术价值是显而易见的。

再次,徽州碑刻资料还为我们研究历史时期徽州社会经济发展的综合时态提供了帮助。诸如宗族对待棚民的态度和措施,太平天国以后徽州宗族的复兴和重建,徽州桥梁道路的集资渠道、兴修过程、维修和保护措施等,徽州碑刻都有详细的记载。如清代徽州知府峻亮为保护休宁登封桥而颁行的《清乾隆徽州府正堂竣示碑》就明确规定,该桥"严禁推车晒打,毋许煨暴污秽;栏石不许磨刀,桥角禁止戳鱼。倘敢故违有犯,定行拿究不饶"③。这些碑刻原始资料,是其他文献记载中所缺乏的,价值弥足珍贵。

最后,徽州碑刻还有重要的文物和艺术价值。徽州碑刻作为一种地面文物,其文物价值是十分显著的,每一通(处)碑刻都是一件精美的文物。《元元统二年歙县璜蔚乡天堂村元墓生莹碑》④早已被文物专家鉴定为国家一级文物而被歙县博物馆重点收藏,而齐云山摩崖石刻亦被列入全国重点文物保护单位。

---

① 《清嘉庆或道光年间婺源县延川村水口文昌阁诗碑》,原碑现存于江西省婺源县延村金观希家。
② 《明嘉靖五年四月祁门县拾柒都里社申明乡约碑》,原碑现立于安徽省祁门县彭龙乡彭龙村田野路上。
③ 《清乾隆徽州府正堂竣示碑》,原碑现立于安徽省休宁县齐云山下登封桥栏板上。
④ 《元元统二年歙县璜蔚乡天堂村元墓生莹碑》,原碑现藏于安徽省歙县博物馆。

徽州碑刻绝大部分都属于阴刻,其字体既有遒劲有力的楷书,也有浑厚苍美的隶书,如婺源浙岭的《吴楚分源碑》,还有挥洒飘逸的行草,如婺源延川文昌阁诗刻碑,等等。从书法和雕刻的角度对这些碑刻进行研究,无疑会对徽州艺术史研究起到积极的推动作用。

总之,徽州碑刻文献的学术价值,正如其所反映的内容一样,是多方面和多层次的。对此,我们必须重视对这个资料宝库的挖掘和使用,并努力整合不同学科与领域,对其展开深入探讨和研究,真正把徽学研究推向一个新阶段。

二、徽州物质文化遗存

作为与徽州文书、徽州典籍一道,共同构成徽学研究三大基本资料支撑的徽州物质文化遗存,其内容主要是指历史上徽州人在从事物质和精神生产与生活中所营造和遗留下来的地面物质文化遗产及设施。其时间上限为史前时期,下限则为 1949 年中华人民共和国成立之前。其空间范围包括古徽州一府(州)六县(含徽州府前身秦汉时期的黟、歙二县之地,新都郡、新安郡、歙州、徽州,六县指歙县、休宁县、婺源县、祁门县、黟县和绩溪县)。这些物质文化遗存作为徽州先人留下的宝贵遗产,拥有极为丰富的文化内涵,学术价值弥足珍贵。开展对它的研究,不仅可以加深人们对底蕴丰厚的徽州文化的认识,有利于更好地保护这批珍贵的文化遗产,而且对徽学研究向纵深领域拓展,亦具有重要的促进作用。

(一) 徽州物质文化遗存的类型及其数量分布

在徽州六县之地,地面物质文化遗存分布广泛。作为徽州人过去生产和生活的物化形式,徽州物质文化遗存经过漫长的历史积淀能够保存到今天,弥足珍贵。根据这些地面文化遗存的现状,我们可将徽州物质文化遗存依次划分为古村落(含水口)、古民居、古祠堂、古牌坊、古书院与学校(含文庙、文昌阁、私塾、考棚和书屋等)、古城(含古城墙、城门、谯楼和衙署等)、古街、古园林、古(镇)埠、古桥、古渡、古关隘、古碑刻、古塔、古道观、古庙宇、古亭台楼阁、古戏

台、古作坊、古井和古窑址等类型。

从我们已经调查掌握的情况来看,现有的徽州物质文化遗存,时间最早的大体可以追溯到北宋时期。

徽州地处皖南山区,境内重峦叠嶂、群峰竞秀。山隔壤阻的自然环境使徽州形成一个相对封闭的地理单元,历史上较少受到兵燹之灾。在人文上,徽州自唐宋以来,即是经济繁荣、文化昌盛的富庶之区,一向享有“东南邹鲁”和“文献之邦”的赞誉。因此,与相邻地区相比,徽州遗存下来的物质文化遗产数量众多。据不完全统计,在徽州现有文化遗存中,古村落有 1000 余处,古民居 6000 余幢,古祠堂 300 余座,古牌坊 137 座,古戏台 25 处,古桥 1276 座,古书院、书屋、考棚、文昌阁和文庙等 130 余处,古塔 17 座,古亭阁 100 余处,古碑刻约 1000 通(处)。其中既有世界文化遗产中国皖南古村落的黟县西递、宏村,也有全国重点文物保护单位如绩溪龙川胡氏宗祠、歙县棠樾牌坊群和歙县渔梁坝等。至于省、市、县(区)重点文物保护单位,更是有数百处之多。

就地域性分布而言,在徽州一府六县中,长期作为徽州(府)治的歙县(含今徽州区)文化遗存分布的数量最多,种类也最为齐全。从徽州现有 36 处全国重点文物保护单位来看,仅歙县(含徽州区)即占了 17 处。而且这 17 处文化遗存,拥有的类型也涵盖了古村落、古祠堂、古民居、古牌坊、古亭阁和古水利设施共六大种类。其次是休宁县(含屯溪区)和婺源县各 5 个,绩溪 4 个,黟县和祁门县分别为 3 个和 2 个。

(二)徽州物质文化遗存的文化内涵

徽州物质文化遗存是徽州文化存在的空间形态和物化形式,真实反映了历史上徽州人群体生产与生活的真实面貌,为我们复原和重现过去徽州人生产与生活的全景提供了极为重要的学术支撑,具有纸质文献不可替代的功能与作用。

徽州物质文化遗存是近千年来徽州人生产和生活所遗留下来的珍贵文化遗产。更为重要的是,今天大部分文化遗存依然成为当代徽州人生产与生活的场所,尤其是古村落、古民居、古祠堂,尽管历经了数百年的沧桑,但它们至今仍然发挥着作用。这些遗存真实地记录了徽州人过去和今天的生活,是历史时期徽州人生产和生活场景与状况的真实再现。它为我们探讨和研究徽州人追求人与自然的和谐相处、徽商资本投向、徽州宗族运行、家庭与民众社区生活方式及其变迁历程,提供了不可多得的连续性素材。

徽州物质文化遗存是底蕴丰厚、博大精深的徽州历史文化的集中反映。历史上特别是明清时期,徽州教育发达,私塾、书屋、书院等学校教育场所遍布各地城市和乡村,无论平原旷野,还是山间僻壤,徽州很多地区都展现出"十户之村,不废诵读"①的场景,以致"海内书院最盛者四,东林、江右、关中、徽州,南北主盟,互为雄长"②。我们从歙县古紫阳书院、雄村竹山书院、黟县南湖书院和婺源养源书屋等完整遗存,以及婺源福山书院和黟县碧阳书院的部分遗存中,都能观察到当年徽州书院和私塾教育的繁盛景况。绩溪县考棚的完整遗存,更为我们全面了解徽州乃至全国县一级的考场状况,提供了最为直接的历史见证。歙县雄村文会碑刻等遗存,则为我们了解和分析明清时代徽州文会发达的盛况提供了第一手实物资料。

此外,我们还可从散存在徽州各地的徽州商人古民居精美的石雕、木雕和砖雕,以及大量"商"字门的实物中,窥见徽州商人生活奢侈和内心骄虚的一面。而在筑路修桥和兴办教育等公益性事业方面,徽商尤其不惜斥以巨资,徽州各地的书院、私塾、古桥、古道以及碑刻等遗存就记载了徽商捐资筑路修桥和投资教育等公益性事业的事迹。根据这些物质文化遗存,结合文书文献等珍贵历史资料,我们可以完整地重构和再现昔日徽商的生活。

徽州物质文化遗存所透视出的徽州文化内涵是具体的、全方位和多层次的。在利用文书、家谱等文书文献资料研究徽学的同时,我们切莫忽视徽州物质文化遗存在徽学研究中的特殊地位。只有将文书文献材料和地面物质文化遗存有机地结合起来,我们才能够更加真实地复原和再现徽州历史文化的场景,才能使徽学研究更加深化。

---

① 嘉靖《婺源县志》卷四《风俗》。
② 康熙《徽州府志》卷十二《硕儒传·余懋衡传》。

(三)徽州物质文化遗存的学术价值

作为历史上徽州人留下的这些珍贵文化遗产,徽州物质文化遗存具有极为重要的学术价值。

首先,数量和类型都极为丰富的徽州物质文化遗存,对我们重构和再现徽州人过去的生产与生活,具有不可低估的历史价值。在徽州,由粉壁黛瓦马头墙式的民居组成的徽州古村落随处可见,"遥望粉墙矗矗,鸳瓦鳞鳞,绰楔峥嵘,鸱吻耸拔,宛若城郭"①。完整的古村落如被列入世界文化遗产名录和全国重点文物保护单位的黟县西递和宏村,距今已有数百年历史。它宏大的规模、恢宏的气势和精雕细琢的工艺,都给我们真实了解清代以降徽商的生活,提供了最为直接的依据与活的标本。而品读挂在黟县宏村承志堂里的那幅"读书好营商好效好便好,创业难守成难知难不难"的木质楹联,更使我们真切体会到三百年前徽州人观念的变革。漫步两旁店肆林立的古街,如歙县渔梁、休宁万安、婺源清华、祁门侯潭和黟县渔亭等,则又使我们仿佛回到当年徽商所创造的繁华时代。徽州物质文化遗存是徽州人生产与生活最真实的客观存在,它为我们复原和再现厚重的徽州历史文化,提供了最具说服力的鲜活证据。

徽州物质文化遗存还具有极为重要的建筑学价值。以依山傍水、山环水绕为村落选址,以粉壁黛瓦马头墙、四水归堂为民居标志,以小桥流水人家为目标,追求人与自然和谐的古朴园林,都是徽派建筑的典型特征。徽州近万处自元至民国时期的各类物质文化遗存,为我们了解和研究徽州古建筑提供了最有价值的实物样本。如元代遗构的徽州区西溪南绿绕亭、雕梁画栋的呈坎贞靖罗东舒祠和明代古建筑群等。这些建筑学上的成就,为我们研究极具地域特色的徽派建筑及其演变轨迹,提供了最有价值的实物标本。

其次,徽州物质文化遗存的艺术价值亦不可小视。至今尚存的近万处徽州物质文化遗存,几乎囊括了包括从官府到民间的所有建筑类型,尤其是文化遗存中整体景观和自然和谐与共,体现出了整体的艺术之美。而古建筑特别是古

---

① 程庭:《春帆纪程》。

民居、古祠堂和古牌坊构件上精雕细琢的石雕、砖雕和木雕工艺以及三雕画面中所反映的人物、花鸟、虫鱼和戏文故事等各种内容,栩栩如生,其艺术价值是不言而喻的。至于尚存的约 1000 通(处)的徽州碑刻,其文字本身就是一个个精美的书法艺术品。

再次,徽州物质文化遗存还具有极高的文物价值。明清时期,徽州宗族组织发达,社会相对稳定,经济繁荣,教育勃兴,人文昌盛。富甲一方的徽商贾而好儒,不惜斥巨资进行村庄、居舍、祠堂、园林、学校、书院以及各种公益性设施的建设,留下了丰富的地面物质文化遗存。如今,这些地面物质文化遗存从广义上来说,都已变成了不可移动的文物。这些珍贵的地面文物,仅跻身于世界文化遗产名录的就有黟县西递和宏村两个古村落,更有包括许国石坊、棠樾牌坊群、渔梁坝、罗东舒祠、呈坎古村、潜口民宅、老屋阁和绿绕亭、龙川胡氏宗祠和程氏三宅等 36 处古建筑先后被列为全国重点文物保护单位。这些珍贵的地面文物,不仅具有重要的历史价值,而且具有珍贵的科学和艺术价值。

徽州物质文化遗存广泛分布于古徽州一府六县,其中尤以歙县(含现黄山市徽州区)、婺源(已划入江西省)和黟县为最多。这些物质文化遗存和现存的 100 万件(册)徽州文书文献结合起来,构成了徽学研究史料的重要支撑。也正是由于这些第一手文书文献和物质文化遗存史料的支持,才使我们综合研究自宋以来徽州社会的综合时态成为可能。因此,就学术价值而言,徽州物质文化遗存对徽学作为一门独立学科的形成与确立,具有其他纸质文书和文献所无法取代的功能,是构成徽学学科最坚实的学术基础。因此,加强对徽州物质文化遗存的调查和研究,不仅对摸清徽州物质文化遗存的家底,提供最有价值的保护方案,具有较强的现实意义,而且,通过对徽州物质文化遗存的深入研究,对推进徽学学科的发展,具有不可低估的学术价值和理论意义。

第 三 节

口述资料与非物质文化遗存

一、口述资料

口述资料,也称口述史料,是指根据个人亲闻亲历而口传或笔记的材料,它可以呈现为口传史料、回忆录、调查记、访谈录等形式。[①] 从史料学角度来说,口述资料特指史料留存的一个种类。[②] 在历史研究中,口述资料与实物资料(包括遗迹)、文献资料享有同等地位,都是史学研究的基本材料之一。同样,口述资料也是徽学研究不可或缺的重要资料。

徽州民间蕴藏着极为丰富的口述素材。徽州地区文化底蕴深厚,历来就有崇文重教的传统,教育之风盛行,"十户之村,不废诵读",这就造成了当下在徽州乡村寻访到的七十岁以上的老人大多识文断字,善于记忆和回顾,能够条理清楚地表述过往见闻。例如,从事商业经营的商人们,能够清晰地回忆起自己开始学徒的年龄、从居住地前往经营地的路线和交通方式,以及学徒期间的学习经历,能够具体地回忆起商号店员的数量、经营方式和他们的工资生活待遇,也能忆起资本合伙人的姓名、入伙资本数量和利润分配方式,等等。这些回忆都是徽商经营的史实记录,为徽商研究提供了鲜活的个案资料。又如,不少村民能够准确地说出自己家族始迁祖的姓名、历史业绩,以及家族世系、总祠与支祠的方位和祠堂修建的大致情况。经历过家族祭祀活动的村民,能够清晰地回

忆出春祭与冬祭的时间、参与祭祀的人员和祭祀仪式的基本流程。再如婚嫁习俗中，村民能够完整地回忆起婚嫁过程中的纳采、问名、纳吉、纳征、请期和亲迎"六礼"环节，具体叙说彩礼的主要内容和金钱数量，以及陪嫁物品的种类和婚礼现场的礼仪等活动细节。

从遗存的徽州口述资料来看，徽州有着悠久的口述历史传统。正是由于徽州地区文化教育较为发达，人们的文化素质也相对较高，因此徽州民间向有书写口述历史、保存口述资料的传统。例如，在明清时期的徽州分家阄书中，主持分家的家长大多都会在首页写有"序"，详述父母、子女等家庭生活的基本情况，回顾自己创业的主要历程，以及积累的财产和子孙继承分配的方案。分家阄书中的"序"或另立的遗嘱，都是家长执笔或他人代笔书写的口述资料，如《万历十六年程氏分家书》即是其中一例。① 此外，明清徽州诉讼文书、日记、自传、家谱人物传记等中，也有不少属于口述资料，如《清光绪歙县毕体仁〈薛坑口茶行屋业本末〉》《经历志略》②《詹庆良本日记》③等。其中，诉讼文书《清光绪歙县毕体仁〈薛坑口茶行屋业本末〉》，详细叙述了毕体仁的家世，以及父母及兄长去世后，抚育子侄成人及至结婚的艰难历程，具体介绍了其与侄儿围绕薛坑口茶行屋业产生纠纷的缘由、诉讼的过程和处理的结果等。④ 从中可以看出，文书所述内容均是毕体仁亲身经历的真实记录，当属于亲历者撰写的口述资料。然而，随着时间的推移，这些当年书写的口述资料，如今已演变为文献资料，成为徽学研究珍贵的原始资料。

从业已公布的徽州口述资料来看，当代人撰写、整理的徽州口述资料不仅数量众多，还表现出撰写主体多元化和口述主题多样性的特点。其类型主要有三种。

一是亲历者本人或其家庭成员亲自撰写的自述、回忆录等。其中既有徽商、资本家本人或其子女撰写的自述、回忆录，如吴焕之《关于我父吴调卿事迹

---

① 参见王裕明：《明清徽州典商研究》，人民出版社 2012 年版，第 206—207 页。原件藏南京大学历史系资料室。
② 参见王裕明：《明清徽州典商研究》，人民出版社 2012 年版，附录。
③ 参见王振忠：《水岚村纪事：1949》，生活·读书·新知三联书店 2005 年版，附录。
④ 参见《清光绪歙县毕体仁〈薛坑口茶行屋业本末〉》，见王振忠：《徽州民间珍稀文献集成》第 2 册，复旦大学出版社 2018 年版，第 413—528 页。

的回忆》①《季父敬堂公事略》《哀启》等,也有徽州知识精英撰写的自述、回忆录,如《徽州乡村纪事》一书收录了蒋作君、周道炯等 45 位作者所撰写的回忆文章,回忆了父母家庭、少年求学、知青下放等生活。② 此外,也有部分村民撰写的自述、回忆录,如黟县西递村民汪森强撰写的《古村有梦》,回忆了其家庭及他少年时代的生活。③

二是他人记录整理的口述资料。这类口述资料,尤以徽商口述资料最多。例如 20 世纪 50 年代的中国资本主义工商业调查研究中,徐新吾等记录了清末民初上海棉布字号祥泰布庄员工周茂生等人的回忆。④ 20 世纪 90 年代以来,黄山市政协进行了部分徽商口述史整理并出版,如:程迪壬口述、裘永睦整理的《寿昌徽商——程率先》,郭安口述、李干才整理的《程广隆布店》,王士荣口述、李干才整理的《“协泰”茶漆颜料店》,翁养正口述、李韩林整理的《寿昌第一家火力发电厂——“竞兴”电气公司创办始末》,程其康口述、胡晓国整理的《我所知道的上海公估局》。⑤

他人记录整理的徽州口述资料中,也有不少是学者整理的成果,其中以胡适口述资料的记录整理最为典型。唐德刚整理的《胡适口述自传》⑥,第一章《故乡和家庭》、第二章《我的父亲》叙述了胡适少年时代在家乡绩溪上庄的家庭生活,尤其是所述徽州人文、地理、习俗等内容具有较高的史料价值,至今仍被研究者援引。再如胡颂平编《胡适之先生晚年谈话录》⑦,记录了 1958 年 12 月 5 日至 1962 年 2 月 24 日间胡适与胡颂平的谈话内容,其中有关徽州方言、徽商朝奉、婚嫁习俗等均是徽州口述资料。

三是实地调查报告。20 世纪 30 年代乡村经济调查中,刊印了不少以徽州社会

---

① 吴焕之:《关于我父吴调卿事迹的回忆》,见全国政协文史和学习委员会:《文史资料选辑》合订本第 17 卷第 49 辑,中国文史出版社 2011 年版,第 203—208 页。
② 参见黄山市政协:《徽州乡村纪事》,安徽人民出版社 2014 年版。
③ 参见汪森强:《古村有梦》,江苏美术出版社 2013 年版。
④ 参见徐新吾:《江南土布史》,上海社会科学院出版社 1992 年版,第 254—255 页。
⑤ 参见黄山市政协文史资料委员会:《近代商人》,黄山书社 1996 年版,第 121—129、215—216 页。
⑥ 唐德刚:《胡适口述自传》,华东师范大学出版社 1993 年版。
⑦ 胡颂平:《胡适之先生晚年谈话录》,中国友谊出版公司 1993 年版。

经济为对象的调查报告,如安徽省立茶叶改良所《皖浙新安江之茶叶》(1934 年)、傅宏镇《皖浙新安江流域茶业调查》(1934 年)、金陵大学农学院农业经济系《豫鄂皖赣四省农村经济调查报告》(1936 年)、范和钧《屯溪茶叶调查》(1937 年)等。中华人民共和国成立后,为了配合土地改革,相关机构也进行了实地调查。如中国人民银行皖南分行《皖南区经济概况》(1950 年)、华东军政委员会《安徽省农村调查》(1952 年)等,均有徽州祁门、休宁等县家庭、土地等经济状况的调查。20 世纪六七十年代,叶显恩在研究徽州佃仆制与农村社会时,就曾到歙县、祁门和绩溪等地作实地调查。他的《关于徽州祁门查湾和休宁茗洲佃仆制的调查报告》,就是利用实地调查资料,结合文献资料撰写而成,这为他以后出版《明清徽州农村社会与佃仆制》(1983 年)奠定了扎实的基础。[①] 1990 年至 2000 年十年间,赵华富以徽州宗族为调查对象,足迹遍布徽州一府六县,重点调查了歙县棠樾鲍氏宗族、绩溪龙川胡氏宗族、黟县南屏叶氏宗族等,汇集了丰富的口述资料,形成了多篇调查报告,也为《徽州宗族研究》提供了丰富的素材。

搜集整理徽州口述资料,对于徽学研究具有重要意义。首先,口述资料与文献、文书资料一样,都是徽学研究的重要资料。虽然徽州遗存文献、文书资料十分丰富,但是仍有不少重要历史事件、历史人物的活动等缺乏文献资料的记载,乃至无法还原其历史原貌。例如,清末著名徽商胡雪岩,因为文献资料的匮乏,其商业经营的诸多细节,如资本、利润等均不甚了解,故而无法展开具体的深入研究,甚至胡雪岩的籍贯都成为安徽与浙江两省学者争论的话题。因此,在文献资料缺失的情况下,搜集、整理和利用口述资料,对于推进徽学研究具有重要的意义。其次,文献、文书资料也需要借助口述资料进一步补充、丰富与勘校。例如,在徽州文书、族谱研究中,学者都需要利用田野调查中采集到的口碑资料,对某一村落某一宗族较早的先人名讳、事迹进行印证,以确定具体地点和真实性。文书中的俗字、俚语,也需要根据对村民的访谈,才能理解其背后的具体内容和文化意义。因此,徽州口述资料与徽州文书档案、文献资料可以互相

---

① 参见王振忠:《徽学研究入门》,复旦大学出版社 2011 年版,第 75 页。

补充、互相佐证，为下层民众的社会生活史研究提供重要史料。

上述口述资料的搜集方法，主要是访谈方法。访谈法的运用，口述史学界已初步形成了较为规范的程序。在明确了访谈、调查的主题后，注意事项主要有以下几个方面。

前期准备：在访谈之前，需要对受访者的主要经历有比较清晰的了解，尤其注意了解受访者的个人经历与采访计划之间的关系，以此保证采访工作的有效性。同时，作为访谈者，也需要拟订详细的采访提纲、计划等工作方案，所设计的提问话题必须充分、明确、严谨。

采访过程：采访中应随时请受访者提示年代、月份、日期、人名、地名，以及其他专用名词。访谈者应尽可能地利用其所掌握的专业知识，以及对受访者的熟悉程度，就计划内的某些话题或细节，充分展开询问，扩大话题范围，切忌满足于泛泛的一问一答。

采访后期：采访结束后，应及时对采访记录进行整理。整理后的访谈报告打印两份，交口述人审核并签字盖章。经确认后的访谈报告应妥善保管、收藏。①

口述资料具有原始、直观、生动的特点，是对文献资料的有益补充，为追求社会生活的本来面目提供了丰富的史料，但也有其局限性。这是因为，口述来自受访者的记忆和理解，而人们的记忆会出错，理解也会出现偏差。口述、谈话是即时性的，说出来的内容并没有经过深思熟虑，其话语有时不全面、不稳定、情绪化，甚至不准确。这就要求采访者在访谈或整理资料的过程中采取相关的办法，弥补其中的缺陷。譬如，可以提早把访谈提纲发给受访人，请他预先准备，甚至还可请他提供一些当时遗留下来的文献资料。此外，在整理访谈稿时，整理者应当把自己的相关文献研究以注释的方式加进去。② 只有这样，才能够去粗取精、去伪存真，获得较为准确可靠的口述资料。

① 参见左玉河：《口述史研究的规范化问题》，见周新国：《中国口述历史的理论与实践》，中国社会科学出版社2005年版，第116—119页。
② 参见熊卫民：《口述史的特点、功能与局限性》，见周新国：《中国口述历史的理论与实践》，中国社会科学出版社2005年版，第131页。

二、非物质文化遗存

非物质文化遗产被誉为历史文化的"活化石""民族记忆的背影",在保护文化多样性、传承传统文化方面具有重要意义。

徽州地区文化底蕴深厚,遗存有大量的非物质文化遗产。严格来说,徽州非物质文化遗产与徽州文化有所不同。非物质文化遗产更侧重于"活"的特点,它依托于人本身而存在,以声音、形象和技艺为表现手段,并以身口相传作为文化链而得以延续,是"活"的文化及其传统中最脆弱的部分。因此对于非物质文化遗产传承的过程来说,人的传承就显得尤为重要。比如会制作罗盘、会唱徽剧的传承人消逝了,而又后继无人,这一项目就要从"非遗"目录中取消掉。而一些难以恢复的庙会、祭祀习俗,仍是徽州文化的内容。所以并不能将非物质文化遗产与徽州文化简单等同起来。

2008 年 1 月,在国家有关部门和省市各级政府的关心和支持下,基于原有徽州一府六县地域设立了第一个跨省、跨市的徽州文化生态保护实验区。其主要目的就是对徽州传统的物质及非物质文化遗产进行有效的保护和传承。本部分中遵循相同的理念,将徽州一府六县作为一个单元,综合叙述徽州地域的非物质文化遗产资源。

(一)徽州非物质文化遗产概况

徽州地域遗存的非物质文化遗产资源非常丰富,列于世界、国家、省、市各级"非遗"名录的项目蔚为大观。截至 2020 年,我国列入联合国科教文组织非物质文化遗产名录项目共计 40 项,是目前拥有世界非物质文化遗产数量最多的国家。其中,人类非物质文化遗产代表作 32 项,急需保护的非物质文化遗产名录 7 项,优秀实践名册 1 项。2009 年入选人类非物质文化遗产代表作名录的"传统木结构营造技艺",由徽派传统民居营造技艺与北京四合院传统营造技艺、香山帮传统建筑营造技艺、闽南民居营造技艺共同"捆绑"申报。2013 年列入的珠算,由安徽省黄山市屯溪区申报的程大位珠算法是其有机组成部分。

截至 2020 年,中华人民共和国国务院先后批准公布了四批国家级非物质文化遗产名录,共计 1372 项。其中徽州地域入选四批次国家级非物质文化遗产名录的项目涉及七大类,共计 20 项。

徽州地域入选四批次国家级非物质文化遗产名录(七大类 20 项)

序号	项目编号	项目名称	申报地区或单位	批次
二、传统音乐(民间音乐)				
1	Ⅱ-78	徽州民歌	安徽省黄山市	第二批
2	Ⅱ-139	道教音乐(齐云山道场音乐)	安徽省休宁县	第二批
三、传统舞蹈(民间舞蹈)				
3	Ⅲ-4	龙舞(手龙舞)	安徽省绩溪县	扩展
4	Ⅲ-7	傩舞(婺源傩舞、祁门傩舞)	江西省婺源县、安徽省祁门县	第一批、扩展
四、传统戏剧				
5	Ⅳ-29	徽剧	安徽省黄山市、江西省婺源县	第一批
6	Ⅳ-87	目连戏(徽州目连戏)	安徽省祁门县	第一批
七、传统美术(民间美术)				
7	Ⅶ-37	徽州三雕(婺源三雕)	安徽省黄山市、江西省婺源县	第一批
8	Ⅶ-46	竹刻(徽州竹雕)	安徽省黄山市徽州区	扩展
9	Ⅶ-94	盆景技艺(徽派盆景技艺)	安徽省歙县	第二批
八、传统技艺(传统手工技艺)				
10	Ⅷ-49	万安罗盘制作技艺	安徽省休宁县	第一批
11	Ⅷ-73	徽墨制作技艺	安徽省歙县、安徽省黄山市屯溪区、安徽省绩溪县	第一批
12	Ⅷ-74	歙砚制作技艺	安徽省歙县、江西省婺源县	第一批
13	Ⅷ-127	漆器髹饰技艺(徽州漆器髹饰技艺)	安徽省黄山市屯溪区	第二批

（续表）

序号	项目编号	项目名称	申报地区或单位	批次
八、传统技艺(传统手工技艺)				
14	Ⅷ-148	绿茶制作技艺(黄山毛峰、太平猴魁、婺源绿茶制作技艺)	安徽省黄山市徽州区、黄山区,江西省婺源县	第二批
15	Ⅷ-149	红茶制作技艺(祁门红茶制作技艺)	安徽省祁门县	第二批
16	Ⅷ-178	徽派传统民居营造技艺	安徽省黄山市	第二批
17	Ⅷ-200	毛笔制作技艺(徽笔制作技艺)	安徽省黄山市屯溪区	扩展
九、传统医药				
18	Ⅸ-2	中医诊疗法(张一帖内科疗法、西园喉科医术)	安徽省黄山市、安徽省歙县	扩展
十、民俗				
19	Ⅹ-90	祭祖习俗(徽州祠祭)	安徽省祁门县	扩展
20	Ⅹ-119	珠算(程大位珠算法、珠算文化)	安徽省黄山市屯溪区	第二批

截至 2020 年,安徽省黄山市、宣城市绩溪县入选五批次安徽省省级物质文化遗产名录共九大类 99 项,江西省婺源县入选五批次江西省省级非物质文化遗产名录为五大类 12 项。

非物质文化遗产最大的特点是不脱离民族特殊的生活生产方式,是民族个性、民族审美习惯的"活"的显现。因此在非物质文化遗产的保护和传承中,"人"就成为核心和关键。非物质文化遗产传承人是重要的非物质文化遗产资源。徽州丰富的非物质文化遗产正是依赖于众多非物质文化遗产传承人的付出和沿袭。徽州非物质文化遗产入选五批次国家级非物质文化遗产项目代表性传承人名录共计 49 人。

徽州非物质文化遗产入选国家级非物质文化遗产项目代表性传承人名录

序号	姓名	性别	申报地区或单位	项目名称	批次
二、传统音乐					
1	操明花	女	安徽省黄山市	徽州民歌	第五批
2	詹和平	男	安徽省休宁县	道教音乐(齐云山道场音乐)	第五批
三、传统舞蹈					
3	胡振坤	男	江西省婺源县	傩舞(婺源傩舞)	第二批
4	程长庆	男	江西省婺源县	傩舞(婺源傩舞)	第三批
5	汪宣智	男	安徽省黄山市	祁门傩舞	第四批
6	程金生	男	江西省婺源县	傩舞(婺源傩舞)	第四批
7	汪顺庆	男	安徽省祁门县	傩舞(祁门傩舞)	第五批
8	曹武根	男	安徽省绩溪县	龙舞(手龙舞)	第五批
四、传统戏剧					
9	章其祥	男	安徽省	徽剧	第二批
10	李龙斌	男	安徽省	徽剧	第二批
11	江裕民	男	江西省婺源县	徽剧	第二批
12	江湘璇	男	江西省婺源县	徽剧	第二批
13	王长松	男	安徽省黄山市	目连戏(徽州目连戏)	第二批
14	叶养滋	男	安徽省黄山市	目连戏(徽州目连戏)	第二批
15	谷化民	男	安徽省	徽剧	第三批
16	王丹红	女	安徽省	徽剧	第四批
17	王秋来	男	安徽省祁门县	目连戏(徽州目连戏)	第五批
七、传统美术					
18	方新中	男	安徽省黄山市	徽州三雕(砖雕)	第一批
19	冯有进	男	安徽省黄山市	徽州三雕(石雕)	第一批
20	王金生	男	安徽省黄山市	徽州三雕(木雕)	第三批
21	俞有桂	男	江西省婺源县	徽州三雕(婺源三雕)	第三批
22	蒯正华	男	安徽省黄山市	徽州三雕	第四批
23	曹永盛	男	安徽省黄山市	徽州三雕	第四批
24	吴正辉	男	安徽省黄山市	徽州三雕	第五批
25	俞友鸿	男	江西省婺源县	徽州三雕(婺源三雕)	第五批

（续表）

序号	姓名	性别	申报地区或单位	项目名称	批次
七、传统美术					
26	洪建华	男	安徽省黄山市徽州区	竹刻（徽州竹雕）	第五批
27	洪观清	男	安徽省歙县	盆景技艺（徽派盆景技艺）	第五批
八、传统技艺					
28	周美洪	男	安徽省歙县	徽墨制作技艺	第一批
29	曹阶铭	男	安徽省歙县	歙砚制作技艺	第一批
30	吴水森	男	安徽省休宁县	罗盘制作技艺	第三批
31	汪爱军	男	安徽省绩溪县	徽墨制作技艺	第三批
32	郑寒	男	安徽省黄山市	歙砚制作技艺	第三批
33	甘而可	男	安徽省黄山市屯溪区	漆器髹饰技艺（徽州漆器髹饰技艺）	第三批
34	谢四十	男	安徽省黄山市徽州区	绿茶制作技艺	第三批
35	王祖伟	男	安徽省歙县	歙砚制作技艺	第四批
36	江亮根	男	江西省婺源县	歙砚制作技艺	第四批
37	方继凡	男	安徽省黄山市黄山区	绿茶制作技艺（太平猴魁）	第四批
38	胡公敏	男	安徽省黄山市	徽派民居营造技艺	第四批
39	汪培坤	男	安徽省黄山市屯溪区	徽墨制作技艺	第五批
40	蔡永江	男	安徽省歙县	歙砚制作技艺	第五批
41	汪鸿欣	男	江西省婺源县	歙砚制作技艺	第五批
42	方根民	男	江西省婺源县	绿茶制作技艺（婺源绿茶制作技艺）	第五批
43	王昶	男	安徽省祁门县	红茶制作技艺（祁门红茶制作技艺）	第五批
44	杨文	男	安徽省黄山市屯溪区	毛笔制作技艺（徽笔制作技艺）	第五批
九、传统医药					
45	李济仁	男	安徽省黄山市	张一帖内科疗法	第四批
46	张舜华	女	安徽省黄山市	张一帖内科疗法	第四批
47	郑铎	男	安徽省歙县	中医诊疗法（西园喉科医术）	第五批

（续表）

序号	姓名	性别	申报地区或单位	项目名称	批次
十、民俗					
48	汪素秋	女	安徽省黄山市屯溪区	程大位珠算法	第四批
49	陈敦和	男	安徽省祁门县	祭祖习俗（徽州祠祭）	第五批

徽州非物质文化遗产入选六批次安徽省省级非物质文化遗产项目代表性传承人名录共计 215 人，入选第三批江西省省级非物质文化遗产项目代表性传承人名录共计 20 人。

在市县级层面，基层文化部门开展了广泛而深入的非物质文化遗产普查工作，并将非物质文化遗产项目资料汇编出版，可以说是非常全面的徽州非物质文化遗产资源索引，有利于保护、传承等常规性工作的开展，进一步完善了徽州非物质文化遗产保护体系，促进了徽州非物质文化遗产资源的保护、传承、开发和合理利用。

从 2007 年开始，黄山市对非物质文化遗产进行普查、分类、立项和申报。费时两年，黄山市第一次非物质文化遗产普查工作告一段落。作为黄山市"非遗"保护工作阶段性成果的完整展现，由黄山市文化局编撰的《徽州记忆》于2009 年 7 月出版。在田野调查的基础上，该书按地域分为黄山市·屯溪区、徽州区·黄山区·祁门、黟县·休宁、歙县（上）、歙县（下）5 卷，汇编了涉及民间文学、民间美术、民间音乐等十四大类共计 1305 个项目的非物质文化遗产项目调查表，是对黄山市非物质文化遗产的一次全记录。该书全面系统记录了徽州非物质文化遗产。纵向上囊括了 15 项国家级"非遗"名录、40 项省级名录、91项市级名录、184 项县级名录；横向上按行政区划进行汇编：民间文学 943 项，占72.26%；民间美术 23 项，占 1.76%；民间音乐 16 项，占 1.23%；民间舞蹈 30 项，占 2.3%；戏曲 5 项，占 0.38%；民间杂技 10 项，占 0.77%；民间手工技艺 53 项，占 4.06%；生产商贸习俗 20 项，占 1.53%；消费习俗 30 项，占 2.3%；人生礼俗 37项，占 2.84%；岁时节令 50 项，占 3.83%；民间信仰 72 项，占 5.52%；民间知识 11项，占 0.84%；游艺、传统体育与竞技 5 项，占 0.38%。区域分布相对均衡，以古徽州府所在地歙县数量最多,且最具代表性。该书在编纂中立足田野调查,客观介绍了 1305 个项目的历史渊源、表现形态、传承区域、传承现状等内容。每一项目调查真实记录了项目名称、传承人(传承单位/传习基地/讲述者)、记录载体、调查人等基本信息,还根据项目性质的不同作出相应的调整。如:民间文学类就记录了神话、传说、故事等的内容、来源等信息,民间手工技艺则有历史沿革、工艺流程、相关材料工具及制品、传承状况等信息,民间音乐则有历史沿革、表演形式、代表曲目、相关活动、相关资料等。像歙县壁画、徽州砖雕、徽派版画、新安画派都附有作品和制作图片,歙县民歌、徽州目连戏附有歌词、曲谱、唱腔、图片。在收集、整理中,尽力做到去伪存真、有案可查、有迹可循。此书涉及徽州非物质文化遗产的方方面面,是一部徽州非物质文化遗产大观。2010 年出版的《人文宣城——宣城市非物质文化遗产普查资料汇编·绩溪县卷》则囊括了绩溪县的非物质文化遗产项目。

婺源既是古徽州一府六县的重要组成部分,也是徽州文化生态保护实验区的重要组成部分。婺源县文广局聘请复旦大学王振忠教授担任主编,出版了《活着的记忆——婺源非物质文化遗产录》,是对婺源非物质文化遗产保护研究及成果的汇编。其在体例上不同于《徽州记忆》侧重于以点带面地广泛搜罗,而是选取了婺源的徽剧、傩舞、茶艺、歙砚、三雕、祠堂建造技艺、灯彩、抬阁、豆腐架九项具有婺源特色的"非遗"项目,综合利用历史文献和调查资料,对各类制作工艺和传统技艺进行深入、具体、全面的描述和揭示。该书既展示了婺源文化拥有的浓厚徽文化背景,更凸显出地域文化个性特征,为项目传承提供了翔实的资料。

此外,江小角著《安徽非物质文化遗产》也选取了一些重要的徽州非物质文化遗产项目,进行全面深入的解析,回溯历史渊源,分析特色与价值,梳理传承谱系,前瞻未来保护路径。

徽州非物质文化遗产存在的场所、使用的器具、衍生的产品等也是非物质文化遗产资源的有机组成部分。徽州非物质文化遗产日益受到学界的关注和重视,存在极大的研究和开发空间。

(二)徽州非物质文化遗产的价值

徽州非物质文化遗产形式多样、内容丰富,蕴含着丰富的历史资源、文化资源、经济资源、教育资源、科学资源,是徽州鲜活的历史文化记忆。徽州非物质文化遗产正如其他非物质文化遗产一样,具有多方面的价值。

历史价值。徽州非物质文化遗产是在徽州独特的自然历史条件下,经过岁月的锤炼,历经沧桑,保存、流传下来的。它深深植根于徽州文化的沃土,同时也折射了不同历史时期徽州社会的生产水平、组织结构、生活风貌、道德习俗、思想禁忌等。比如很多徽州民间文学就承载了丰富的徽州历史,记录着历史的变迁。《抓壮丁歌》就真实记录了民国年间徽州的社会现实和政府抽壮丁的状况,而这也是中国历史的一个侧面。徽州的许多婚丧礼俗则反映了徽州的移民社会和宗法制度,而徽州的宗法制度也是中国封建社会后期的一个典型。可以说,将徽州无形和有形的文化遗产联系起来,对于还原徽州历史甚至中国历史都有极高的价值。

文化价值。徽州非物质文化遗产是徽州历史文化的积淀,反映了徽州社会的文化和传统。徽州非物质文化遗产处处渗透着儒家文化,却又保留了山越文化的遗迹,还受到佛教和道教的影响。徽州三雕反映的主要是儒家的伦理道德取向。徽州礼俗完全遵守朱熹《家礼》施行。徽州的水口文化更有力地表现了中国哲学"天人合一"的整体观念。齐云山道场音乐是道教文化的分支。徽州非物质文化遗产兼容并蓄,反映了徽州人的生活、生存方式,保留着他们特有的思维方式、心理结构、价值观念等,体现了徽州文化的发展轨迹,因此具有重要的文化价值。

科学价值。徽州非物质文化遗产不仅本身内含许多科技因子,还为多学科发展提供了丰富的史料和资料,是历史学、人类学、民俗学、语言学、社会学、人种学、宗教学、文学、艺术学、生物学、医学等学科开展研究的主要对象。徽州文房四宝中制墨技艺和制砚技艺的保护与传承,既是对中华古老的书写传统的保存和延续,也具有科技史、工艺史的研究价值。徽州三雕、徽派传统民居建筑的营造技术在现代生活中仍然具有重要的实践价值,对于建筑学有研究和借鉴的意义。新安医学是中医的重要组成部分,对于当代中医振兴有重要的推动作用。而徽州民间文学、人生礼俗、民间信仰、方言等也为历史学、人类学、民俗学、语言学、社会学、宗教学、文学等提供了丰富的研究文献和史料。各界学者从自己的需要出发,对徽州非物质文化遗产进行研究,也有利于其自身的保护、传承和开发。

审美价值。徽州非物质文化遗产中的民间美术、民间音乐、民间舞蹈、戏曲等项目或者是纯粹的艺术门类,或者包含审美的因素,是徽州人智慧的结晶,反映了徽州人、徽州文化的审美取向和情趣。徽州民居中精致繁复、美妙绝伦的徽州三雕令无数游者赞叹不已;新安画派是中国美术史上的重要流派,其画风、意境至今还有继承者;徽州目连戏、徽剧体现了徽州独特的民间原生态审美取向。这些都有极高的审美价值、欣赏价值,深深打动人心、触动情感,使观者如痴如醉、流连忘返。另外,丰富多样的徽州非物质文化遗产也为艺术创作提供了丰富的原型和素材。

社会价值。徽州非物质文化遗产中包含了丰富的伦理道德、行为规范,能够陶冶人的情操、提高人的素质、培养人的能力,具有社会教育意义,在促进人与自然、人与人、人与社会的和谐上有其独到的价值和意义。徽州打锣封山等习俗严禁私伐树木、开山凿石,事实上起到了保护自然生态环境的作用。徽州古村落的选址、布局构建和徽派民居的营建反映了人与自然和谐相处的有机思想。唐模水口、宏村水系、徽州民居中随处可见的四水归堂都非常讲究人与自然的高度和谐,对于今天构建和谐社会、促进人与自然和谐发展具有丰富的借鉴价值。徽州民间歌谣、民间故事、戏曲、民间信仰歌颂真、善、美,鞭挞假、丑、恶,弘扬了中华传统美德。目连救母本身就是为宣扬忠孝节义而作,有的地区近年仍有自发组织打目连的传统。徽剧的许多剧目如《四郎探母》《铡美案》等宣扬的就是公忠、正义、孝慈等中华传统道德。对于这些传统文化,去其糟粕、取其精华、善加利用,有利于弘扬公忠、正义、中和、孝慈、诚信、宽恕等中华传统道德,有利于构建社会主义道德体系,从而促进人与人、人与社会的和谐。

经济价值。徽州非物质文化遗产本身就有极高的经济价值。徽州"非遗"

的保护应当是一种整体保护，不是说立项了、保护了、展示了就到此为止了，这种停滞的方针对于那些濒危的传统技艺是一种极大的伤害。徽州非物质文化遗产的保护、传承和开发不仅要对即将销声匿迹的项目进行完善的记录、保护，更应当兼及传承人和基层群众的经济利益，制定合理的开发方针和措施，防止在开发过程中将经济效益摆在第一位而丢失最精华的传统，将"非遗"泛化或过于商业化。徽州非物质文化遗产的保护、传承和开发应当形成一个良性的循环，保护、传承能够为完善的开发提供丰富的资源和人才，开发又能够为保护和传承提供充足的经费和机会。具体来说，徽州制墨、制砚、罗盘制作是一种技艺，其制作过程的展示也是非常有特色的旅游项目。很多徽州"非遗"项目如傩舞、徽剧等也都具有旅游观光的价值。而将徽州三雕、制茶技艺、火腿腌制、竹编等具有实用性的工艺技术产业化、规模化，既实现了传承又可以解决农村剩余劳动力。同时，其产品成为礼品、商品进入流通市场，既获得经济效益，也提高了当地的经济水平和人民生活水平。企业、群众受惠，更会积极投身于"非遗"的保护、传承中。徽州目连戏、徽剧等音乐、舞蹈、戏曲、杂技艺术还可以发展特色演出业。传统戏剧大多存在着演出市场缺乏、演出人员后继乏人的状况。对于此类项目除了政府的硬性投入保护之外，开拓演出市场更是保持生命力的关键所在。可以依托黄山市蓬勃的旅游业，将特色演出纳入旅游线路中，为传统艺术剧目提供更丰富的舞台。将面具之类的表演道具或者表演内容纳入旅游产品、礼品的行列中，这些表演项目的副产品能够起到扩大宣传、增加经济效益的作用。随着观赏者、爱好者的日益增多，表演项目的收益会进一步增加，以此壮大演出队伍，增加经费投入，并提供更广大的舞台。在挖掘徽州非物质文化遗产经济价值时，无论采取何种形式和方法，都要有原则和监督，即要把握好度的问题，防止盲目过度开发，避免因开发而丧失了传统。

徽州非物质文化遗产资源丰富，以其为对象的学术研究正扬帆起航，而对其经济价值、文化价值的开发方兴未艾。徽州非物质文化遗产的传承和保护，任重道远，我们每个人都责无旁贷。

第五章
徽学的主要研究领域（上）

第 一 节

徽州宗族

宗族,是指以同一男性祖先为血缘标识的众多个体家庭组成的、按照血缘关系原则和一定的行为规范加以联结、约束、控制的社会组织形式。徽州宗族制度至宋元时期已逐步定型,并在明清时代趋于普遍繁荣,发展至顶峰。学界比较一致的认识是,与其他地域相比,徽州是历史时期中国境内宗族组织和宗族制度极为发达的地区之一,在唐宋以后北方中原地区宗族趋于衰落的情况下,在徽州地区逐渐发展成长起来并日趋繁荣的宗族制度,"一直保持与正统文化相一致,堪称为正统宗族制传承的典型"①。

在传统徽州,宗族、商人、理学是推动徽州社会不断发展演进的三大主要因素,其中,宗族因素是徽州社会发展演进并成为典型宗族社会的基础性因素。"徽州宗族不是孤立的、简单的社会现象,它与徽州经济、文化等社会要素之间有着不可分割的内在联系。"②徽商、新安理学以及徽州历史文化的诸多方面,皆在不同程度上受到徽州宗族的影响。

在传统中国较长的历史时期内,宗族的族权统治与封建国家的政权统治相互支持、相互补充,使传统社会具有不断自我修复完善的功能。这一现象在明清徽州宗族社会中有更好的体现。随着徽州宗族的日益发展及其社会控制功能的不断强化,在徽州宗族内部已经形成了一个颇为成熟、有效的控制系统。诚如陈柯云先生所指出的:"徽州在明中期以后宗族的影响无处不在,几乎渗透

---

① 叶显恩:《徽州和珠江三角洲宗法制比较研究》,载《中国经济史研究》1996 年第 4 期;周绍泉、赵华富:《'95 国际徽学学术讨论会论文集》,安徽大学出版社 1997 年版,第 6 页。
② 唐力行:《徽州宗族研究概述》,载《安徽史学》2003 年第 2 期;唐力行:《徽州宗族社会》,安徽人民出版社 2005 年版,第 1 页。

到徽人社会生活的各个方面。"[1]与封建政权通过里甲、保甲等方式管控地方相比,徽州族权统治具有更易被族人接受、更细致入微的特点。从这个意义上讲,徽州宗族成了明清时期封建政权最忠实、最得力的帮手之一。

一、徽州宗族的来源与宗族社会的形成

(一) 徽州宗族的来源

根据文献记载,徽州宗族主要来源于徽州境外,特别是北方中原地区。这些境外大族及其人口迁徽的主要原因有三:一是躲避战乱,二是任职而定居,三是隐居遁世。就迁徽族姓和人口的规模而言,主要集中于汉晋之际、唐末、两宋之际等历史时期。在上述时期,中原世家大族因躲避战乱等原因纷纷南迁,徽州由于拥有山林密布、交通闭塞、易守难攻的独特环境优势,而成为北方世家大族避乱选择的重要一站。汉晋之际、唐末、两宋之际社会动荡时期的大移民及宗族移植,是徽州宗族的主要来源和发展基础。徽州宗族的另一重要来源地则是邻近徽州的周边地区,大致为浙江、江苏、江西等地。这些地区的大姓宗族也多由北方迁徙而来,后由于种种原因再次辗转迁徙至徽州。对于不同历史时期迁徽的族姓,叶显恩先生根据明人程尚宽《新安名族志》及相关族谱较早作了不完全统计:汉晋之际迁徽的族姓主要有舒、方、汪、鲍、余、俞、黄、程、叶、戴,南朝梁迁徽的族姓主要有任、闵、徐,隋朝迁徽的族姓主要有谢、詹,唐初至唐末前迁徽的族姓主要有姚、蒋、范、仰、吕、郑、凌、洪、祝、吴、查、冯,唐末迁徽的族姓主要有周、夏、陈、朱、江、梅、毕、罗、康、王、潘、顾、金、赵、施、齐、卢、张,五代迁徽的族姓主要有邵、项、许、胡、何、李,北宋迁徽的族姓主要有韩、滕、苏、马、饶、臧,南宋迁徽的族姓主要有余、庄、杜、葛、章、游,元初迁徽的族姓主要有田、仇。[2] 上述统计表明,除了和平时期一些人口和族姓迁徽之外,徽州境外的族姓迁徽主要集中于社会动荡年代。

---

[1]　陈柯云:《明清徽州宗族对乡村统治的加强》,载《中国史研究》1995 年第 3 期。
[2]　参见叶显恩:《明清徽州农村社会与佃仆制》,安徽人民出版社 1983 年版,第 12—19 页。

(二)徽州宗族社会的形成

学界一致认为,徽州宗族社会形成于宋代,明代趋于成熟。以"二程"、张载、朱熹等为代表的宋儒,鼓吹慎终追远、礼以义起,鼓吹复兴宗族,并制定了一整套宗法伦理制度。作为理学集大成者的祖籍徽州婺源的朱熹,他的理学思想对徽州影响巨大,他制定的用以指导宗族建设的《家礼》,更成为宋以来徽州社会顶礼膜拜的对象。在宋儒倡导和朝廷支持下,一种以尊祖、敬宗、收族为宗旨,有别于前代的新的宗族制度开始形成。在徽州境内,由于南迁的世家大族谱系保存完好,随着人口的自然繁衍,宗族规模不断扩大,在开发徽州的同时,也形成了一个个聚族而居的宗族血缘村落,并进而形成较为典型的徽州宗族社会。

到了明代,随着嘉靖朝礼制改革的进行,朝廷革除了庶民祭祀始祖和始迁祖的禁令。与之相适应,徽州宗族祠堂得到了大规模的建设,祠堂的社会功能不断扩张,宗族逐渐走向民间和大众,呈现出世俗化和平民化的特点。明代中后期是徽州宗族大规模建设的时期。这一时期,徽州宗族支派越分越多,祠堂越建越多,谱牒越修越多,族田越设越多,加上富裕的徽商对宗族的不断反哺,使得徽州宗族日益趋于成熟。①

二、徽州宗族组织结构

徽州宗族组织结构大致包括个体家庭、房派、宗族三个层次。其中,家庭结构以核心家庭为主、主干家庭为次,房派则介于家庭和宗族之间。在徽州宗族内部,从房系谱关系的发生发展看,有分家析产而产生的基础房,有不断连属形成的扩展房。从房发生的社会学意义上看,相对于同一父系之下分析而独立的诸子均称为房,这种房是基础房。基础房的产生源于分家析产,即分房。分房意味着宗族内部的繁衍和分化。随着世系的不断繁衍,基础房的日益发展和不断连属就逐渐构成扩展房,这种房也称为联房。随着宗族内部不断的分房和联

---

① 参见杜诚、朱万曙:《徽学百题》,安徽人民出版社 2009 年版,第 60—61 页。

房,在系谱关系上不断形成"家庭—基础房(扩展房)—宗族"的树状结构。① 就明清徽州社会实际情形看,徽州宗族组织结构大致具有以下几种类型和模式:一般宗族:宗族—房派—个体家庭;大宗族:宗族—房派—支派—个体家庭;联宗宗族:始居地宗族—迁徙地宗族—房派—支派—个体家庭。②

若从社会分层来看徽州宗族的组织结构,在徽州宗族组织内部,宗族成员按社会身份、社会地位、血缘关系等原则,被区分为高低有序或尊卑有序的不同等级和层次。一般而言,徽州宗族成员大致可归入宗族领导层、宗族执事阶层、普通族众阶层等。

(一)宗族领导层

在徽州宗族内部,宗族领导层是族内当然的控制者、管理者阶层,是宗族实施内部控制的最主要的行为主体,在族内通常拥有最高的社会地位。宗族领导层主要由宗子、族长、房长、家长等组成。

1.宗子③。文献记载表明,明清时期一些徽州宗族采古代宗法制度之遗意,建立宗子制。④ 在实行宗子制的这些宗族中,在血缘上属于"本族长房之长子"⑤的宗子,不同程度地拥有统率族人、处理族内纠纷、处罚族人、主持族内祭祀等权力。由于宗子人选完全是从血缘角度来考虑,倘若遇到宗子或年老多病或年幼无知或智能低下或道德败坏等情形⑥,对宗族的正常运转往往会形成某些障碍,这对宗族利益的维护是相当不利的。对于这些宗族而言,其变通办法就是在一定程度上摒弃原有的血缘情结而择贤任能。从总体上看,立宗子、行宗子法在明清徽州宗族社会中有日渐式微的趋势,某些宗族有时即便是设立宗

---

① 参见刘道胜:《明清徽州宗族的分房与轮房》,载《安徽史学》2008年第2期。
② 参见卞利:《明清徽州社会研究》,安徽大学出版社2004年版,第56页;又见冯尔康:《中国古代的宗族与祠堂》,商务印书馆国际有限公司1996年版,第46页。
③ 参见陈瑞:《明清徽州宗子考论》,载《学术界》2009年第5期。
④ 参见赵华富:《徽州宗族研究》,安徽大学出版社2004年版,第75页;又见常建华:《宗族志》,上海人民出版社1998年版,第178—182页。
⑤ 光绪《绩溪县南关许余氏惇叙堂宗谱》卷八《惇叙堂家礼·祭礼》,清光绪十五年刻本。按,在某些徽州宗族中有变通,如清代,休宁茗洲吴氏宗族因长房故绝而依照血缘亲疏向下顺延。
⑥ 参见赵华富:《徽州宗族研究》,安徽大学出版社2004年版,第75页。

子也仅仅是作为一种陪衬和摆设而已①，宗族的实际控制权牢牢掌握在以族长为代表的宗族领导者手中。到了民国年间，在一些徽州宗族中仍见有宗子参与宗族管理活动的记载②，但这类记载已较为少见。

2. 族长③。在徽州，担任族长须具备一定的条件，其中房分和年龄是最基本的要素。据文献记载，在歙县境内诸多宗族中，"祠各有规约，族众共守之，推举行尊而年龄高者为族长，执行其规约"④。在绩溪县南关许余氏族内，规定以"班辈最长者"⑤为族长。在明清徽州宗族中，族长总管族务，掌握祠堂，拥有较大的权力。⑥ 在明清徽州，族长长期掌控宗族，已成为一种社会风俗："徽俗重长上，一家则知有族长、门长，一乡则知有先达，此古风也。"⑦在许多宗族内部，族长成为绝对权威。如清乾隆《重修古歙东门许氏宗谱·许氏家规》云："族长总率一族，恩义相维，无不可通之情，凡我族人知所敬信，庶令推行而人莫之敢犯也。其有抗违故犯者，执而笞之。"⑧"吾族繁衍，有族长以统之，公举族中之贤者以辅之，谓其才足以断事，德足以服众。凡遇族中有不平之事，悉为之处分排解，不致经官。如果秉公无偏，而顽梗者不遵，则鸣之于官处治之，族人自知警而不敢抗违矣。"⑨在该族内部，族人要绝对服从族长的管控，对于违反族长管教的族人则予以严厉制裁。

在明清徽州，宗族族长对宗族内外事务拥有较大的管控权。这些权力主要包括宗族祭祀权、族内事务主持监督权、族内纠纷调处裁判权、对宗族经济生活的控制权、对族人的处罚惩治权、宗族对外交涉权等。针对族长拥权较重以及

---

① 在清代，有不少人主张按照民情、世情对传统宗法作出某种变革，在宗族内部实行小宗法，不立宗子，即使设立，也如同摆设。冯尔康先生对清人"礼以义起"宗法变革论作了精湛研究，具体参见冯尔康：《18世纪以来中国家族的现代转向》，上海人民出版社2005年版，第13、91—113页。

② 如唐力行、张翔凤在《国家民众间的徽州乡绅与基层社会控制》（载《上海师范大学学报》2002年第6期）一文中指出："绩溪宅坦村胡氏宗族的宗子是上门派的正益（1883—1954），务农。上门派在胡氏五派中已衰落，但正益仍是经常参与祠堂的管理班子。"

③ 参见陈瑞：《清代徽州族长的权力简论》，载《安徽史学》2008年第4期。

④ 民国《歙县志》卷一《舆地志·风土》。

⑤ 光绪《绩溪县南关许余氏惇叙堂宗谱》卷八《惇叙堂家礼·祭礼》。

⑥ 参见常建华：《宗族志》，上海人民出版社1998年版，第193页。

⑦ 傅岩：《歙纪》卷五《纪政迹·修备赘言》，明崇祯刻本。

⑧ 乾隆《重修古歙东门许氏宗谱》卷八《许氏家规·尊崇族长》，清乾隆二年刻本。

⑨ 乾隆《重修古歙东门许氏宗谱》卷八《许氏家规·公举族副》，清乾隆二年刻本。

人治条件下族长制存在的种种弊端,徽州宗族在族内制度设计时对族长制定了一些防范、惩罚措施,这在一定程度上有利于遏制宗族自治中的不利因素。

3.房长①。在徽州宗族内部,族的下一级组织为房。关于房的称谓,徽州各宗族不尽相同,有"房""门""支""堂""分""家"等。而房分结构中的首领有"房长""门长""支长""堂长""分长""家长"等头衔。明清徽州宗族内部的房长,是族长之下宗族领导层的重要成员,根据宗族内部分层管理的制度设计,他们拥有属于自己的权力,对所在房的房众拥有较大的控制力,对所在房乃至宗族的内部管理和运作都发挥着极为重要的作用。明清时期徽州宗族中的房长的权力主要包括族内行政事务管理权、族内经济生活监督控制权、宗族对外交涉权等。尽管拥有权力,但若房长玩忽职守、发生闪失,要负一定的连带责任。

4.家长。明清时期,个体家庭是徽州宗族社会的细胞,是构成宗族社会的基本单位。对于普通族人而言,家庭是与他们生产生活关系最直接的社会经济单位。在这一单位中,族人日常接触最多的是自己的家长。在各自的家庭中,"家长总治一家之务"②。一般来说,徽州宗族家庭中的家长对于家庭成员的控制较为严厉。如婺源沱川余氏族人余鼎瀍,"服贾营生,性勤俭,治家严,诸子白发鬖鬖,过庭无敢违礼"③。家长所施加的管控也是家庭成员在日常生活中最易感受和体会最深的。

明清徽州宗族一般皆强调,在家庭成员面前,家长要起到表率作用。在家庭中,家长拥有督教、管控家庭成员的权力。对于家庭成员来说,他们的一举一动皆要请示家长。清雍正《歙县潭渡孝里黄氏族谱》所载"家训"之"教养"条云:"吾黄氏以孝行名里,当思祖宗贻谋之远,一举一动皆须遵循礼法。凡有欲行之事,皆当咨禀家长,然后举行。"④强调家长的知情权与监督权。对于犯有过失的家长,有些宗族提醒家庭成员要予以劝谏。清光绪《三田李氏宗谱》所载

---

① 参见陈瑞:《明清时期徽州宗族中的房长及其权力》,载《安徽大学学报》2010年第6期。
② 雍正《歙县潭渡孝里黄氏族谱》卷四《潭渡孝里黄氏家训·修齐》,清雍正九年刻本。
③ 光绪《婺源县志》卷三十五《人物十·义行八》。
④ 雍正《歙县潭渡孝里黄氏族谱》卷四《潭渡孝里黄氏家训·教养》,清雍正九年刻本。

"家规"之"家长"条指出:"家长不幸有过,举家随而谏之。"①至于那些对家庭成员督教不严的家长,按照徽州宗族的规定,他们要负一定的连带责任,并受到相应的责罚。

(二) 宗族执事阶层②

明清时期,在人口规模较大、内部事务繁杂的徽州宗族中,除设立族长等管理、处置族务外,往往还根据实际需要在族内设置各种名目的执事人员,由他们协助处理宗族内部一些特定领域中的具体事务。明清徽州宗族内部的执事人员主要有执事、执事者、执事之人、执事子弟、管事人、值年、支年、支年者、司年、司年者、司年之人、司年家、管年、管年人、祠长、祠首、祠总、祠董、祠差、祠役、首事、首事者、头首、年首、典首、祀首、祭首、首家、头家、上首、下首、上手、下手、当首、当首之人、轮首、轮首之人、司值、司事、司祠、司祠者、司祀者、司礼、司礼者、司匣、司匣者、执匣者、司谱者、司祭器者、司钥之人、司钱谷者、司银钱者、通赞、通引、司樽、执爵、司祝、司过、总理、经理、督总、能干、查刷、查察、礼生、与祭礼生、执事礼生、读祝礼生、纠仪礼生、纠仪、斯文、文会、文会诸公、会首、宗族约正副、宗正副、祠正副、宗长副、守祠人、值祠仆、看祠仆、值事仆等不同的称谓。这些执事人员的称谓及其所发挥的职能与宗族祠堂关系较为密切,这与祠堂在明清徽州宗族社会中的地位和作用有关。在明清徽州同一宗族内部,不同名目的执事人员在族务管理过程中往往协同发挥作用,相互之间进行着必要的分工、协调与配合。在族务管理过程中,执事人员要受到族长等宗族首领以及族规家法的制约。执事人员多实行任期制,在任期间,若有徇私舞弊或玩忽职守等行为,则会受到相应的惩罚。

(三) 普通族众阶层

在徽州宗族中,普通族众阶层在宗族内部占人口的绝大多数,包括除宗族领导层、执事阶层之外的拥有本宗族血缘关系的全体男性成员、未嫁女子,以及

---

① 光绪《三田李氏宗谱》卷末《家规·家长》,清光绪十一年木活字本。
② 参见陈瑞:《明清时期徽州宗族中的执事人员》,载《中国社会经济史研究》2014 年第 3 期。

不拥有本宗族血缘关系但拥有族籍、由外族嫁入的女性成员。

(四)宗族贱民阶层

相对于主家宗族成员来讲,徽州宗族社会中的贱民阶层主要是佃仆群体,这是宗族内部地位最低下、处境最悲惨、与主人没有血缘关系的一类特殊群体。他们是徽州境内长期存在并极为盛行的佃仆制的产物。他们在法律和经济地位上,与其他宗族成员拥有较强的人身依附关系。由于徽州主仆之间等级森严,“其主仆名分尤极严肃而分别之,臧获辈即盛赀厚富,终不得齿于乡里”①,“主仆攸分,冠裳不容倒置”②,“主仆之严,数十世不改,而宵小不敢肆焉”③。这些佃仆是宗族内部受到管控和压迫最严厉的阶层,毫无社会地位可言。

三、徽州宗族祠堂、祖墓、族谱、族产

(一)祠堂

祠堂及其相关制度的高度发达是徽州宗族社会重要的特征之一。关于徽州宗族祠堂的创建,早在宋代即已开始,但属于个别现象,尚未形成一种社会风气。明中叶以降,由于国家政权改革民间祭祖礼制的驱动、徽州宗族自身社会经济发展变迁所引发的各种挑战的影响以及宗族商人巨额商业利润的投资反哺,徽州宗族社会掀起大规模兴建祠堂的热潮。仅就明代而言,“徽州宗祠的数量之多、规模之大,在全国位居首位”④,徽州成为当时全国祠堂最发达的地区。从明清时期这一较长时段来说,徽州境内宗族祠堂更是全面发展、数量激增,形成祠堂林立、祠宇相望的局面。⑤

在明清时期的徽州人看来,“子孙各有子孙之家,祖宗合共有祖宗之堂。家,私也;堂,公也”⑥。“祠宇,祖灵所栖,子孙报本追远地也。”⑦由于祠堂供奉

---

① 嘉靖《徽州府志》卷二《风俗》。
② 程且硕:《春帆纪程》,见许承尧:《歙事闲谭》卷八,李明回等校点,黄山书社 2001 年版,第 258 页。
③ 赵吉士:《寄园寄所寄》卷十一《泛叶寄・故老杂纪》,周晓光、刘道胜点校,黄山书社 2008 年版,第 872 页。
④ 常建华:《明代宗族研究》,上海人民出版社 2005 年版,第 77 页。
⑤ 参见赵华富:《徽州宗族研究》,安徽大学出版社 2004 年版,第 140—149 页。
⑥ 宣统《古歙义成朱氏宗谱》卷首《朱氏祖训・整理公堂》,清宣统刊本。
⑦ 民国《(歙县)蔚川胡氏家谱》卷二,道光二年《规条・洁祠宇》,民国四年刊本。

着历代祖先神主,能够起到"安祖宗之神灵"的作用,并且宗族往往以祠堂为中心开展各种集体活动,因此,祠堂理所当然地成为徽州人心目中最为重要的宗族公共机关。事实上,徽州人的日常行为举止和各类活动,除了私的"家"之外,也都离不开宗族公共机构——祠堂。

徽州祠堂主要有宗祠、支祠、行祠、女祠、专祠等不同的类型。宗祠,为一族的总祠,一般为三进,第一进称仪门,第二进称享堂,第三进为寝室。仪门、享堂、寝室各有不同的功能,主要用作举行祭祀仪式、宗族议事、供奉祖宗牌位等。支祠,为支族祠堂,规模比宗祠小。行祠,用于专门祭祀某名人。女祠,用于专门供奉女性神主。专祠,用于专门祭祀某一方面德行显著的神主。①

祠堂最主要的功能是祭祀,此外还是公共议事场所、宗族教育场所,发挥着管控族人的作用。其功能主要体现为:一是通过祠堂祭祀仪式的举行及相关祭祀制度的执行,以融洽宗盟、收拢人心、增强宗族凝聚力,进而实现尊祖敬宗、合族收族、控制族人的目的。二是通过以祠堂为舞台进行族内教化和普法宣传活动。三是通过祠堂执法实施对族人的硬性控制。四是以祠堂为中心开展族内纠纷调解、统一族人意志以按时缴纳赋税、进行族内赈济等。

(二) 祖墓

祖墓,即祖宗坟墓。在徽州,由于当地宗族及其族人对风水的极度信仰与推崇,以及对祖墓发挥的收拢人心、凝聚族人的作用的认同,及至明清时期,徽州境内甚至出现"吾徽有千年祖坟……他处无有也"②"吾徽有千百年祖墓……他处无有也"③"新安名家祖冢多有千余年祭扫不绝者"④"俗重墓祭,往往始迁祖墓自唐宋迄今,犹守护祭扫惟谨"⑤的民俗景观。

在徽州人看来,祖墓是宗族的根本,关系到宗族的兴衰。明清时期,徽州宗族对"祖宗体魄之所藏"⑥的祖墓的修建、保护及墓祭的定期举行非常重视:"徽

---

① 参见杜诚、朱万曙:《徽学百题》,安徽人民出版社 2009 年版,第 75—76 页。
② 康熙《徽州府志》卷二《风俗》。
③ 许承尧:《歙事闲谭》卷十八《歙风俗礼教考》,李明回等校点,黄山书社 2001 年版,第 606 页。
④ 乾隆《歙淳方氏柳山真应庙会宗统谱》卷一《凡例》,清乾隆十八年刻本。
⑤ 民国《歙县志》卷一《舆地志·风土》。
⑥ 乾隆《休宁古林黄氏重修族谱》卷首下《祠规·祠墓当展》,清乾隆十八年刻本。

俗重坟墓,树枝草石才动分毫,即称挖骸无踪,到官涕泣。"①"婺俗最重先茔,唐宋以来,邱墓松楸,世守勿懈,或有私葬一棺,盗伐一株,即愤起讼端,累年不解。"②"风水之说,徽人尤重之,其平时构争结讼,强半为此。"③"俗多负气,讼起微杪,而蔓延不休。……顾其讼也,非若武断者流,大都坟墓之争,十居其七。"④"坟地迷信受病亦深,祖坟荫木之争,辄成大狱。"⑤对危害宗族祖墓的行为,徽州宗族及其成员往往誓死力争。

明清时期,徽州宗族十分重视族人对于墓祭的参与,对不积极参与祭祀的族人实施惩罚,并通过祭祀规条、祖墓议约等对祖墓及墓祭进行规范管理,对损害祖茔的行为进行直接惩罚。

(三) 族谱

族谱,也称宗谱、家谱、家乘、家典等,是宗族内部编纂的以血缘谱系为中心的族史记录。徽州宗族编纂族谱的历史较早,到了明清时期,由于世家大族的昌盛、宗族组织与宗族制度的高度发达、仕宦等宗族精英分子的参与、宗族商人丰厚商业利润的反哺,徽州宗族族谱编纂活动空前活跃,徽州成为当时全国范围内族谱编纂较发达的地区之一。⑥ 目前留存于世的徽州族谱,素以数量庞大、质量上乘、编纂谨严闻名于世。

在明清徽州宗族及族人看来,作为一族之史的族谱,其地位和正史之于国家一样重要,是宗族内部最重要的档案文献,是宗族的大典大法。鉴于族谱作为家史的重要性,明清徽州宗族十分重视族谱的连续编纂。在具体编纂时间上,徽州宗族各有自己的规定。如清宣统年间,绩溪仙石周氏宗族规定:"宗谱三十年接页,为小修;六十年重编,为大修。逾期不修,即为不孝子孙,务必按期举行,勿怠。"⑦该族以三十年为一个编纂周期,强调按时续修族谱,将不按时修

① 傅岩:《歙纪》卷五《纪政迹·修备赘言》。
② 光绪《婺源乡土志·婺源风俗》。
③ 赵吉士:《寄园寄所寄》卷十一《泛叶寄》引《稗史》,周晓光、刘道胜点校,黄山书社 2008 年版,第 901 页。
④ 许承尧:《歙事闲谭》卷十八《歙风俗礼教考》,李明回等校点,黄山书社 2001 年版,第 605 页。
⑤ 民国《歙县志》卷一《舆地志·风土》。
⑥ 参见赵华富:《徽州宗族研究》,安徽大学出版社 2004 年版,第 227 页。
⑦ 宣统《(绩溪)仙石周氏宗谱》卷二《凡例》,清宣统刊本。

谱视为不孝行为。

由于族谱编纂需要一定的知识基础,因而,在明清徽州宗族中,一般由宗族的知识精英阶层主持族谱编修工作,由他们掌握着族谱编纂的主导权与控制权。在文化与科举极为发达的明清徽州,宗族的知识精英阶层主要包括宗族官僚仕宦、乡绅、儒商及其他具有一定文化知识基础的族人。在族谱编纂过程中,徽州宗族的族长、房长、族老等往往起着主持或监督的作用。

在内容构成方面,徽州族谱主要包括世系和血缘关系图表,族规家法、家训家范,祠堂、祖茔、族产公田的坐落方位、形胜地图,家族历史以及义田记、墓志铭、买地契等内容。

明清时期,徽州宗族十分重视利用族谱实施对族人的管控。如:在族谱凡例方面,对族人是否能够入谱、事迹如何书写等皆有严格的规定;对有违或触犯血缘谱系纯洁性的行为,进行严厉处罚;重视对同居族人或支派、外迁族人或支派以及出继异姓的族人或支派的详细记载,实现联宗收族,或为联宗收族做准备。

(四) 族产

族产,是宗族的公有财产,是维持宗族制度的经济基础。据文献记载,早在宋代,徽州一些大族即拥有族产。明中叶以降,随着徽商的发展和宗族的繁荣,徽州宗族族产得到极大增长。太平天国运动时期,徽州宗族遭到沉重打击,许多宗族的族产大量流失。

徽州宗族族产的来源渠道较多,但较为重要的渠道有货币购买、子弟捐献、众存族产、进主祀田等。徽州宗族族产类型很多,有田地、山林、房屋、银钱等,但主要体现为族田。徽州族田的种类和名称很多,主要可归纳为祭田、义田、学田三类。祭田主要为宗族各类祭祀活动而设,义田主要为宗族各类公益事业而设,学田主要为宗族文教事业而设。

徽州族产的所有制形式主要体现为多层次占有制,大体包括宗祠占有、支祠占有、族丁众存三种基本形式。

徽州宗族十分重视族产管理,那些拥有较多族产的宗祠,往往设立祠户作为经营管理、收取租谷和缴纳税亩的机构。为了防止族产流失,徽州宗族大都将族产在官府注册备案。①

四、徽州宗族族规家法

族规家法,是指历史时期徽州宗族领导层或相关族人,为维护宗族社会秩序的稳定,以国家法律、民间习惯、纲常礼教等为原型,经过删减增补、加工整理而成的,在宗族内部具有普遍约束力和控制力的各类宗族法规。② 徽州宗族族规家法的起源较早,但明清两代是徽州宗族族规家法兴盛的时期。这一时期,徽州宗族族规家法内容丰富、种类繁多,有族规、宗规、家规、祠规、家法等不同名目。它是徽州宗族内部一项极为重要的制度设计和制度规定,虽然在各宗族内部,其规范与调整的对象和范围不尽相同,但都具有较强的约束力与控制力。

1.**族规家法的性质**。明清时期,许多徽州宗族及族人对于族规家法的性质作了解说。有的徽州宗族认为,族规家法作为宗族内部一项重要的制度规定,是整齐宗族的章程、规矩、大法,强调其权威性与规范宗族事务的作用。有的宗族则强调族规家法的权威性,并重视宗族内部普法宣传活动的开展。

2.**族规家法的取材来源**。明清时期,徽州各宗族族规家法的内容因时因地因族而异,所定条款不尽一致,但归纳而言,多取材于国家法律、前代祖训家规、异姓宗族的族规家法成例、民间习惯、纲常礼教等内容,且各有侧重。

3.**族规家法的制定**。明清时期,徽州宗族的族规家法主要由族长、房长、文会、斯文等宗族领导层、士绅阶层、知识阶层等负责制定,他们是徽州宗族中的上层人士和精英分子,往往掌握着宗族内部事务的主导权和话语权。

4.**族规家法的执行**。明清时期,由于徽州宗族族规家法以维持既定的宗族社会秩序为直接目的,起到支持国家政权施政、维护封建统治的重要作用,因而,对它的遵守与执行以宗族自身力量和国家力量作为保证。③ 如:明代休宁商

① 参见赵华富:《徽州宗族研究》,安徽大学出版社 2004 年版,第 268—361 页。
② 参见朱勇:《清代宗族法研究》,湖南教育出版社 1987 年版,第 9 页。
③ 参见朱勇:《清代宗族法研究》,湖南教育出版社 1987 年版,第 9 页。

山吴氏宗族规定,由宗正副、品官、举监生员、各房尊长等宗族上层人士和精英分子来确保族规的顺利执行;明代祁门奇峰郑氏宗族规定,由族老负责执行家规;明代祁门清溪郑氏宗族规定,对族规的遵守与执行,由族老等人负责监督。

5.族规家法的管控功能。明清时期,徽州宗族族规家法的内容十分丰富。虽然各族由于自身的实际情况不尽相同,族规家法的关注重点与管控重点不尽一致,但大凡与徽州宗族的生存发展、社会秩序、社会关系相关的领域,都是徽州宗族关注的重点对象,同时也是徽州宗族着力规范与控制的重点范围。明清时期徽州宗族族规家法的控制功能主要体现为:一是维护宗族内部伦常秩序与社会秩序的稳定。如,明清徽州宗族大都在族规家法中设置有"辨族类""正名分""睦宗族""肃闺门""厚风俗""敦孝悌""重廉耻""尊祖训""礼高年""慈卑幼""止争讼""严守望""饬保甲""御群下"等条款,并强调对这些条款的无条件遵守与执行,对于维持这一时期徽州宗族内部伦常秩序与社会秩序的稳定起到了一定的积极作用。二是维护国法与支持政权施政的功能。明清徽州宗族大都怀着小心谨慎的心态处理与国家政权之间的关系,在族规家法中主要体现为,时刻强调与敦促族人要遵守王法,要及时足额保质保量地完纳国家赋税、承充各种徭役。在徽州族规中,大都设置有"国法当遵""赋役当供"一类的条款,要求族人当顺民、当良民。三是其他有关宗族成员日常行为规范与社会交往的条款、处理与异姓宗族关系的条款、宗族控制设施与宗族产业的条款、宗族教育的条款、宗族社会保障的条款、宗族生态环境保护的条款等,都从某一特定领域或专门方面对族人进行规范与控制,也具有较强的约束力和控制力,有助于这些领域内社会关系的调整和社会秩序的维护。

此外,我们从族规家法中还可以看出明清徽州宗族控制手段的层次性及烦琐性。如,明代休宁范氏宗族内部制度设计十分严密,多数家庭制定有家规,各级祠堂制定有自己的祠规,形成"家规—族规(支祠祠规)—统宗之规(统宗祠规)"层级控制的结构特征。与此同时,该族还制定有保墓规条、祭祀规条等各种类型的专项条规。上述各种类型的族规家法,使得该族的族人被置放于一张经过精心严密编织的控制网络之中。

第二节

徽州商帮

徽州商帮,简称徽商,是指明清徽州府所辖的歙县、休宁、婺源、祁门、黟县、绩溪六县以血缘、乡谊为纽带所形成的商人群体。徽商是个地域商帮的概念,是个群体的称号,而非指单个的徽州商人。作为明清时期具有较大影响力的地域商帮之一,徽商研究越来越受到国内外学者的关注。这不仅因为徽商曾在明清时期经济社会发展中发挥过重要作用,而且因为它的形成、发展和兴盛与当时的经济社会发展条件息息相关,通过徽商研究,可以从一个侧面去窥探明清经济社会发展的全貌。

一、明清徽商的形成与发展

(一)徽商形成的时间

徽商形成时间的问题,实质上也就是徽州商帮何时形成的问题。徽人的经商历史固然可以追溯到很早的年代,但徽州作为一个"商贾之乡",其商人作为一个地域商帮,或者说一个商人群体,形成于明代中叶,具体来说是形成于明代的成化、弘治年间。徽商形成的标志主要表现在以下几个方面:

一是徽州从商风习开始形成。万历《歙志·洪文衡序》指出:"长老称说,成(化)弘(治)以前,民间椎朴少文,甘恬退,重土著,勤穑事,敦愿让,崇节俭。而今则家弦户诵,黉缘进取,流寓五方,轻本重末,舞文珉笔,乘坚策肥,世变江河,莫可底止。"此处把明代成化、弘治时期作为歙县风习变化的分界线。成书于弘治初年的《休宁县志》中也有"民鲜力田,而多货殖"的记载。可见,起码在徽州最重要的歙、休两县,成化、弘治之际,民间从商风习已经形成。

二是"徽""商"或"徽""贾"二字已经相连成词,成为表达一个特定群体的概念。明人李绍文的《云间杂识》载:"成化末,有显宦满载归,一老人踵门拜不已。官骇问故。对曰:'松民之财,多被徽商搬去,今赖君返之,敢不称谢。'"万历《嘉定县志》说:南翔镇"往多徽商侨寓,百货填集,甲于他镇,比为无赖吞食,稍稍徙避,而镇遂衰落"。可见,从明中叶开始,至少在江南一些地区,已经把"徽商"视为一个特定的群体来看待了。

三是作为徽商中坚力量的盐商已在两淮盐业中取得优势地位。明初,朝廷为了巩固边防、充实国库,实行"开中法"。这是封建国家与商人之间的一种权(盐的专卖权)、粮(纳粮取引)交换,政府鼓励商人将粮食等物资运到边地,换取盐引(支盐凭证),然后到指定的盐场支盐,再到指定的地区销售。明初,徽商虽有赴边纳粮、办引行盐者,但毕竟受到地理条件的限制,竞争不过山西、陕西商人。弘治五年(1492年),明政府将纳粮开中改为折色开中,商人用现银直接交至盐运司即可领引行盐,免除了商人赴边纳粮之苦,这对徽商乃是"利莫大焉"。折色开中推行之后,徽商便乘地利之便,大批拥向扬州,把持盐利。这时,虽然山、陕商人"间有来贾淮扬者,但苦朋比而无多",徽商遂取代山、陕商而占据了两淮盐业经营中的优势地位。明代的两淮盐利最大,徽商在两淮盐业中取得优势地位后,便迅速扩充了财力,他们或在经营盐业的同时兼营其他商业,或支持其亲友同乡从事各种商业活动。这对徽州商帮的形成与发展具有十分重要的意义。①

(二)徽商发展的表现

作为一个地域商帮,徽商从明中叶形成至清末衰落,其间除明末清初由于战乱一度沉寂外,保持了近四百年辉煌发展的历史,主要表现在以下几个方面:

1.从商人数众多。从明代中叶起,徽州的从商之风逐渐发展,其经商人数之多,为全国其他地区所罕见,从而使徽州成为名副其实的"商贾之乡"。如:歙县

---

① 参见张海鹏、王廷元:《徽商研究》,安徽人民出版社1995年版。

到明中叶已是"业贾者什家而七"①，有些乡村甚至达到了"贾者什九"②的地步；休宁县则"大都以货殖为恒产"③；祁门县也是"服田者十三，贾十七"④；婺源县也因"山多地少，以商为命"⑤。黟县和绩溪县虽然从商风习的形成较上述四县为晚，但入清以后，外出经商亦很普遍。以至于后来胡适认为绩溪人的移徙经商构成了绩溪疆界以外的"大绩溪"，"若无那大绩溪，小绩溪早已不成局面"。他建议新修县志"应列'大绩溪'一门，由各都画出路线，可看各都移殖的方向及其经营之种类"⑥。

2.活动范围广阔。如果说宋元时期，徽州商人主要从事的是与邻近区域间的贸易，其目的是为了"转他郡粟给老幼"，那么明清时期可就大不相同了。这一时期，徽商已大步跨入全国大市场，经营的目的是为了获取商业利润。此时的徽商"虽滇、黔、闽、粤、秦、燕、晋、豫，贸迁无不至焉。淮、浙、楚、汉，又其迹焉者矣"⑦；"甚则逊而边陲，险而海岛，足迹几遍禹内"⑧。他们或沿运河北上，奔走于华北各地，或沿长江一线，往来于川楚吴越之间，或经赣江，越大庾岭，入广东，或扬帆海上，贸贩于沿海各地，甚至海外诸国。不但南北二京及各省都会是徽商辏集之地，而且"山陬海埂，孤村僻壤"也不乏他们的身影。故时有"钻天洞庭（商）遍地徽（商）"⑨之谚。

3.经营行业广泛。明中叶以前，徽人经营的主要行业是山区的竹木、土特产品和所需的食粮，明中叶以后则是"其货无所不居"，"猗顿之盐，乌倮之畜，竹木之饶，珠玑、犀象、玳瑁、果布之珍，下至卖浆贩脂之业……多新安人也"⑩。从经商人数和资本数量看，则"徽郡商业，盐、茶、木、质铺四者为大宗"⑪，其次为粮

---

① 汪道昆：《太函集》卷十六《宛山汪长公六十寿序》，黄山书社 2004 年版。
② 歙县《溪南江氏族谱·赠安人江母郑氏行状》。
③ 万历《休宁县志》卷一《舆地志·风俗》。
④ 万历《祁门县志》卷四《风俗》。
⑤ 民国《重修婺源县志》卷四《风俗》。
⑥ 《绩溪县志馆第一次报告书》，民国铅印本。
⑦ 民国《歙县志》卷一《风土》。
⑧ 康熙《休宁县志》卷一《风俗》。
⑨ 《古今奇闻》卷三。
⑩ 归有光：《震川先生集》卷十三《白庵程翁八十寿序》。
⑪ 陈去病：《五石脂》。

食、棉布、丝绸、纸墨、瓷器等，还有远到辽阳贩卖人参、貂皮，到两广贩卖珠玑、古玩的。随着人们对文化的需求日益提高，徽商中还有不少人从事刻书业，成为活跃在文化市场上的书商。①

4.商业资本雄厚。明人谢肇淛在《五杂俎》中说："新安大贾，鱼盐为业，藏镪有至百万者，其他二三十万，则中贾耳。"这指的是明代中叶的情况。清人李澄在《淮鹾备要》中说：到清中叶，"淮商资本之充实者，以千万计，其次亦以数百万计"。其资本比明中叶增加了十倍。清嘉庆道光时人汪喜孙说："向来山西、徽歙富人之商于淮者百数十户，蓄资以七八千万。"②而清朝最盛的乾隆年间，最多的年份国库存银也只有七千余万两，中央政府一年的财政收入不过四千余万两。所以，民国《歙县志》说："彼时盐业集中淮扬，全国金融几可操纵。"③也难怪乾隆皇帝曾感叹说："盐商之财力伟哉！""富哉商乎，朕不及矣！"

明代中叶，徽州商帮中就已出现了一大批手握巨资的富商大贾，其中"藏镪有至百万者"，至清朝乾隆年间，竟有富至"以千万计"的大商人出现。其资本增值的速度之快、数额之多，都是我国历史上所罕有的。徽商的资本主要都是在商业活动中积累起来的，他们或从事长途商品贩运活动，从商品的地区差价中获取厚利，或从事商品囤积活动，从商品的季节差价中获取厚利，或在封建政治势力的支持下，经营盐业垄断贸易，利用垄断价格获取厚利。他们还善于利用贷资经营、合资经营以及委托经营的方式，把他们的资本组合起来，形成规模庞大的资本集团。④

5.会馆普遍建立。明代嘉靖、万历年间，徽人虽在北京先后建立了歙县会馆和休宁会馆，但二者都是"专为公车及应试京兆而设"⑤，并不许商人使用。入清以后，全国大小商业城镇几乎都有徽州会馆的设立，其中绝大部分都是由徽商捐资并发起建立的，它们也是徽商的活动中心。南京上新河、江苏如皋、杭州

---

① 参见王世华：《富甲一方的徽商》，浙江人民出版社1997年版，第58页。
② 汪喜孙：《从政录》卷二。
③ 民国《歙县志》卷一《舆地志·风土》。
④ 参见张海鹏、王廷元：《徽商研究》，安徽人民出版社1995年版，第17页。
⑤ 道光《重续歙县会馆录·续录后集》。

候潮门外、杭州南关、江西景德镇、陕西西安等地徽人所建会馆、公所则径称作"徽商公馆"或"徽商公所",表明徽商在其中占有支配地位。有的会馆,如汉口的徽州会馆又称紫阳书院或新安书院,不仅规模宏大,而且附设有新安码头、义学讲堂等以供徽商货运及培养子弟读书之用。会馆作为联乡谊、谋事务、办慈善的公益性社会组织,它的广泛设立,对于加强徽州商帮的凝聚力发挥着十分重要的作用。[①]

二、徽商形成与发展的原因

(一)徽商形成与发展原因的认识过程

对徽商形成与发展原因的认识,有一个逐步加深的过程。

明清徽州的方志,以及其他相关文献,都是把地狭人稠、生计所迫看成徽人经商的唯一原因或根本原因。嘉靖《徽州府志》卷二《风俗》云:"徽之山大抵居十之五,民鲜田畴,以货殖为恒产。"万历《歙志》卷十《货殖》云:"今邑之人众几于汉一大郡,所产谷粟不能供百分之一,安得不出而糊其口于四方也……人人皆欲有生,人人不可无贾矣。"康熙《徽州府志·风俗》、道光《徽州府志·风俗》和明清徽州其他县的县志亦有相同的记述。明人归有光说:"歙山郡,地狭薄不足以食,以故多贾。"[②]明人唐顺之说:"新安土硗狭,田蓄少,人庶仰贾而食,即阀阅家不惮为贾。"[③]甚至民国八年(1919 年),吴日法在《徽商便览·缘起》中亦云:"吾徽居万山环绕中,川谷崎岖,峰峦掩映,山多而地少……以人口孳乳故,徽地所产之食料,不足供徽地所居之人口,于是经商之事业以起……夫商人离其世守之庐墓,别其亲爱之家庭,奔走四方,靡有定处者,乃因生计所迫。"[④]

20 世纪 40 年代后,学者们又开始从"社会的因素"来探寻徽商形成与发展的原因。正如傅衣凌先生所说的:"我们固然承认'人多地少'是徽州多商贾的

---

① 参见张海鹏、王廷元:《徽商研究》,安徽人民出版社 1995 年版,第 14 页。
② 归有光:《震川先生集》卷十八《例授昭勇将军成山指挥使李君墓志铭》,四部丛刊本。
③ 唐顺之:《唐荆川文集》卷十五《程少君行状》,四部丛刊本。
④ 张海鹏、王廷元:《明清徽商资料选编》,黄山书社 1985 年版,第 7 页。

一个理由,但不把它作为唯一的原因,基本的应认为属于社会的因素。"①这"社会的因素",根据学者们的分析,大致可以归纳为如下数端:其一,徽人经商具有地理优势,"从地理上看,徽州适处东南经济要区的苏浙的中心,交通便利";其二,"徽州地区物产丰富,尤其是土特产很多,所以可以与各地以通有无,这就提供了商业资本活动的物质前提";其三,徽州人有从商的经验;其四,与明中叶的盐法变革有关;其五,官商结合。

20 世纪 80 年代后,有些学者又从文化和观念的角度来分析徽商形成与发展的原因。唐力行先生认为:"徽商的兴起得力宗族势力。徽商在竞争中的进一步发展,更离不开宗族势力的支持。"②王廷元先生认为,徽商恪守儒家的义利观,而儒家的义利观,"它对于封建性的徽州商帮的发展,确曾起到过明显的积极作用","首先表现在它提高了徽商的信誉,使他们能在竞争中取得有利地位……其次儒家义利观,巩固了徽商内部的团结,有利于徽州商帮的发展……第三,儒家的义利观促进了徽商与封建势力的结合"③。栾成显先生认为:"富有特色的徽州文化所形成的具有优势的人力资本,是徽商兴起和成功的一个重要原因,在徽商崛起的过程中起了重要作用。"④

(二) 徽商形成与发展的原因分析

的确,徽商兴起与发展的原因是多层次的、多维度的、多样化的,究其一点而不及其余都是片面的、不科学的。我们认为,徽商的兴起与发展是自然地理因素、社会经济因素和文化心理因素综合作用的结果。

自然地理因素,举其要者有二:其一,人地矛盾的加剧是徽人从商的直接动因。由于人地矛盾的加剧,于是,经营商业力图向外发展就成了徽州人求得生存与发展的最重要的选择。其二,优越的地理位置为徽人从商提供了便利。徽

---

① 傅衣凌:《明代徽商考——中国商业资本集团史初稿之一》,载《福建省研究院研究汇报》1947 年 6 月第 2 期;后收入傅衣凌《明清时代商人及商业资本》中,改名为《明代徽州商人》,见《江淮论坛》编辑部:《徽商研究论文集》,安徽人民出版社 1985 年版,第 8 页。
② 唐力行:《论徽商与封建宗族势力》,载《历史研究》1986 年第 2 期。
③ 王廷元:《论徽州商人的义利观》,载《安徽师范大学学报》1998 年第 4 期。
④ 栾成显:《经济与文化互动——徽商兴衰的一个重要启示》,载《安徽师范大学学报》2005 年第 4 期。

州毗邻的苏南、浙东、赣北和皖南皆为经济发达之区。崇山峻岭挡住了徽人对外的陆路交通,但境内众多的水系,如新安江水系、阊江水系、乐安江水系、水阳江水系、青弋江水系等,皆可通舟楫,这为徽人与外界的联系提供了方便。从宋代起,通过水路,徽州以其土特产、手工艺品同邻近的浙江、江西、江南地区交换粮食的贸易往来就已经十分频繁。

社会经济因素,举其要者有三:一是明中叶以后社会分工的进一步扩大、江南商品经济的发展以及赋役折色制度的推行,为徽人经商提供了极好的社会条件。二是明中后期的盐法变革成为徽商发展的加速剂。张海鹏先生认为,明中后期,"徽州商人两批拥进两淮,都与封建国家的政治形势和盐法变革有密切的关系"。弘治五年(1492年),户部尚书叶淇将"纳粮开中"改为"折色开中",于是徽商利用地利优势,成批地进入扬州、仪征、淮安等地从事盐业经营;万历四十五年(1617年),户部尚书李汝华,盐政大臣袁世振、龙遇奇等又率先在两淮实行"纲运制",即将原来分散运盐的运商组成商纲,结纲行运,"纲运制的实施,又一次吸引了众多的商人聚集于两淮这个全国最大的盐场,尤其是徽州商人"①。"折色开中"的推行和"纲运制"的实施,不仅使徽商占据了两淮盐业经营中的优势,而且获得了垄断两淮盐业运销的世袭特权,从而导致徽商"雄飞中国商界"。三是明中叶后,徽州"科名最盛",一大批徽州士子通过科举考试进入朝廷,他们成为徽商的政治代言和利益保护伞。

文化心理因素,举其要者亦有三:一是改造传统价值观,消除徽人从商的心理压力和思想障碍。明中叶后,徽人开始对士(儒)贵商贱、农本商末的传统价值取向进行改造,宣传"贾不负儒""士商异术而同志",以及"士农工商,皆为本业"的新的价值观。新的价值观的宣传和接受,减轻了徽人从商的心理压力。这是明清徽州商业社会形成的思想基础。二是充分利用血缘和地缘关系,形成商帮内部极强的向心力和凝聚力。徽人经商往往是父子兄弟、亲戚知交结伴而行,或者是同宗同族、同乡同邑合伙经营,并在经营地建会馆、公所作为"互通声

---

① 张海鹏、王廷元:《徽商研究》,安徽人民出版社1995年版,第159—162页。

气""互帮互助"之所,形成了颇为明显的行业血缘化和行业地缘化的特点。这是徽州商业社会形成的组织基础。三是徽商具有"贾而好儒"的特色。绝大多数徽商在经营活动中都能恪守儒家的诚、信、义、仁的道德规范,在社会活动中热心公益和慈善,弘扬道义、勇于担当,从而使徽商赢得了知名度和信誉度,为其发展提供了有利的社会氛围。这是徽州商业社会形成的道德基础。

三、徽商研究的价值和意义

(一)徽商研究具有重要的学术价值

徽商是明清商界的一支劲旅,他们人数之众、资本之雄、活动范围之广、经营行业之多都居当时全国各大商帮之首。徽商的形成、发展、兴盛,既有明清社会发展的大背景,同时也得益于徽州区域社会的小环境,既是社会客观条件的促成,亦是自身主观努力的结果。徽商的形成与发展,从深层次来看,不仅仅是经济现象,同时也是一种政治和文化现象。因此,无论从明清经济史、政治史还是文化史的角度,研究徽商都具有重要的学术价值。[①] 同时,通过对徽商兴衰的探讨,还可以加深我们对中国传统社会长期延续、中国近代化缓慢发展的原因的认识。

(二)徽商研究是徽文化研究的基础

徽州文化,其内容十分丰富,其内涵博大精深。如此丰富而又博大精深的徽州文化是如何形成发展的? 究其原因自然有很多,但是有一点是最为重要的,这就是徽州商帮是徽州文化发展的"酵母"。[②] 因为徽商创造了大量财富,从而为酿造高品位的文化提供了雄厚的经济基础。特别是徽商非常重视并积极资助文教事业,重视人才培养,从而使徽州涌现出一大批饱学之士,他们在各不相同的文化领域,志同道合,施展才华,守成创新,形成特色。所以,没有徽商,就没有璀璨夺目的徽州文化,没有徽商研究,就没有徽州文化研究的深入

---

① 参见张海鹏:《徽商研究十五年》,见《安徽师范大学建校七十周年论文集》A 辑,安徽人民出版社 1998 年版,第 92 页。
② 参见张海鹏、王廷元:《明清徽商资料选编·前言》,黄山书社 1985 年版。

发展。

(三)徽商研究具有重要的现实意义

学术研究只有为现实服务才具有生命力。徽商的"贸迁有无"、扩展市镇、繁荣都市、"兴利补弊",对传统社会后期商品经济的发展和近代市场的产生均起到了一定的积极作用。徽商那不辞辛劳、不惧艰险、勇往直前的"徽骆驼"精神,徽商所遵循的"以诚待人""以信接物""以义为利""仁心为质"的商业道德,徽商"贾而好儒"、捐资助学、振兴文教、赈灾济困、扶危救难的儒雅风范和担当情怀,徽商在长期的经商实践中所总结出的一套行之有效的经营之道和经营谋略等,是留给我们十分宝贵的精神财富。这些对当前我国社会主义市场经济体系的发展和完善都具有借鉴意义。①

四、徽商的衰落及其近代转型

(一)传统徽商的衰落

徽商的衰落,是指以盐商为中坚力量,以盐、典、茶、木以及粮、布、丝、瓷等为主业,以徽州地域为中心所形成的传统的徽州商帮的衰落。"徽州商帮在经历了漫长的辉煌岁月之后,到了清代道(光)、咸(丰)之际,由于封建政治制度和经济体制呈现百孔千疮,再加上外国资本主义的侵入,国内市场逐渐发生变化,因之,徽州商帮和其他一些商帮一样随之江河日下而逐渐衰落了。"②

清道光十二年(1832年),清政府根据两江总督兼管两淮盐政陶澍的建议,进行盐法变革——"改纲为票",即将原先在两淮盐区实行的"纲运制"改为"票运制"。明万历年间推行的"纲运制",是将原来分散运盐的运商编入纲册,按一定的资本量结纲运行,凡编入纲册的盐商皆拥有运销两淮食盐的世袭特权,而未编入纲册的商人不得进行食盐的运销。纲运制下,徽州盐商通过乡族关系结成纲帮运销食盐,从而控制了两淮行盐区食盐的产、购、销,并由此获得了高额

① 参见张海鹏:《徽商研究十五年》,见《安徽师范大学建校七十周年论文集》A 辑,安徽人民出版社 1998 年版,第 92 页。
② 张海鹏:《〈近代商人〉序》,黄山书社 1996 年版。

的垄断利润。"票运制"则是打破垄断,实行"招贩行票,在局纳课,买盐领票,直运赴岸,较商运简捷。不论资本多寡,皆可量力运行,去来自便"①。也就是说,任何商人只需向盐政所设之局纳税领票,而不问资本大小,便可取得购销食盐的合法权利。这一变革,使徽商在纲运制下所取得的垄断两淮盐业运销的世袭特权宣告结束,徽州盐商因而"一败涂地"。盐商向来是徽州商帮的中坚力量,盐商的失势动摇了徽州商帮的根基。

祸不单行,继道光盐法变革后,咸丰年间的兵燹又给了徽商以致命的一击。长江中下游地区是徽商活动的主要舞台,这时却成为太平军和清军的主战场。战争使长江运道受阻,社会秩序混乱,贸易无法开展,许多徽商不得不关门歇业,撤资返乡。然而,素有"兵戈所不能害"的徽州,此时也成了太平军与清军激烈争夺的地带,曾国藩的湘军借"清剿"太平军之机,在徽州"纵兵大掠",加上乡勇、团练和部分太平军也参与抢掠搜括,致使徽州"全郡窖藏为之一空"。战争还使徽商及其子弟多死于战火,"男丁百无一二,有妇人随人,不计一钱而任人选择者"②。曾国藩自己也承认:"皖南及江宁各属,市人肉以相食,或数十里野无耕种,村无炊烟。"③这对徽商来说,不啻灭顶之灾。

与此同时,西方列强的入侵也加速了徽商衰落的进程。由于洋纱、洋布、洋颜料以及南洋木材的进口日增,使徽州布商、木商的生意大受影响。钱庄、银行业的兴起,又使徽州典商丧失了在金融业中的原有地位。徽州茶商到光绪年间也因洋商乘机操纵市场压价收购而导致"连年折阅",形成"十商九困"的局面。至光绪中叶,作为显赫一时的封建性商帮,徽商最终是"无可奈何花落去"了。

(二)徽商的近代转型

"虽然徽商作为一个封建性商帮……在清光绪中叶以后已经彻底衰落,但有一部分徽商跟上了时代而发展了商业资本。从民国初年直至解放前,在江南各大城市中,徽籍商人仍然很活跃。……徽州籍的商人在各地的经济生活中,

---

① 陶澍:《会同钦差覆奏体察淮北票盐情形折子》,见《陶文毅公全集》卷十四。
② 陈去病:《五石脂》。
③ 曾国藩:《曾文正公奏稿》卷二十四。

仍是一支不可忽视的力量，有的竟成为民族资产阶级中的成员。"①

其一，近代徽州的出贾之风依然很盛，经营传统行业的徽商依然很多。近代徽商在盐业、木业、典业、茶业、布业、漆业、百货业、餐馆业等诸多传统行业中仍有相当大的影响，产生了一批著名的商人和商号，人们习惯上仍然以"徽帮"称之。正如近人刘锦藻所说："（徽州）地濒新安江之上，又当黄山之阴，田谷稀少，不敷事畜，于是相率服贾四方。凡店铺、钱庄、茶、漆、菜馆等业，皆名之曰'徽帮'，敦尚信义，有声商市。"②但近代徽商"已不是以地域为中心在一起计议结合，相互帮助，而是按行业结成公会借以维护商业中的竞争，于是同行业的商人公所或公会，便代替了原来的同地域的会馆"③。因此，近代徽商这种行业性的"结帮"与明清徽商按地域"结帮"，其性质已经不同了，地缘关系的日渐淡化、业缘关系的逐渐增强，反映出徽商传统行业的近代发展趋势。

其二，近代徽商中，已经有不少人的经营活动与"洋"字结缘。"有与'洋商'做买卖的，有与'洋行'打交道的，有专以经营'洋货'为业的，在上海的'十里洋场'竟有他们的一席之地。"④民国时期，控制上海百货业的八九家百货店中，有"恒兴"等三四家为徽商所开。近代徽商买办也不断出现，如：徽州歙县人吴翥，"业丝商于上海，兼充英怡和公司买办，中外商人咸倚重焉"⑤；民国十三年（1924年），德商在沪成立德孚洋行，统筹经营所有在华颜料业务，祖籍歙县昌溪周邦头的周宗良被聘为总买办，周宗良也因此被商界誉为"颜料大王"；婺源人吴懋鼎、绩溪人胡寄梅、绩溪人胡二梅等都曾担任过外国洋行、外国银行的买办。

其三，近代徽商已有不少人将商业资本投向产业、金融业和房地产业。"如吴兴周在芜湖创办明远电厂，吴迈凡在寿昌创办竞兴电气公司，金慰农在休宁创办煤矿股份公司，程君瑞修建皖南第一条公路以及朱晋侯开设近代银行，程

---

① 张海鹏、王廷元：《徽商研究》，安徽人民出版社1995年版，第663—664页。
② 刘锦藻：《清朝续文献通考》卷三百一十三《舆地考九》。
③ 张海鹏：《〈近代商人〉序》，黄山书社1996年版。
④ 张海鹏：《〈近代商人〉序》，黄山书社1996年版。
⑤ 民国《歙县四志》卷七《人物志·尚义》。

谨轩、程霖生父子经营房地产等,这都是徽帮史上所没有的。"①

第 三 节
徽州教育

  徽州原是山越人的栖息之地,唐代以前,徽州土居山越人"武劲之风"较盛,而文明程度不高。唐末黄巢之乱,不少中原世族为逃避战乱迁到徽州,"后或去或留,俗益向文雅"。宋朝建立后,特别是宋室南渡以后,迁到徽州的中原世族更多,至此徽州的"客户"超过"土居"。"客户"所带来的中原先进文化,使徽州地区的文明程度迅速提高,正如方志所说:"自文学盛于东南,新安比之邹鲁,博雅之儒,彬彬如也。"从此,徽州"文风昌盛""名臣辈出",开始跻身于中国文化教育发达的区域行列。明清时期,依赖徽商雄厚财力的资助、凭借强大宗族势力的高度重视,徽州文化教育空前繁荣,被誉为"江左望郡",成为与苏州、杭州比肩而立的"人文渊薮"。

一、徽州传统教育的发达

  徽州是中国传统教育极为发达的地区之一。宋元以来,特别是明清时期,除府学、县学之外,这里书院林立,塾学、义学遍布城乡各地,形成了"自井邑田野,以至远山深谷、民居之处,莫不有学、有师、有书史之藏"②的教育高度繁荣的局面。

———————————

① 张海鹏:《〈近代商人〉序》,黄山书社 1996 年版。
② 赵汸:《东山存稿》卷四《商山书院学田记》。

(一)徽州的官学教育

古代的官学,又称儒学,是指由政府直接举办和管辖的学校,有中央官学和地方官学之分。一般说来,"宋初无官办的州县学校",直到范仲淹庆历兴学,始"诏州县立学"。然而,自宋初起,徽州即有官办学校的设置。据方志载:宋初,徽州州学"在城东北隅";太平兴国三年(978年),知州事苏德祥迁州学于"罗城东门内街乌聊山上";南宋绍兴年间,徽州州学,"雄丽愈于他郡"。除州(路)学外,徽州六县县学亦相继设立。宋元时期,徽属各县县学讲堂、殿宇、斋舍、亭阁、庖廪皆备,并有藏书,置有学田。

明清时期,徽州的府学和各县县学基本保持着稳定繁荣的局面。因代有重修、扩建之举,明清时期的徽州官学虽也间有"势见堕落"之时,但大部分时候都是保持着"美奂美轮、壮伟闳丽"之态。明清时期,徽州官学皆建有尊经阁,藏御纂或钦定的经书、史籍、典章,以为教学和学习的法定教材,徽州官学的学官设置、生徒名额,以及日常管理等一依朝廷规式。

(二)徽州的书院教育

书院是中国传统社会特有的教育组织形式,由私人聚众讲学发展而来。它形成于唐、五代,发展于宋、元,兴盛于明、清,前后存在了一千多年。书院数量的多少成为衡量宋代以后区域教育发展程度和学术发展水平的重要标志之一。

宋元时期,徽州的书院已经很发达。据笔者不完全统计,这一时期,徽州共有书院(包括精舍、书堂等)42所,其中宋代所建者18所、元代所建者24所(不包括对宋代书院的重建)。而全国新建书院总数,据白新良在其所著的《中国古代书院发展史》中统计,宋代约为400所、元代约为282所。徽州书院数量在宋代约占全国总数的4.5%、在元代约占全国新建书院总数的8.5%,显然处于全国领先地位。从目前拥有的资料来看,徽州最早的书院是北宋景德四年(1007年)绩溪人胡忠在龙井建立的桂枝书院。徽州书院的发展和兴盛则是在朱熹于南宋淳熙三年(1176年)第二次回故乡婺源省墓,并讲学于乡里之后。宋元时期,徽州代表性的书院有:徽州州属紫阳书院,歙县的西畴书院、师山书院、枫林书院,休宁的西山书院、竹洲书院、商山书院,婺源的晦庵书院、明经书院,黟县的集成书院,祁门的竹溪书院,绩溪的翚阳书院,等等。①

明清时期,徽州的书院教育更加发达。民国《重修婺源县志》卷二十三《人物志·学林传赞》说:"闻诸故老,婺在昔四郊书院常相望,乡先正集徒讲学声相闻。"其实,不只婺源一县如此,徽属其他各县亦然,故康熙《徽州府志·凡例》云:"新安讲学书院,较他郡为多。"书院的发达,成为明清徽州区域教育发展中的一道亮丽的风景线。明清时期,徽州共存在书院约 93 所,其中徽州府属 2 所、歙县 19 所、休宁县 9 所、婺源县 34 所、祁门县 13 所、黟县 8 所、绩溪县 8 所。代表性的书院有:徽州府属的紫阳书院、古紫阳书院,歙县的问政书院、师山书院、斗山书院,休宁的还古书院、海阳书院,婺源的紫阳书院、明经书院、福山书院,祁门的东山书院,黟县的碧阳书院和绩溪的颍滨书院,等等。

(三)徽州的蒙学教育

古代教育有"大学"和"小学"之别。一般来说,府(州)、县官学和书院属"大学"教育,而蒙学属"小学"教育。

与官学和书院的发达相适应,宋元时期徽州的蒙学教育亦很繁荣,民间子弟就学者众多。元初,休宁名儒陈栎在《定宇集·杂识》中记述其所居的陈村情况时就曾写道:

> 闻之方陈氏人物盛时,村无二姓,合族税钱以贯计者一千三百有奇。读书者比屋,各家之老遇风月良夜,杯酒相叙。饮罢,步街上听子弟弦诵声,自村首至尾,声东西相震,以是快惬为乐事。每岁秋赋,终场可读之卷几七十。②

如果陈村的情况具有代表性,那么宋元时期徽州地区蒙学教育的繁荣程度是非常惊人的。宋元时期,徽州地区虽然有官办小学的设置,但初等教育的实施仍主要依靠民间的力量。这一时期,徽州地区出现了一系列私人创办的蒙学教育机构,如家学、塾馆、塾学、家塾、义学、义塾等。③

---

① 参见李琳琦:《徽州教育》,安徽人民出版社 2005 年版,第 13—18 页。
② 陈栎:《定宇集》卷十五《杂识》,清文渊阁四库全书本。
③ 参见李琳琦:《徽州教育》,安徽人民出版社 2005 年版,第 18—26 页。

明清徽州人对蒙学教育特别重视。明中叶后，随着社学的衰落，徽州民间自主兴办的家塾、族塾、义学、义塾等蒙养教育机构蓬勃发展。清朝建立后，统治者虽然屡屡下令恢复明朝的社学之制，并要求地方政府"量给廪饩养赡"，但由于地方政府财力所限，社学系统始终未能恢复到明初的规模。于是，义学、塾学正式取代社学而成为蒙养教育的主体。明清时期，徽州的义学、塾学高度发达，所谓"十家之村，不废诵读""比户习弦歌""户诵家弦"，等等，都反映了这一点。①

二、徽州传统教育发达的原因

宋元以来，徽州传统教育的发达，无疑是多种因素综合作用的结果。这既与徽州崇儒重教的文化传统有关，更与徽商的财力支持、宗族的组织保证和名儒硕士热心教书育人等因素紧密相关。

第一，徽州崇儒重教的文化传统为徽州教育的发展提供了深厚的思想基础。从汉代起直至元代，外地名族从全国各地，特别是从北方各省不断迁入徽州定居。这些迁徽的大族，不是出于显宦之第，就是出于儒学世家，他们深知"一族之中，文教大兴，便是兴旺气象"，"子孙才，族将大"，于是继承了其宗族"崇儒尚教的优良传统，特别重视文化教育，走读书仕进、科甲起家之路……由于世家大族的影响，随之也带来了徽州整个地区文化教育的繁荣兴盛"。② 南宋以后，随着程朱理学被捧为官方哲学，朱熹思想在徽州的影响不断加深，徽州这种崇儒重教的传统也在随之不断地加强。

第二，徽商为徽州教育的发展提供了厚实的经济基础。经济是教育，尤其是形式化教育存在和发展的基础，离开了经济的支持，教育的发展只能是空中楼阁。"贾而好儒"的徽商，对家乡子弟的教育和培养可谓情有独钟，他们凭借其财力的优势，殚思极虑，多方位、多层次地资助和发展教育事业，徽州各级各

---

① 参见李琳琦：《徽州教育》，安徽人民出版社 2005 年版，第 100—105 页。
② 栾成显：《元末明初祁门谢氏家族及其遗存文书》，见周绍泉、赵华富：《'95 国际徽学学术讨论会论文集》，安徽大学出版社 1997 年版，第 48 页。

类教育机构的创立和维护,无不和徽商结下了不解之缘。所以,张海鹏先生说:"在徽州,是教育造就了一支'儒商',而这支'儒商'在'家业隆起'之后,又以他们的巨额利润反过来资助教育、发展教育……可以说,没有徽商便没有发达的徽州教育,更没有那斑斓璀璨的徽州文化。"①

第三,宗族为徽州教育的发展提供了坚强的组织保证。徽州是中国传统社会后期宗族制度最为稳固的地区之一,并"堪称正统宗族制度传承的典型"。这些具有深厚的传统文化渊源的徽州宗族深知,宗族要发展壮大、强盛不衰,要想在社会上享有威望,光靠经济的力量是不够的,更重要的是确立宗族在政治上和学术上的地位。而要确立宗族的政治和学术地位,保持科名不绝,只有通过发展儒学教育才能够实现。所以,徽州的强宗巨族都有强烈的教育追求,许多宗族都将创设教育机构、"悉力扶植"族内子弟业儒、注意挑选那些所谓"器宇不凡"的族内子弟着力加以培养作为宗族内的重大事务,并将其作为宗族规范书之于族规家训之中,张贴于祠堂祖屋之上,让其子孙时刻谨记、世世遵守。徽州的各级各类传统教育机构,有不少就是由宗族主持创办、由宗族来组织管理的。

第四,一大批名儒硕士热衷于教育事业为徽州教育的发展提供了质量保证。徽州有一大批名儒硕士,如宋元时期的程大昌、吴儆、程逢午、胡一桂、胡炳文、陈栎、倪士毅、郑玉、赵汸,明清时期的朱升、汪佑、吴曰慎、施璜、戴震、程瑶田、凌廷堪等,他们除著书立说外,不是讲学书院,就是潜心训蒙事业,许多人甚至在书院或蒙养教育的岗位上"终其一生"。这批名儒硕士,还在教材和讲义的编写、教学方法的改进、教学内容的选择等方面积极探索、不断创新,积累起丰富的教学经验,形成了颇具特色的教育思想,从而保证了徽州教育发展过程中的较高质量。

三、徽州传统教育发达的历史作用

发达的徽州教育,不仅为封建国家培养了一大批治国安邦的"人才",而且

---

① 张海鹏:《〈徽商与明清徽州地区教育发展〉序》,载《安徽师范大学学报》2001 年第 1 期。

对提高徽州人的文化素质、形成斑斓璀璨的徽州文化，以及对促进徽州商业的发展都起到了巨大的积极作用。

其一，为徽州培养了大量的科举仕宦。宋代以来，徽州发达的传统教育为徽州社会培养出两千多名进士和数不清的各级各类官宦，他们既是徽州教育的受益者，同时又是徽州对外影响的一张张亮丽的"名片"。

宋代是我国科举制度的发展和完备时期，科举考试已成为朝廷选官的最主要的途径。科举有赖于教育，这是徽州教育至宋代得到迅速发展的重要原因之一。笔者根据道光《徽州府志》卷九《选举志·科目》的记载，对宋代徽州中进士者人数进行了统计，得出北宋有 247 名进士、南宋有 536 名进士。教育的发展以及进士及第人数的众多，使徽州"宋兴则名臣辈出"。《新安文献志》卷首就记录有两宋时期徽州 141 位先贤事略，他们就是这一时期徽州"名臣"中的典型代表。这些人中，以"风节"闻的有歙县的程珌、吕午、程元岳，休宁的洪中孚，婺源的汪大猷等，以"气节"显的有休宁的凌唐佐、金安节，婺源的胡次焱等，以"文章"名的有歙县的张秉、聂冠卿、罗愿，婺源的汪藻，黟县的程叔达，休宁的吴儆等，以"学问"著的有婺源的汪应辰、胡一桂，休宁的程大昌等，以"治绩"称的有歙县的程师孟，婺源的王汝舟，休宁的朱晞颜，黟县的汪纲等。这些或以风节、气节，或以学问、文章，或以治绩著称于时的徽州名臣，无疑是徽州文化教育孕育和培养的产物，但是同时他们无疑又是徽州的文化教育传统得以继续发扬光大的重要力量。

明清时期，随着徽州教育的繁荣，其进士和仕宦人数更多。笔者根据徽州各县县志进行了粗略的统计（包括部分占籍或寄籍外地中式的徽州士子），得出明代徽州中文进士者计有 452 人、武进士有 56 人，清代徽州中文进士者计有 684 人、武进士有 111 人。徽州明清文进士数占全国的 2.2%，其中明代占全国的 1.82%、清代占全国的 2.55%。① 由于"科名最盛"，明清徽州"官居上爵，代不乏人"。以歙县为例，据北京歙县会馆捐册名单记载，明嘉靖以后，歙县居高官

---

① 参见李琳琦：《徽州教育》，安徽人民出版社 2005 年版，第 159—160 页。

要职者即有大学士 1 人、尚书 1 人、侍郎 9 人、寺卿 5 人、给事中 4 人、检讨编修 2 人、巡抚 5 人、巡按御使 6 人、廉史 4 人、知府 3 人、督学 1 人，"余不及录。一时人文之盛，已可想见。其时如学士唐皋、都宪江东之、尚书殷正茂未列名，益未与其事也"。此外，"其同时以进士官部曹及守令者约三十人，尚未及录"。清代，歙县本籍和寄籍官京朝者，即有大学士 4 人、尚书 7 人、侍郎 21 人、都察院都御史 7 人、内阁学士 15 人。其在京师各部曹及地方各级政府任职的更是不计其数。据 1993 年出版的新修《婺源县志》统计，明清两代，婺源县位居七品以上的官员就有 831 人，其中明代 505 人、清代 326 人。整个徽州，明清时期仕宦人数之多可想而知。①

其二，促进了徽州人整体文化素质的提高。学者们将明清时代的教育划分为精英教育和大众教育两个层次。把以科举为目标的教育称为精英教育，而把追求实用的识字教育称为大众教育。据李伯重先生估计，清代中国的识字率，男子为 30%~45%，女子则为 2%~10%。江南地区是全国的人文渊薮，其识字率应在估计数的上线，即男子为 45%、女子为 10% 左右。而作为江南人文渊薮的徽州，其男女识字率，或者说大众教育的普及率，可能要远远高于江南地区的平均数。如果说大众"教育的目标并非考科举，而是从事工商业活动"，换句话说，如果我们承认经商必须具备基本的读写能力，那么明清徽州地区男子的识字率应在 70%~80%。② 徽州的女子从小也要接受识字、书写及妇德方面的教育，其识字率也比其他地区为高。

至于徽州的精英教育，其普及率我们虽然无法估计，但接受精英教育的人数之多是可以肯定的。据记载，到南宋初年，仅休宁一县，每次应乡贡者"常过八百人"，而整个徽州"毋虑二千人云"。明嘉靖时，休宁县"即就试有司，动至数千人。其有怀才而登别籍，或怀赀而登成均。至占籍者，国黟于乡；起家者，客埒于主"。清康熙时，"休宁之学特盛，岁大比与贡者至千人"。就连在徽州地

---

① 参见李琳琦：《徽州教育》，安徽人民出版社 2005 年版，第 166—167 页。
② 因为明清时期，徽州男子从商的人数在 70%~80%。如明王世贞所说"大抵徽俗，人十三在邑，十七在天下"（《弇州山人四部稿》卷六十一《赠程君五十叙》），明汪道昆说道，"新都业贾者十七八"（《太函集》卷十六《阜成篇》），有些乡村甚至达到了"贾者十九"（歙县《竦塘黄氏宗谱》卷五）的地步。

区经济文化相对比较落后的黟县,清初也是"应童试者且千人"。

大众教育和精英教育的普及,大大提高了明清徽州人的整体文化素质,使徽州文风之盛甲于天下,著述之多在全国亦名列前茅。在徽州地区,不仅男子能文,风雅之习也传入闺房之内,许多徽州妇女能诗擅画,学识不让须眉。①

其三,形成了斑斓璀璨的徽州文化。如果说,徽商为徽州社会文化的繁荣、发展提供了厚实的经济基础,那么徽州教育就为徽州社会文化的繁荣、发展提供了丰富的智力资源和连绵不绝的文化传承。宋代以来,徽州传统教育为徽州社会培养出两千多名进士和数不清的各类人才,使徽州的学术、绘画、书法、篆刻、医学、戏剧、建筑等都极为繁盛,从而形成了新安理学、徽派朴学、新安医学、新安画派、新安篆刻、徽州版画、徽剧、徽州建筑等斑斓璀璨的徽州文化。②

其四,促进了徽州商业的发展。发达的明清徽州教育对徽州商业的发展也是有益的。首先,徽州教育培养出来的一大批仕宦在某种程度上成了徽商在朝廷中的代言人和政治保护伞。他们对"凡有关乡闾桑梓者,无不图谋筹画,务获万全",在施政和议事中竭力保护徽商利益,充当徽商的政治代言人。有这些仕宦子弟的保护和关照,徽商的商业贸易活动自然比其他商帮要顺利许多。其次,一大批受过儒学教育的徽州学子,因种种原因未能中举入仕而投入商界,成为有文化的商人。他们熟悉儒家的待人接物之道,了解历史上商人的兴衰成败之理,故能精于筹算,审时度势,把生意越做越活,许多人甚至成为众商赖以经营的智囊。这些有文化的商人是徽商的中坚力量,也是徽州商业发展的主要动力。③

四、清末徽州传统教育的近代变革及其困境

1840 年,随着鸦片战争一声炮响,清朝闭关锁国的大门被轰开。1895 年,甲午战争的惨败,使民族危机更加深重。中国面临着"数千年未有之强敌",出

---

① 参见李琳琦:《徽州教育》,安徽人民出版社 2005 年版,第 228—230 页。
② 参见李琳琦:《徽州教育》,安徽人民出版社 2005 年版,第 231—235 页。
③ 参见李琳琦:《徽州教育》,安徽人民出版社 2005 年版,第 236—237 页。

现了"数千年未有之变局"。有清醒的中国人开始思考富国之策、强国之道。无论是技艺不如人、制度不如人,还是思想不如人,关键是人才不如人。"新的时代呼唤着新的人才,新的人才必出自新的教育。"于是,改革僵化腐朽的传统教育,学习西方先进的教育思想和教育模式,不得不提上上流统治者的议事日程,从而开启了中国教育早期近代变革的序幕。

清末传统教育的变革主要从三个方面展开:一是废除科举制度,二是建立新式学堂,三是厘定新的学制。清末积贫积弱,教育变革不可能全部除旧布新,除鼓励地方政府和民间士绅建立新式学堂外,主要是通过书院改制和私塾改良来进行。关于书院改制:光绪二十四年五月二十二日(1898 年 7 月 10 日),清政府发布上谕:"即将各省府厅州县现有之大小书院,一律改为兼习中学西学之学校。至于学校阶段,自应以省会之大书院为高等学,郡城之书院为中等学,州县之书院为小学,皆颁给京师大学堂章程,令其仿照办理,其地方自行捐办之义学社学等,亦令一律中西兼习,以广造就。"光绪二十七年八月初二日(1901 年 9 月 14 日),又发布上谕:"除京师已设大学堂,应行切实整顿外,著各省所有书院,于省城均改设大学堂,各府及直隶州均改设中学堂,各州县均改设小学堂,并多设蒙养学堂。"至于私塾改良:宣统元年十月二十九日(1909 年 12 月 11日),颁布《学部通行京外凡各私塾应按照本部奏定变通初等小学简易科课程办理文》,要求:"凡京外所设私塾,均应按照本部奏定初等小学简易科课程切实教授。其各处省视学、劝学所总董及县视学,宜各就本地私塾善为劝导,设法改良,期于各门课程悉能遵用部颁课本,俾官学、私塾得以渐归划一。"宣统二年六月二十二日(1910 年 7 月 28 日),又颁布《学部通行京外学务酌定方法并改良私塾章程文(附章程)》,要求:"凡穷乡僻壤学堂一时未能通设者,地方官及劝学所应遵照此项章程,就原有私塾竭力劝导,俾知改良。"

随着清末中央政府一系列发展新式学堂的政策颁布,安徽省政府也出台了一系列发展新式学堂的措施。在中央政府和地方政府的推动下,徽州府传统教育的变革亦开始启动。

歙县是徽州府治所在,其新式学堂的建立在清末一直居于六县的领先地位。歙县境内第一所中等学堂为新安中学堂,又称为徽州府中学堂,也是徽州建立的第一所中等学堂,它是光绪三十一年(1905年)四月由绅士许承尧将歙县内的试院改设而成;光绪三十二年(1906年),歙县又将崇一小学堂改为崇一中学堂;同年,绅士许承尧又将紫阳书院改设为紫阳师范学堂,这也是徽州第一所初级师范学堂。歙县最早的小学堂是光绪二十六年(1900年)创办的崇一小学堂。至宣统三年(1911年),歙县创办的官立、公立和私立小学堂共有28所。清末,徽州府属六县只有歙县建有中等学堂,其他五县皆无。

休宁县第一所小学堂是光绪三十三年(1907年)正月,由海阳书院改设的海阳高等小学堂。"至清末,全县共有小学堂20所,其中:官办1所,公立12所,私立7所。"

婺源县第一所新式小学堂的创办时间要早于其他各县,它是光绪二十九年(1903年)由崇报书院改设的公立高等小学堂。光绪三十二年(1906年)七月,绅士江蔚在城内北门保安山创办了婺源县师范传习所,这是婺源县第一所师范学堂。至清末,婺源县共创办新式小学堂26所,其中有女子学堂2所。

绩溪县清末共有两所师范学堂:一是光绪三十四年(1908年)正月县教育会和劝学所借东山小学堂创办的官立东山师范传习所;二是光绪三十五年(1909年)在竞实小学堂附设师范传习所。绩溪县创办的第一所新式小学堂,是光绪二十九年(1903年)春仁里村商人程序东等四人集资创办的私立思诚初等小学堂,校址就是程序东家塾。至宣统二年(1910年),绩溪县共创办有26所新式小学堂。

黟县从光绪三十二年(1906年)第一所新式学堂碧阳高等小学堂的创办,到宣统二年(1910年),共创办有22所新式小学堂。

祁门县清末新式学堂的发展较慢,仅有三所:光绪三十一年(1905年),南乡平里创办第一所新式小学堂,名为南乡乡立高等小学堂;同年,知县胡德修将东山书院改设为高等小学堂;光绪三十三年(1907年),绅士汪肇镕在西乡十八都创办西乡乡立高等小学堂。

从上我们可以看出,与传统教育的发达相比,清末徽州新式学堂的发展不快,且各县之间发展不均衡。就书院改制而言,相对比较彻底;但就私塾改良来看,收获甚微。据方志记载:直到民国十七年(1928年),黟县尚有私塾143所;民国十八年(1929年),休宁县尚有私塾306所;民国二十年(1931年),祁门县尚有私塾200所;民国二十三年(1934年),歙县尚有私塾569所。

尽管清末教育改革不断推进,但是其脚步在乡村显得尤为迟缓,乡村旧式私塾在数量上远超新式学堂。即使改良的私塾,其教学也仍沿袭以往的教育方式和教学内容,根本达不到新式教育的要求。清末一位教育研究者如是说:"余观近日之教初学者,多仍私塾之旧,与生徒作文时,所命之题率为抽象的论说体,不问生徒之程度及适用与否,总以为不若是即不能谓之文题矣。默写之法,向日私塾即用之。特其默写者,仅字句而已,与私塾无异。近日教国文者,莫不用还讲法,所还讲者,亦不过词句而已,与向日私塾之旧法无异。"①

清末传统教育变革的困境,究其原因:一是忽视了传统和民意。作为传统社会最基层的教育机构,私塾长期以来承担着知识传播、文化传承和士阶层再生产的社会功能,其在乡村社会有着牢固的根基和影响力。清末政府在兴办新式教育过程中,重在模仿日本和西方制度建设,而忽视了传统和民众社会心理的及时跟进。正如时人所说:"朝野之望兴学久矣。今者科举既废,各处之学堂将自此而兴,教育宜若可望普及矣。然学界之与一般社会若有一大怪物阻梗其间,各行其是,而两不相谋者。何哉? 盖学界但知组织完善之教育机关,而一般社会之意志则切望子弟速成谋生之学问,道不同,不相为谋。"②的确,"废科举、兴学堂虽然意味着传统文化在体制中的断裂,但它并不是马上就进入博物馆为人凭吊,而是如潜流一般,在人们的心海中暗藏、流动和珍视"。废科举、兴学校可以立刻实行,但是传统不可能瞬间抛弃,观念不可立即转变。

二是新式教育发展的动力不足。清末教育改革之初,中央政府将支持重点放在初等教育,但是,具体到地方执行上,地方官将官款拨充、地方税收及书院改建主要投向了城镇高等、初等两级小学堂的建设,乡村小学堂大部分依靠有

---

① 《教育实验心得》,载《教育杂志》1911年第2期。
② 《论宜多设徒弟学堂》,载《东方杂志》1905年第2卷第11期,第256页。

识之士捐助,而个人财力毕竟有限,更何况新式学堂创办所需的经费远远超过旧式私塾,如时人所述:"今一旦废科举而兴学校,其所学者必科学也,一器之费千万金,一师之俸数千金,此断非数家之力所能及,不能不合一县之力成之。"①清末徽州新式学堂借助国家的权力向乡村推进,但是遭遇到扎根于传统社会土壤中的私塾的顽强抵制,徽州乡村大多与世隔绝,比较闭塞,传统势力顽固,乡民多将新学视为"洋教",宁愿选择私塾而不去选择学堂。

　　清末政府推行书院改制和私塾改良运动,兴办新式学堂,开启了中国教育近代化的历程,促进了新式教育的发展。但是,中央政府只是机械地模仿西方制度,并未结合中国乡村具体实际制定教育政策,忽视了民众自身的教育诉求。地方政府在执行过程中又偏重城镇,忽视乡村,使得城乡教育之间的差距拉大,乡村社会更为闭塞。徽州教育近代化初期,私塾改良成效微乎其微,新式学堂的建设阻力重重,"实然"和"应然"之间存在巨大落差。传统教育的近代转型是一个极其复杂的过程,它的成功与失败是多种因素作用的结果,但是,如何引导民众的价值观念和社会心理,如何调动社会各界投身教育的积极性以及如何将传统的精神与现代的制度完美结合,亦是当今教育现代化仍需深入思考的课题。

　　尽管清末徽州传统教育的近代变革困难重重,收效不大,但是在清末徽州新旧教育的熏陶下,仍有一大批优秀的学子后来成长为中国近现代社会的杰出人才,如国画大师黄宾虹、人民教育家陶行知、"中国文艺复兴之父"胡适、巾帼英才苏雪林、人民音乐家张曙等。

---

① 夏瑞方等:《论废科举后补救之法》,载《东方杂志》1905 年第 11 期。

第四节

徽州学术

徽州传统学术文化是 12 世纪中叶以后在徽州区域内出现的以新安理学和徽派朴学为主要内容的学术文化体系。新安理学属于朱子之学的流派之一,其开山宗师是祖籍徽州婺源的朱熹。在新安理学六百多年的发展历程中,始终有一脉相承的理学家群体,有一以贯之的学术宗旨,并对中国传统社会后期中国文化的发展和明清时期徽州社会的各种现象产生了深远的影响。徽派朴学则是继新安理学之后在徽州出现的一个考据学流派。该流派以江永、戴震、程瑶田等为代表人物,其学术影响了有清一代学术的发展,并与以惠栋为代表的考据学"吴派"共同开创了"乾(隆)嘉(庆)考据学"的新局面。从南宋到清中叶,徽州区域学术文化具有源远流长的学术进程、有容乃大的学术气度、与时俱进的学术精神和彪炳史册的学术成就,成为徽州文化中的一朵绚丽奇葩。

一、从新安理学到徽派朴学的演变

(一)南宋新安理学的形成

南宋是理学集大成时期,也是新安理学家崛起的时代。据明代程敏政《新安文献志》、程曈《新安学系录》和清初赵吉士《寄园寄所寄》及徽州方志记载,在南宋一百五十年间,新安涌现了一大批杰出的理学家。其代表人物有朱熹(字仲晦,婺源人)、吴昶(字叔夏,歙县人)、程永奇(字次卿,休宁人)、程大昌(字泰之,休宁人)、吴儆(字益恭,休宁人)、汪莘(字叔耕,休宁人)、程洵(字允夫,婺源人)、程先(字传之,休宁人)等。他们以朱熹为泰山北斗,鼓吹理学,传授朱子学说,奠定了具有地域特色的新安理学的基础。

该学派之所以在南宋时期的徽州崛起,与宋室南渡后的徽州社会发展背景及其状况有密切关系。

首先是汉文化重心从黄河流域向长江流域南移,在两宋之交最终完成。自古以来,黄河流域是汉文化的中心。南方荆楚、吴越的文化,或有中断,或开化较晚。唐末及五代十国,北方战乱频仍,一时中原衣冠大族纷纷南避,促进了南方汉文化的发展。北宋立国后,朝廷在其恢复和发展经济的各项措施中,特别重视东南这一地区的开发。南方诸郡利用其优越的地理条件和自然环境,在经济文化等方面取得的成就,已不在北方之下,我国汉文化重心南移的态势已经非常明显。靖康二年(1127年),北宋灭亡。建炎元年(1127年)五月,赵构在江宁(后改称建康,今南京)即位,于绍兴八年(1138年)正式定都临安(今杭州),完成了宋室的南迁。宋室南渡后,汉文化的重心,包括政治、经济、学术文化等重心,也最终由黄河流域移到了长江流域。新安理学的形成,正是基于汉文化重心南移这一历史背景而出现的文化现象。

其次是大族入迁推动了新安文化的发展。第一,大族入迁带来了内涵丰富的以儒家文化为主体的中原汉文化,在与当地遗存的古老的山越文化交融中,汉文化逐步占据了主导地位。徽州在南宋以后已经成为中原儒家文化的一个重要移植区,它为新安理学的形成奠定了厚实的儒学基础。第二,大族入迁为新安理学的形成奠定了人才基础。入迁的徽州大族中,饱学之士不在少数,他们先后都成为徽州儒学的重要学者。不少人不仅自己有丰富的儒学功底,而且积极讲学施教,传播学术,培养儒学人才。第三,大族入迁开导了徽州读经的风气。迁入徽州的大族,多来自汉文化发生和成熟较早的中原地区,因此其传统文化的底蕴较之徽州本土居民要深厚得多。他们大多有诗书传家的家风和诵读经书的传统。入徽后,在他们的倡导和影响下,徽州出现了读经的风气,而这种风气的出现乃是新安理学得以兴盛的又一重要因素。

再次,地方政府的助教兴学为新安理学的形成创造了良好的环境。南宋徽州地方政府的文教政策,旨在兴学讲经。围绕这一主题,南宋徽州地方官员在两个方面做了大量的工作:一是大力兴建学校和鼓励学者创建书院;二是延请名儒讲学,开展多种学术活动。同时,南宋徽州的不少官员本身就是在学术上极有造诣的学者,他们亲临学校讲学,直接培养了一代徽州儒学学者。此举在客观上同样非常有利于新安理学家的成长。

在新安理学形成过程中,祖籍徽州婺源的朱熹亦发挥了关键作用。他曾于绍兴二十年(1150 年)春和淳熙三年(1176 年)四月两次到徽州省墓并进行学术交流,该活动成为新安学术发展史上一件具有深远意义的大事。此后,朱熹又通过答疑解惑、书信指导、招入门下等途径,培养了一批徽州学者。在南宋新安理学的兴起过程中,朱熹的学说及其在新安的学术活动发挥了重要的作用。一方面,朱子之学的创立,使新安理学有了尊奉的宗旨;另一方面,通过朱熹在新安的讲学授徒,奠定了南宋时期新安理学学派的阵容。一大批研习程朱学说的新安理学家从此脱颖而出,开启了六百多年的新安学术风气。

南宋新安理学崛起后,形成了三大特色:

第一,学派以朱熹为中心,学术以朱子之学为宗旨。综观南宋时期的新安理学主要代表人物,大致有两类:一是朱熹学生,且多为及门弟子。如程洵、吴昶、程先以及被列为朱熹在徽州的十二位"高第弟子"。二是朱熹学术酬唱之友。师承朱熹的学生,完全以研习和传播朱熹学说为己任,具有终身不移尊奉朱子学的信念。与朱熹为学术酬唱之友的程大昌、吴儆等人,虽未列朱氏门墙,但他们的理学思想与朱子学具有共通之处。因此南宋新安理学出现以朱子学为宗旨的鲜明特征。第二,既强调个人品格的修养,同时在民族矛盾和社会矛盾尖锐的状况下,又推重躬行实践之处世,深得儒家积极入世的人生要旨。第三,南宋新安理学家深受佛教影响,但又高举"攘佛"旗帜,将排斥佛教视为己任。这种现象在宋代理学家中普遍存在,而以新安理学家尤为突出。

(二)元代新安理学的发展

这一时期新安理学的主要代表人物有程若庸(字达原,号勿斋,休宁人)、吴锡畴(字元范,号兰皋,休宁人)、许月卿(字太空,婺源人)、胡允(字方平,号潜斋,婺源人)、胡一桂(字廷芳,号双湖,婺源人)、黄智孙(字常甫,休宁人)、程逢午（字信叔，休宁人）、胡炳文（字仲虎，学者称云峰先生，婺源人）、程复心（字子见，号林隐，婺源人）、倪士毅（字仲弘，休宁人）等。主要由他们所组成的此期新安理学学派，在学术、政治以及教育等方面显现了比较鲜明的时代特色。

首先在学术方面，为维护朱子学的纯洁性，将排斥"异论"、发明朱子学本旨作为学术研究的重心。他们着重做了两方面的工作：一是凡诸儒之说，有悖于朱子之学者，或订正其偏误，或者干脆刊而去之。二是凡朱子之学中的微词隐义，引而申之，其所未备者，补而益之。其次在政治方面，新安理学家顽强抵抗元政府的征召与聘请，于科举功名不屑一顾。这种政治不合作倾向，与南宋新安理学家积极入世的态度形成了强烈的对照。再次在教育方面，新安理学家虽在政治上自甘寂寞，在学术上则始终不放弃讲学授徒、传播朱子学，由此在徽州出现了朱子学的鼎盛时代。

综合考察元代新安理学的情况，可以发现几方面的新气象：元代新安理学家（尤其是中、小理学家）关于理学问题的探讨，已经从一般论题的泛泛而论，深入具体范畴的阐释和考辨。这一研究方向和方法论的转变，标志着新安理学的深化和发展，有一定建树和影响的新安理学家大规模涌现。清初赵吉士在《寄园寄所寄》中列举的 15 位最著名的新安理学家中，这一时期就占了 6 位。另外，大量理学普及读物的出现，意味着新安理学家已努力将理学从学术界推向社会各领域。上述情况充分表明了新安理学在元代的长足发展。

（三）明代新安理学的盛极复衰

元末明初，新安理学出现了"三大家"——朱升、郑玉和赵汸，他们的学术活动和成就将新安理学推上了盛极一时的发展时期。

朱升（1299—1370 年），字允升，号枫林，休宁人，后徙居歙县。他的学术特色：一是在经注方法上改革先儒积弊，开创了以"旁注诸经"（即在经书正文边上作注）为主、"栏上表注"（即在经书正文上方作注）为辅的经注新法。二是在求"真知"的旗帜下，朱升的经注内容既融会了诸家之说，又有其独到的见解，学术的基本倾向则仍在朱子之学一途。三是注重教学，提出了较为系统的教育思想。

郑玉(1298—1358年),字子美,号师山,祖上世居歙县贞白里。他的学术贡献主要体现在四个方面:其一,系统地阐述了"和会朱陆"(融合朱熹与陆九渊的思想)的主张。其二,明确地提出了"右朱"的学术宗旨。其三,以"伦理纲常"学说为学术思想的核心。其四,以发明《春秋》为学术研究的突破点。

赵汸(1319—1369年),字子常,学者称其为东山先生,休宁龙源人。他以《朱子四书》《朱子大全集》及《朱子语类》等书,"求程朱绪余,诵习经训辨释",入理学之门,成为元末明初理学界中重要的代表人物之一。赵氏学术思想的最大特色是"和会朱陆",而其学术研究的重心是关于《春秋》的探讨。

朱升、郑玉和赵汸同居一府,私谊甚笃,翰墨往来不辍。《朱枫林集》《师山集》及《东山存稿》中,分别收录了他们三人之间相互往来的部分信札,其中,既有学术上的切磋探讨,也有生活上的嘘寒问暖。尽管三人的学术特征有所区别:朱升思想比较纯粹,坚守朱学阵营,郑玉、赵汸思想相对斑斓,兼容陆学功夫,但是,他们治经指导思想一致,学术成就难分伯仲,因而同在新安理学发展史上确立了不可动摇的"名儒"地位。

明代中后期,由于"心学"的传播,新安理学的学者队伍出现了分化,形成了两个不同的学术阵营:

一是由朱子之学传承者所组成的阵营。这一阵营的主要代表人物有休宁人程曈、程敏政、范涞、吴汝遴、汪璲、汪学圣、金声,婺源人游震得、汪应蛟、余懋衡、江旭奇,歙县人洪德常、江恒等。他们是明代中后期代表徽州学术文化的主要群体。由这些人所组成的学术阵营,具有的一个共同学术特征是维护朱子之学,固守徽州学术文化原有的宗旨。二是由湛若水、王阳明心学的崇拜者所组成的阵营。这一阵营的骨干成员有湛若水门徒婺源人洪垣、方瓘,祁门人谢显、谢芊和王学弟子汪道昆、休宁人程默、歙县人程大宾、婺源人潘士藻等。由于心学家特别注重讲学,徽州又是其讲学活动的重要场所,所以该阵营中还包括相当数量的徽州普通学者。

总的来看,明代中后期因心学在徽州的传播和影响,徽州自南宋以来朱子学一统天下的局面被打破,新安理学学派中出现了两大"别立宗旨"的阵营。这种状况,一方面反映了明代中后期心学兴起以后朱子学在全国范围内影响力的削弱,另一方面也体现了徽州学术思想的丰富性和复杂性。从新安理学发展的角度来看,这未尝不是件"好事"。因为学术思想的发展需要争鸣,离开争鸣的学术终将因缺乏生命力而走进死胡同。清初徽州学术得以由新安理学向徽派朴学转变,并仍在中国学术史上占有重要的地位,与明代中后期心学的传入及其影响有密切的关系。

(四)清前期新安理学的终结与徽派朴学的崛起

明朝灭亡以后,一些有识之士反思晚明学风,指斥陆王之学是"明心见性之空言",抨击王学末流祸国殃民,形成了清初反理学的潮流。他们以经世致用为学术宗旨,以朴实考经证史为治学方法,开启了有清一代的学风。与此同时,清廷高压与怀柔兼施的文化政策,也在清初从"宋学"到"汉学"的学术转变的过程中起了重要的作用。清前期,徽州朴学取代理学成为学术主流,虽只是区域学术主题的变更,但它与整个学术界学风的转移关系密切。

而作为徽州传统学术本身,面对朱子之学在明中后期作为"显学"地位的动摇,缺乏起衰振微的大家光大其学。清初徽州朱子之学虽有复兴,成效亦称显著,但已经无法挽救徽州理学的整体颓势。同时,被视为徽州学术灵魂的朱子之学,其发展亦至极限。经过无数朱子学学者的努力,朱子之学中的精要之义已是阐发至尽。越到后来,于朱子之学有新发明、新阐释、新见解的学者越少。朱子之学是新安理学的灵魂和核心,新安理学学派的兴衰与朱子之学的状况有着密不可分的关系。当朱子之学发展到了山穷水尽的时候,新安学派的终结已经是无法避免的事了。

新安理学的学风,乃是撇开传注,专从经文中寻求"义理",并奉朱子之学为学术宗旨。徽派朴学的特点则是以"求是"为学术宗旨,不迷信权威,侧重在音韵、名物、典章制度的考索上。如清代康熙、乾隆年间出现的徽州学者江永(字慎修,号慎斋,婺源江湾人)及其弟子程瑶田(字易田,又字易畴,号让堂,歙县人),其学术既讲求义理,而且不出朱子之学的规矩,有着新安理学风格的烙印,同时,又不专讲义理,在推步、钟律、音声、文字之学方面造诣很深。因此,我们

187

将江永和程瑶田既视为新安理学的殿军,又看作徽州学术由新安理学演变为徽派朴学的过渡人物。

如果说,在江永及其部分弟子身上,交织着新安理学与随后兴起的徽派朴学两种不同的学术风格,那么,出于江永门下的戴震(字东原,休宁人)已彻底摆脱了新安理学宗旨朱子之学的束缚,树立了新一种学术——徽派朴学的大旗。戴震在汉学研究中独开生面,成为徽州学术由新安理学演变为徽派朴学的标志。

为什么要把戴震汉学的问世视为新安理学向徽派朴学转变完成的标志呢?

首先,戴震彻底否定了新安理学的宗旨朱子之学。他对朱熹学说指名道姓地抨击,不像江永等人游移于新安理学与徽派朴学之间,而是明显地表现出两种不同学术之间质的区别。因此,戴震及其学说是新安理学演变为徽派朴学的转折点。其次,戴震将新安学术风气从空谈义理导向侧重考证。他的治学方法乃是以"小学"为基础,从音韵训诂、字义名物、典章制度等方面阐明经典大义。这与新安理学家空谈义理的学风大相径庭。由此,在戴震身上可以看出新安理学与徽派朴学的明显界限。再次,戴震培养了一批以"求是"为宗旨、以考据为学术特色的徽州经学家。新安学术由朱熹发展到戴震,经历宋、元、明三朝的新安理学已被彻底否定,传统的空谈义理的学风,为侧重考据实证的方法所替代,徽州学者大多致力于音韵训诂、天文地理、典章制度的研究,形成了徽派朴学。这表明,新安学术已经完成了从新安理学到徽派朴学的转变。戴震在其中,则是一个划时代的人物。

二、徽州学术长期兴盛的原因

南宋以降,徽州之所以人文蔚起,学者辈出,曾先后出现"新安理学"和"徽派朴学"两大学术流派,并对 12 世纪以后中国思想史和传统学术文化史的发展演变产生重大且深远的影响,有多方面的原因。其中,南宋之后徽州地区在政治、经济、文化、教育等方面独特的地域因素,起到了重要的作用。

　　一是学术教育网络发达。南宋之后,徽州逐步形成了一个以紫阳书院为核心的学术教育网络。该网络覆盖徽州六县的大小村落,由书院、社学、私塾以及府、县学构成,数目以百计。它成为历代新安理学家与徽派朴学家成长的摇篮。紫阳书院始建于南宋淳祐六年(1246 年),由当时郡守韩补请建,宋理宗御书"紫阳书院"匾额。其后数百年间,紫阳书院虽多次修葺、搬迁或重建,但从未间断过办学。在紫阳书院的示范下,徽州六县书院始终保持了较大的数量。明末清初,徽州书院达到了 54 所。此外,当时还有社学 568 所。至于义学、私塾,则更为普遍,历来号称"虽十家村落,亦有讽诵之声"。

　　二是徽商相助。南宋之后,因徽州为朱熹阙里,且文风独茂,为士者多明义理,故被称为"东南邹鲁"。在此环境中,绝大多数徽州商人自幼就受到了儒风的熏陶。他们"处者以学,行者以商",往往"商而兼士"或"士而兼商",被后人视为一支有文化的商帮。这些"亦贾亦儒"的商人,对朱熹及其学说极为崇拜,尊其为"徽国文公"。明清时期,随着徽州商帮的形成及其经济实力的增强,徽商先后为新安理学与徽派朴学的发展作出了积极的贡献。其一,徽商出巨资兴修书院,购置书籍,为新安理学家与徽派朴学家研讨学术提供场所和方便。其二,徽商利用自身财力的优势,通过各种途径大力宣扬新安理学。比如,为表彰和宣传新安理学先贤,徽商积极策划和参与在徽州建造各类纪念性的建筑。其三,不少徽州商人慷慨解囊,组织新安理学家与徽派朴学家编纂书籍,传播理学与朴学知识,对新安理学"历元明而其传弥广"以及徽派朴学的崛起发挥了重要的作用。其四,徽商十分重视对族内子弟的培养,提供学子的衣食之资,对其中读书优异者予以格外奖励。正是由于徽商在经济上的支持,新安学者得以安心向学,接受并研究儒家学说,其中一部分人成为有所建树的新安理学家和徽派朴学家。新安理学的发展和延续,以及清中叶徽派朴学的兴起离不开徽商的支持和帮助。

　　三是官绅扶持。徽州历代官绅的积极扶持,对新安理学与徽派朴学的形成和发展,同样起到了重要的作用。元、明、清三代,凡为徽州知府和县令者,都将对理学或朴学的扶持作为为政之要。他们或大力支持兴修书院,为理学家、朴

学家讲学和研究活动提供良好的场所,或竭力表彰徽州理学先贤,倡导研讨理
学的风尚,或身体力行,亲临书院开课讲学,培养理学的后继者。这些做法对新
安理学的发展和延续,以及徽派朴学的崛起起到了促进的作用。受地方政府和
官员的影响,徽州的乡绅大族对理学同样采取了积极扶持的态度。首先,徽州
的乡绅大族对族内子弟研习理学与朴学采取了一系列的鼓励和支持措施。其
中,族产和族田的设置是最有力的举措之一。其次,徽州的乡绅大族还是新安
理学学说的忠实实践者。大量的史料表明,新安理学所倡导的"三纲五常""三
从四德"及"主仆之分"等学说,乃是徽州宗族文化的主要内容。被新安理学家
奉为圭臬的朱熹《家礼》,在徽州的乡绅大族看来,乃是一部至上的经典。徽州
乡绅大族开展宗族活动,完全遵循《家礼》的有关规定。由此可见,徽州的乡绅
大族,是当之无愧的新安理学学说的忠实实践者。正是在他们身体力行的倡导
下,新安理学有着非常优越的发展环境,延绵数百年而不衰。

三、徽州学术的风格与成就

从徽州学术数百年的发展变迁来看,其区域学术内涵和特色异常鲜明。

(一) 源远流长的学术进程

中国传统学术文化在 12 世纪中叶以后,地域化的倾向愈发突出。不过,尽
管南宋以降中国传统学术文化区域分化渐趋"细腻多变",而就具体区域而言,
长期保持高位水平发展态势且始终具有个性者,并不多见。徽州则是并不多见
的区域之一,其学术文化延续了六百多年而未断层。具体表现在:一是南宋以
后,徽州每个时期都出现了庞大的学术文化人物群体,且其中于学术有重要贡
献者,人数众多。二是徽州重要的学术著述在南宋以后各朝不断问世,其数量
巨大、影响广泛,反映了该区域学术文化绵延不绝的气象。三是徽州在南宋以
后的各个时期均出现了区域性的学术文化特色。南宋至明前期,学者专讲朱子
之学,所谓新安之学"一以郡先师子朱子为归,凡六经传注、诸子百氏之书,非经
朱子论定者,父兄不以为教,子弟不以为学也。是以朱子之学虽行天下,而讲之

熟、说之详、守之固,则惟推新安之士为然"。明代中后期,心学在徽州得到广泛传播,徽州传统学术文化呈现朱子之学与心学杂存的特征。清代徽州学术文化则由理学一转而为朴学。雍、乾年间,休宁戴震倡导"求是"治经宗旨,讥薄宋明儒讲求义理乃是凿空之言,侧重于音韵、天文、地理、名物、典章制度的训诂和考证,开一代学术"风气之先"。徽州学者"说经皆主实证,不空谈义理",形成了徽派朴学。在各历史时期徽州均能凝练出传统学术文化的特色,表明该区域学术文化发展的连续性。

(二) 有容乃大的学术气度

徽州学术文化在其发展过程中,吸收了大量其他学派、其他区域的学术文化以及儒学之外的其他思想。这种吸收和兼容贯穿于它的各个发展时期,体现了徽州学术有容乃大的学术气度。其兼容的内容,举其荦荦大者,则体现在四个方面:一是对道家思想的吸收。徽州学术文化的繁盛,与宋代(主要是南宋)新儒学的兴起是同步的。宋代新儒学在兴起、发展过程中,受道家思想的影响非常明显。与新儒学发展同步其实也是新儒学组成部分的徽州学术文化,同样吸收了道家的思想。比如徽州学术文化的"开山"朱熹,早年曾问学于庐山道士虚谷子刘烈,研读刘氏所著《还丹百篇》,并切磋《易》学。据朱熹文集所载,与朱熹往来之道士,有十数人。《朱子语类》谓,朱熹早年"无所不学,禅、道、文章、楚辞、诗、兵法,事事要学,出入时无数文字"。诸此表明朱熹受道家影响甚深。接纳了道家思想的朱子之学,此后成为徽州传统学术文化的一部分,相传不绝。朱熹之外,徽州学者中受道家影响者,并不在少数。其中休宁程大昌是代表性的人物之一。从有关资料来看,程大昌学术思想的内核,是儒家的理论和学说。但在程氏的学术思想中,也具有浓厚的道家色彩。他的关于宇宙生成论和万物化生的观点,直接由道家的宇宙生成观脱胎而来;而其政治论中提出的无为而治思想,也有明显的道家印记。二是对佛教思想的吸纳。包括朱熹在内的徽州学术文化代表人物中,不少学者与佛教渊源甚深。寻检徽州学术文化代表人物的著述,其中多有与名僧往来唱和之作;揆之传记资料,亦多见与僧人的交游之迹。三是对儒学其他各派思想的兼容。宋代以降,传统学术文化之发展异彩纷呈。有宋一代,有濂学、洛学、关学、闽学、蜀学、婺学、象山学、湖湘学、临川学、永康学、永嘉学等学派;明清两代,学派之分,依然细繁。《明儒学案》《清学案小识》规划其大者,有十余类数十名目。徽州学术文化在其六百多年的发展过程中,于上述各时期诸家思想多有吸收,史籍中有关此方面的记载,异常丰富。四是对其他地区名儒学术风格和方法的借鉴。如明初学者赵汸关于《春秋》的研究,得益于资中学者黄泽的指点。徽州学术文化在清乾隆、嘉庆年间因戴震出现而一变为朴学独盛,且自成一派,也与戴氏对其他地区名儒学术风格和方法的借鉴有关。

(三)与时俱进的学术精神

12—18 世纪徽州传统学术文化的演变,与中国学术文化的变迁同步,且前者对后者有引导之功。据学界对 12—18 世纪徽州传统学术文化演变所作的梳理,其演变过程分四个阶段:一是南宋至明前期,为朱子学一统时期;二是明代中后期,为朱子学与心学杂存时期;三是清初,为朱子学复兴时期;四是清乾(隆)、嘉(庆)、道(光)时期,为朴学独盛期。而南宋以后,中国传统学术文化变迁的大势,亦大体经历了这几个阶段。二者比较,徽州传统学术文化的演变,与中国学术文化的变迁保持了同步。换句话说,在南宋以降的六百余年中,徽州传统学术文化的演变,即为中国学术文化变迁的一个缩影。尤其值得重视的是,徽州传统学术文化的演变,并非只是追随中国学术文化变迁大势之后,而是常反过来起引导和强化作用。最典型的例子是,清代乾嘉年间,传统学术文化由所谓的"宋学"转变为"汉学",出现了乾嘉考据学。中国学术文化此一风气的转变,得益于当时徽州传统学术文化代表人物江永、戴震等人的倡导,得益于徽派朴学的形成与传播,得益于徽州传统学术文化的率先转型。

(四)彪炳史册的学术成就

中国学术文化的发展,先后经历了先秦儒学、两汉经学、魏晋玄学、隋唐佛学、宋明理学和清代朴学等几个主要时期。南宋以降,中国传统学术文化的发展,与徽州有着密切的关系。宋明理学和清代朴学中的重要人物,不少均出自徽州。由明末清初著名思想家、学术史大师黄宗羲首纂,清代著名学者全祖望等最终完成的一部全面描述宋元学术发展轨迹的著作《宋元学案》,共著录包括理学家和理学系统以外的重要学派的学者 2000 余人,其中徽州学者即有 75 人。徽州一府学者所占 3.75% 的比例,大大高于全国各府平均占比数。明代正德、嘉靖年间,徽州休宁学者程瞳编撰了一部徽州区域学术史著作《新安学系录》。该书共收录了自宋朝至明朝前期徽州学者中在传统学术文化方面有突出贡献者 112 人。而道光《徽州府志》之《儒林传》及《儒林续编》,收录了宋至清道光以前徽州学术文化代表人物 210 人。这些学术文化人物,或因讲学显,或以著述名,或因影响广泛称,均为各历史时期徽州学术文化代表人物中的佼佼者。他们先后结成了新安理学和徽派朴学等学术流派,并深刻影响了 12 世纪以后中国学术文化发展的大势。

南宋以后一批批的徽州学者薪火相传,著书立说,极大地丰富了中国学术思想的宝库,奠定了徽州学术在中国学术史上的地位。清乾隆年间编纂的《四库全书》,收录徽人重要著作有 210 种;道光《徽州府志·艺文志》则著录徽人著述总数在 4000 种左右,分经史子集四大类,数十门类。据研究者估计,历史上徽州学者著述总数超过 8000 种。这些著述中,有相当数量之作对中国传统学术文化传衍产生了重大的影响。典型的例子是明初编纂的《五经大全》,其中有四经皆采自徽州学者著述,即《春秋大全》系全部采自汪克宽的《春秋胡传附录纂疏》,《周易大全》采录了胡一桂的《周易本义附录纂疏》和胡炳文的《周易本义通释》,《书传大全》采录了陈栎的《尚书集注纂疏》,《诗经大全》则以朱熹《诗经传》为主。此外,《四书大全》又多采自倪士毅的《重订四书辑释》。至于朱熹之《大学章句》《论语集注》《孟子集注》《中庸章句》等书,因在元代以后被列为科考之准绳,影响更为深远。朱氏《家礼》一书,"自宋以来,遵而用之",影响亦非一时一地。明代中期休宁理学家程敏政的《道一编》,对"心学"大师王阳明有关朱子晚年定论的思想有重要的启迪。这些情况表明,徽州学者之著述,对于中国传统学术文化有着重要的影响。

总之,徽州学者在培养学术人才、编撰学术著述、引领学术风气等方面,均作出了彪炳史册的学术成就。

第 六 章
徽学的主要研究领域（中）

第 一 节

徽州民俗

一、徽州民俗的定义和基本构成

民俗即民间风俗,是人类社会生活中一种普遍的社会文化现象,是一种悠久的历史文化传承。徽州民俗是徽州人民大众在长期的物质和精神生产与生活中创造、遵循和传承的民间文化事象。它既是徽州一种显现的历史文化传统,同时又是徽州民众现实生活中的一个重要组成部分。从物质生产与生活到民众信仰的精神世界、从社会组织到人生仪礼、从岁时节令到乡里社会、从民间语言到民间文学、从民众安土重迁到大规模外出经商等民俗事象,无论在其产生和传承,还是在其发展与变异的过程中,都真实而深刻地反映了徽州民众开拓进取、顽强不屈、百折不挠的"徽骆驼"精神,是博大精深的徽州文化不可或缺的重要内容之一。

徽州地处山区,四周高山环绕,峰峦叠嶂。山区这种相对封闭的地理和自然环境,决定了徽州从物质文化到精神文化的生产与生活,以及由此而产生和形成的各种民俗事象,如衣食住行、社会组织、岁时节令、人生仪礼到民间语言、文学与歌谣,都深深地打上了山区的烙印。因此,在民俗学上,徽州民俗属典型的山区民俗之一。尽管自东汉末年起至南宋初年,中原世家大族曾掀起过三次南迁的高潮,其中徙入徽州的世家大族构成了东晋南朝以来徽州居民的主体,但徽州民俗的山区特征并未因此而发生根本性的变异。

根据民俗的基本原理,徽州民俗大体上包括以下基本内容:

一是物质生产与物质生活民俗。物质生产与物质生活是人类维持最基本生存能力的前提,作为山壤阻隔的徽州,其民众历尽艰辛,从事农业、林木和茶叶生产,开发山区,利用山区资源,为其生活服务。对此,弘治《徽州府志》云:"大山之所落,深谷之所穷,民之田其间者,层累而上数十级,不能为一亩,快牛剡耜不得旋其间,刀耕而火种之。十日不雨,则仰天而呼;一遇雨泽,山水暴出,则粪壤与禾荡然一空,盖地之勤民力者如此。他郡之田,弥望数百亩,民相与秔秷之,岁才一芸,时而既至,禾稗相依以长,其人亦终岁饱食,不待究其力。歙人之芸,岁以三四,方五六月,田水如汤,父子袒跣,膝行其中,涸深泥,抵隆日,蚊蝇之所扑缘,虫蛭之所攻毒,虽数苦,有不得避,其生勤矣。"①与平原和其他地区相比,因山区自然和地理环境差异,以及社会和人文环境的不同,徽州的衣食住行等民俗事象都具有显著的差异。特别是由山多田少、人多地寡所造成的徽州大规模外出经商民俗,构成了徽州物质生产民俗的基本特征。

二是组织与社会民俗。徽州传统组织与社会民俗的山区特征亦十分突出,自东汉末年中原地区大规模移民徽州起,徽州便逐渐发展成为"聚族而居"②的宗族社会,宗族组织十分严密,宗族控制非常牢固。诚如清人赵吉士所云:"父老尝谓新安有数种风俗胜于他郡:千年之冢,不动一抔;千丁之族,未常散处;千载谱系,丝毫不紊;主仆之严,数十世不改,而宵小不敢肆焉。"③徽州传统的组织与社会民俗,不仅体现在宗族组织对宗族成员血缘控制的严密上,而且反映在人生仪礼、家庭结构、岁时节令等各个民俗事象上,其山区的地域特色突出。

三是精神民俗。精神民俗是指广大民众在物质与制度文化基础上所形成的有关精神生活领域的民俗事象。徽州的精神民俗更多体现的是徽州人在改造自然与社会过程中所形成和积淀的心理经验,这种心理经验在由个人发展成为集体的心理习惯之后,由此习惯所导致的行为方式也被世代传承了下来,成为一种共同的精神民俗。其内容包括民间各种神灵的信仰、巫术,以及民间道

---

① 弘治《徽州府志》卷二《食货志·田地》。
② 康熙《婺源县志》卷二《疆域·风俗》。
③ 赵吉士:《寄园寄所寄》卷十一《泛叶寄·故老杂记》,周晓光、刘道胜点校,黄山书社2008年版。

德伦理观念、价值取向、民间艺术和民间游艺等。诸如对忠壮公程灵洗和越国公汪华等地方乡土神灵的信仰与祭祀民俗,同样也显示出鲜明的地域特征。

四是民间语言与民间文学。语言民俗是指民间约定俗成、集体传承的一种口头语言民俗事象,举凡山歌、民谣、谚语、儿歌、俚语、神话传说、民间故事和民间说唱等,都是语言民俗的重要内容之一。徽州语言民俗中的民歌民谣特色鲜明,尤其是关于徽商的民歌、民谣与民间俗语,如《前世不修》《徽馆学生意》等,真切地反映了徽州人外出经商的原因和徽商在外经营的种种心酸,极具徽州地域性特点。

五是其他社会民俗(含陋俗)。这些民俗包括重教兴文、勤俭与奢侈的传统社会民俗,以及好讼、健讼、自杀图赖、婚丧仪礼中的各种陋俗等。

二、徽州民俗的起源、演变与初步定型

(一) 徽州民俗的起源

徽州民俗的起源与产生,可以追溯到远古的史前时期。

现存大量石器时代文化遗址尤其是新石器时代文化遗址,广泛分布于徽州所辖的歙县、休宁、婺源、祁门、黟县和绩溪等六县区域。位于歙县西北的下冯塘遗址,出土了大量的打制石器和陶器,其中陶片器形有杯形器、粗柄豆、盃、罐、壶等。这些遗址发掘出土的文物表明,下冯塘遗址曾是歙县先民重要的聚落之一。另外,岩寺附近桐子山遗址出土的石器大多磨制光滑,形体规整,陶器则有鱼鳍形陶鼎足、陶纺纶等。在红褐色陶片上,有几何形引纹,线条流畅。整个桐子山遗址出土的石器和陶器,其文化内涵与浙江的良渚文化极为相似。陶纺轮的出土,说明早在新石器时代,徽州即有简单的纺织设备和纺织习俗。总之,从旧石器时代末至新石器时代初,已有不少先民在徽州这块土地上活动、生息和繁衍,并初步产生了物质生活和精神生活中的一些民俗事象。①

史前时期,由于没有国家政权的强制统治、没有阶级的剥削和压迫,因此,

---

① 参见周心田:《安徽省志·文物志》,方志出版社1998年版。

整个氏族社会的生产与生活都按照传统习俗的要求有序地进行。民俗是徽州原始社会生产与生活的唯一规范,这应当说是徽州史前民俗的一个显著特点。

(二)徽州民俗的演变发展与初步成型

徽州民俗起源于原始社会旧石器时代末和新石器时代初。这些民俗事象产生以后,在以后历史发展的长河中,经过漫长时间的积累与演变,不断吸收与融合周围以及迁徙而来的中原地区世家大族的民俗文化因子,初步形成了较为稳定和具有地域特色的徽州民俗文化。

同其他地域民俗一样,早期徽州民俗亦经历过演变发展和初步定型的历史阶段。根据徽州的建置沿革、人口、经济、社会与文化变迁的史实,我们谨将从发展演变到初步成型的早期徽州民俗划分为以下四个重要时期:

一是前山越时期。这一时期大体介于夏朝建立至秦朝统一中国之前。从现有考古发掘材料来看,徽州民俗有明确实物证据的应该是东周时期。这一时期,以屯溪西郊弈棋村发掘的跨度从春秋晚期至战国早期的越国或越族八座土墩墓墓葬及其出土文物为集中代表。八座古墓葬中出土的 107 件青铜器等文物,特别是其中 60 件礼器,"形制奇特,纹饰神秘,别具一格,为其他地方所未见,十分引人注目"[1]。除青铜器之外而出土的 311 件原始瓷器、52 件陶器中,陶纺轮、罐、盘、碟、钵、壶、杯、瓶、盂和盉等食器、酒器、水器、饮食器物之类生活工具,以及 68 件玉石器中石佩和料管等饰件,则表明此时的徽州先民已经拥有纺织、汲水、饮食和首饰佩戴等基本生产与生活民俗。该墓葬中出土的大量陪葬器物,特别是一件云纹五柱形青铜器物,则说明当时的徽州地区具有浓郁的厚葬风气和祭祀民俗。[2] 这一时期,居住在徽州的原始土著居民,应是广大三苗部落中的一支。所谓三苗,颜师古《汉书·地理志》注释云:"三危,山名,已可居也。三苗,本有苗氏之族,徙居于此,分而为三,故言三苗。"[3]在大禹征服三苗之地后,"三苗"名称几乎不再见诸典籍记录。有关这一时期的徽州历史与民俗,

---

① 周心田:《安徽省志·文物志》,方志出版社 1998 年版,第 334 页。
② 参见李国梁:《屯溪土墩墓发掘报告》,安徽人民出版社 2006 年版。
③ 班固:《汉书》卷二十八上《地理志上》。

就整体而言,是比较模糊的。但我们根据春秋战国时期徽州最初属吴、吴灭属越、越灭属楚这一历史事实推测,徽州人好巫信鬼的信仰民俗应当源于此时,后世所谓"烧兰盂盆于寺中,设伊蒲塞之馔,是皆故越好巫之俗"①"孝鬼神,有禹之遗风"②,应基本属实。

二是山越时期。这一时期始于秦朝统一中国后黟、歙二县的设立,终于西晋新安郡的创置。公元前 221 年,我国第一个统一的封建专制主义中央王朝秦朝建立后,即在现徽州地区设立了黟(黝)、歙二县,隶属鄣郡管辖,这是徽州历史上第一次拥有县级政权。汉承秦制,继续在徽州地区分设有黟、歙二县,并改隶丹阳郡统辖。这一时期,黟、歙二县居住的居民主体是山越人,是江南地区百越中的一支,"自周秦以来,南蛮总称百越,伏处深山,故名百越"③。山越人的活动区域,除了黟、歙二县外,还包括北起长江、南至大鄣山、东至浙江等广大的江南山区。根据相关文献记载,此时的山越人不仅包括已经成为秦汉编户齐民的山区盆地居民,也包括"依山阻险,不纳王租"④的山越人。这时的山越人生产与生活民俗比较简单而封闭,其发饰和语言特征鲜明,即"椎髻鸟语",在生产民俗上则保持着火耕水耨、取给山林的状态。据史料记载,此时的山越之地,"山谷万重,其幽邃,民人未尝入城邑,对长吏,皆仗兵野逸,白首于林莽"⑤。他们还聚集五六千人,组成宗伍武装,利用山中盛产铜铁的优势,自铸甲兵,进行自保。山越人身材短小,袒胸露臂,尚武好战,崇尚气力,不断与东汉和孙吴作战。建安十三年(208 年),黟、歙二县多支山越发动武装反抗,贺齐被孙权任命为威武中郎将前往讨伐,时武强、叶乡、东阳、丰浦四乡先降,贺齐在奏请以叶乡为始新县获准后,集中兵力对付屯聚在歙县安勤山和乌聊山的金奇万户、屯溪毛甘万户,以及屯聚黟县林历山的陈仆、祖山等两万户,并最终平息了反抗。孙权遂准贺齐奏请,分歙县为新定、黎阳、休阳,外加黟、歙、始新共六县,专置新都

---

① 嘉靖《徽州府志》卷二《风俗》。
② 万历《休宁县志》卷一《舆地志·风俗》。
③ 王鸣盛:《十七史商榷》卷四十二《三国志四·山越》。
④ 司马光:《资治通鉴》卷五十六。
⑤ 陈寿:《三国志》卷六十四《吴书·诸葛恪传》。

郡,对其进行管辖。至此,徽州六县格局初具雏形。但山越人并未停止反抗,直到吴嘉禾三年(234年),丹阳太守诸葛恪才最终平定了山越人最后一次叛乱。尽管屡次反抗都被一一镇压,但山越这一崇尚武力的传统民俗被传承了下来,成为徽州诸多社会民俗中较为突出的一种。从为数不多的文字记录来看,这一时期山越人的主要居住空间是以竹木为主料搭建的干栏式建筑,同时又筑石为屋,形成两种不同形式的居住民俗。但这一时期山越人的整体社会民俗并不丰富,其生活状态基本上是"无冻饿之人,亦无千金之家"①。

三是新安时期。这一阶段始于西晋新安郡的建立,终于隋朝歙州的设置。西晋短暂统一后,改新都郡为新安郡,从此开启了徽州历史上的新安时代,徽州民俗亦随着中原地区世家大族移民的到来而开始变得稍微丰富起来。不过,总的来看,这一时期的徽州民俗主要介于山越和歙州时代之间。在中原世家大族移民不断徙入的背景下,徽州地区的原住民——山越人的民俗也开始出现较大变化。《晋书》所留下的"作新安人歌舞离别之辞,其声悲切"②,这里的"新安人"并非指山越土著居民,而是指徙入徽州的中原世家大族移民,其"歌舞离别"所抒发的正是这些移民对离别故土的眷恋之情。事实上,这一时期的"新安人",已非单一的徽州原土著居民即山越人,而是包含了由中原地区迁徙而来的世家大族以及因其他因素而定居于徽州地域的人群。此即所谓的"邑中各姓,以程、汪为最古,族亦最繁,忠壮越国之遗泽长矣。其余各大族,半皆由北迁南。举其时,则晋、宋两南渡,及唐末避黄巢之乱。此三期为最盛"③。另外,徽州的宗族组织也因中原世家大族的徙入而有所发展,毕竟作为第一次中原世家大族南迁的结果,在徽州便是宗族组织及其制度的建立。不过,据《晋书》记载,截至西晋时期,新安郡所辖始新、遂安、黟、歙、海宁和黎阳六县的总人口也仅有5000户之众④,平均每县户数只有833.33户。即使至南朝宋大明八年(464年)出现

① 司马迁:《史记》卷一百二十九《货殖列传》。
② 房玄龄:《晋书》卷二十八《五行志中》。
③ 民国《歙县志》卷一《舆地志·风土》。
④ 参见房玄龄:《晋书》卷十五《地理志下·扬州》。

了人口暴增现象,新安郡的总人口也不过只有 12058 户、36651 口而已。① 因此,新安时代的徽州民俗,尚处于由传统的山越民俗向中原与山越民俗之间融合交汇的转型阶段。不过,以稻作农业为主、居住在以干栏式建筑为主体的民居之中,同时又信巫信鬼的习俗,依然是这一时期徽州民俗的主流,完善定型的徽州民俗尚未形成。因史料文献的缺乏,目前我们尚无法对新安时代徽州民俗进行系统的叙述、概括和阐释。

四是歙州时期。这一时期始于隋文帝平定新安,并改新安郡为歙州(注:隋炀帝大业和唐玄宗天宝年间一度将歙州改回新安,此处忽略不计),终于北宋徽州宣和三年(1121 年)改歙州为徽州。这一时期,继东汉末年开始的中原地区世家大族首次移民徽州之后,唐末又发生了第二次中原地区居民大规模移民徽州的运动,并直接导致了徽州地区人口的激增。隋在平定南朝陈政权,实现了中国的统一后,改新安郡为歙州,此时歙州所辖黟、歙和休宁三县的户口有 6164 户。② 至唐朝建立之初的武德初年,歙州三县亦仅有 6021 户、26617 口。到唐玄宗天宝年间,歙州三县则激增至 38033 户、269109 口。③ 而至宋真宗天禧年间,歙州户口更是增至 127203 户,如按每户五口人计,竟有 63 万多口。④ 在生产力尚不发达的条件下,人口数量的绝对增长,是社会安定和经济发展的侧面反映,也是地域民俗初步成型的一个标志。在土著和来自中原地区移民的共同开发下,徽州逐渐从蛮荒之地发展成为富庶之区,至宋神宗元丰年间,歙州所辖六县全部跻身于"望县"⑤即经济发达之县行列。

歙州时期的徽州民俗,呈现出以下五大特点:

第一,山区经济民俗特征更加突出,以茶叶和林木种植、交易与消费为中心,徽州山区经济民俗基本形成。徽州的茶叶栽种、产量、质量及其贸易总量在中唐时期已达到一个新的高峰。唐代宗大历元年(766 年)设置的祁门县,至唐

---

① 参见沈约:《宋书》卷三十五《州郡志·扬州》,中华书局 1974 年版,第 1037 页。
② 参见魏征:《隋书》卷三十一《地理志下·新安郡》。
③ 参见刘昫:《旧唐书》卷四十《地理志三·江南道》。
④ 参见罗愿:《新安志》卷一《户口》。
⑤ 王存等:《元丰九域志》卷六《江南路·歙州》,见《文渊阁四库全书》总第 471 册,第 135 页。

宪宗元和年间,茶叶生产和贸易即已非常繁荣,"邑之编籍民五千四百余户,其疆境亦不为小。山多而田少,水清而地沃。山且植茗,高下无遗土。千里之内,业于茶者七八矣。由是给衣食,供赋役,悉恃此。祁之茗色黄而香,贾客咸议,愈于诸方。每岁二三月,赍银缗缯素求市,将货他郡者,摩肩接迹而至"①。太和中,唐王朝更"以婺源、浮梁、祁门、德兴四县货茶实多,兵甲日众,甚殷户口,素是奥区……乃升婺源为都制置,兵刑课税,属而理之"②。可见,唐代中叶以后,歙州已发展成为全国重要的优质茶叶产区,茶叶种植与销售已成为该地区支柱性产业。杨晔在《膳夫经手录》中云:"歙州、婺州、祁门、婺源方茶,制置精好,不杂木叶,自梁、宋、幽、并间,人皆尚之,赋税所入,商贾所赍,数千里不绝于道路,其先春、含膏亦在顾渚茶品之亚列。祁门所出方茶,川源制度略同,差小耳。"③南唐和北宋时期,徽州山区的茶叶生产和贸易继续保持强劲发展势头,并涌现出一批名优产品。歙州茶叶成为北宋中央王朝列入上贡的重要物资,仅上贡的茶叶品种就有片茶华英、先春、来泉、胜金、嫩桑等多个品种④,另有散茶"茗茶"⑤等若干。围绕种茶、采茶、饮茶和茶叶交易与消费的各种民俗,此时已经初步形成。而各种树木及经济林木的种植与贸易,此时已成为徽州民众谋生的重要手段。据罗愿《新安志》载,徽州"山出美材"⑥,"木则松、梓、槐、柏、梼、榆、槐、檀,赤白之椽,岁联为桴,以下浙河,大抵松槠为尤多,而其外则纸、漆、茗以为货"⑦。林木种植与获利维生,催生了一个民俗事象的诞生,这就是"女子始生,则为植槠,比嫁,斫卖以供百用,女以其故或预自蓄藏始"⑧。而种桑养蚕的民俗事象同样形成于这一时期,所谓"俗重蚕,至熏浴斋洁以饲之"⑨。

第二,本地粮食产量已难以满足徽州人维持生存的基本需要,农业在整个

---

① 董诰、阮元、徐松等:《全唐文》卷八百二《祁门县新修阊门溪记》。

② 董诰、阮元、徐松等:《全唐文》卷八百七十一《婺源诸县都制置新城记》。

③ 杨晔:《膳夫经手录》,见《续修四库全书》总第1115册,第525页。

④ 参见《宋会要辑稿·食货》卷二十九《买茶价》,中华书局1957年影印本,第5312页。

⑤ 罗愿:《新安志》卷二《物产·货贿》。

⑥ 罗愿:《新安志》卷一《州郡·风俗》。

⑦ 罗愿:《新安志》卷二《物产·木果》。

⑧ 罗愿:《新安志》卷一《州郡·风俗》。

⑨ 罗愿:《新安志》卷一《州郡·风俗》。

产业经济结构中地位下降,徽州开始成为一个严重依赖外地进口的缺粮区,每年需要从外地大量输入粮食,方能维持徽州人的生计。因此,围绕粮食作物种植、交易、消费和品种引进,便在此时逐渐形成了新的民俗事象。如梯田的开垦、山歌的形成、社神崇拜与祭祀信仰的形成,以及占城稻引进对徽州人饮食民俗的影响等,都是这一时期徽州民俗的突出特点。

第三,宗族作为一项非制度性设置的社会组织以及由宗族而产生的诸多社会民俗,在这一阶段初步形成,并迅速在徽州各地扩布,编纂谱牒、缮修祖墓、设置宗族义庄、购置义田、强化血亲关系、救济族人、维持祖先祭祀成为这一时期徽州宗族社会民俗的突出特征。仅在改歙州为徽州之前的北宋时期,徽州就已完成了汪氏、程氏、方氏和许氏等多种宗族谱牒的纂修,祖墓亦得以持续修缮与祭扫,尊祖敬宗、追本报远成为这一时期徽州诸多新民俗中最具特色的民俗事象。

第四,地方神灵信仰体系初步得到建构和维系。隋朝末年,歙州人汪华据州起兵,并逐渐攻占宣、杭、睦、婺、饶和歙六州之地,建国立号,自称"吴王",抵御了外敌的入侵,捍御了江南六州的平安。唐武德初年,汪华顺应大势归顺唐朝后,被授为歙州总管,死后被追赠为"越国公"。自唐代中叶以后,汪华即受到徽州官民立祠敬拜,香火不断。南唐时,刺史陶雅又创建汪华灵官。入宋后至歙州更名徽州前,汪华先后受到宋真宗、宋徽宗的"灵惠公"[1]和"英济王"[2]赐封,供奉汪华的庙宇也被宋徽宗赐额为"忠显"[3]。此外,还有号称徽州两大姓之一的程姓祖先忠壮公程灵洗,尽管此时尚未获得朝廷赐封,但宗族及民间对其的祭祀已十分活跃。很多徙入徽州的大姓望族,也在自觉地建构本族的祖先谱系和信仰体系,徽州初步完成了自然神灵、地方神灵和祖先神灵等为中心的信仰体系建构。

第五,社会民俗实现由尚武向崇文过渡,并最终形成了崇文重教的社会民

---

[1] 《宋会要辑稿·礼》卷二十《诸祠庙》。

[2] 《宋会要辑稿·礼》卷二十《诸祠庙》。

[3] 《宋会要辑稿·礼》卷二十《诸祠庙》。

俗。"黄巢之乱,中原衣冠避地保于此,后或去或留,俗益向文雅,宋兴则名臣辈出。"①"尚武之风显于梁陈,右文之习振于唐宋。"②此外,喜争好讼和崇尚风水的诸多陋俗亦在这一阶段产生,以致罗愿在《新安志》中特别强调指出:"歙为负郭县,其民之弊,好委人事,泥葬陇卜窀,至择吉岁。市井列屋,犹稍哆其门,以傺吉向。"③这些陋俗在日后徽州社会民俗的发展和演变中愈演愈烈,根深蒂固,成为诸多难以革易的陋俗之一。

总之,歙州时期是徽州民俗整体趋于定型的发展时期。宗族组织、祖先和民间诸神信仰体系初步形成,岁时节日和时序农事安排、乡里宗族组织和人生仪礼体系得到建构和不断完善,并由此开启了尚武之风向崇文之习转变的序幕。

三、徽州民俗的定型完善与传承变异

这一时期上起宋徽宗宣和三年(1121 年),下迄清末民初政权更迭的剧烈社会变革之际,跨越两宋、元、明、清和民国初创共六个政权,前后延续时间近千年之久,堪称徽州传统民俗定型完善、传承变异和扩展流布最为剧烈又丰富多彩的时期。由于这一时期跨度较大,变化多端,特别是政权更迭和剧烈社会变革引致的部分民俗事象的变异非常显著,因此,根据其传承与变异、变革与流布的实际特点,我们将这一时期的徽州民俗依次分为宋元、明清和清末民初三个阶段。

(一) 宋元阶段徽州民俗的定型与完善

这一阶段始于北宋宣和三年(1121 年),终于元朝被推翻的至正二十八年(1368 年)。尽管这一阶段的前后时间不到三百年,但随着南宋初年中原地区第三次大规模人口移入徽州高潮的结束,徽州无论是物质与精神生产和生活民俗、宗族组织与社会民俗、岁时节日民俗,还是人生仪礼、民间信仰以及民间语

---

① 罗愿:《新安志》卷一《州郡·风俗》。
② 民国《歙县志》卷一《舆地志·风土》。
③ 罗愿:《新安志》卷一《州郡·风俗》。

言与文学,基本上都形成了相对较为完整和完善的体系。因此,宋元时期堪称徽州民俗的定型和完善时期。

首先,徽州重文崇教的民俗已经完全取代崇尚武力的传统。南宋时期,随着中国经济重心南移的完成和政治中心转移至江南,毗邻南宋首都临安(今浙江杭州)的区位优势,使得包括民俗在内的徽州文化获得了空前的交融与发展机遇,并完成了徽州民俗的最终定型。祖籍婺源的朱熹所著的《家礼》,在这一时期成为徽州官民奉行不怠的人生仪礼准绳。特别是宋理宗正式将朱熹理学奉为官方正统哲学后,朱熹的理学思想在徽州得到广泛传播,并深深地影响了徽州的民俗,"文公阙里""新安理学"和"东南邹鲁"成为徽州饮誉遐迩的文化桂冠。"新安自南迁后,人物之多,文物之盛,称于天下。当其时,自井邑田野,以至远山深谷、民居之处,莫不有学、有师、有书史之藏。其学所本,则一以郡先师子朱子为归,凡六经传注、诸子百氏之书,非经朱子论定者,父兄不以为教,子弟不以为学也。是以朱子之学虽行天下,而讲之熟、说之详、守之固,则惟推新安之士为然,故四方谓'东南邹鲁'。"①

其次,宗族血缘组织与宗族社会民俗正式定型并在实践中进一步扩布和完善。如果说歙州时期徽州宗族组织和宗族社会民俗还处于初步形成阶段的话,那么,至宋元时期特别是南宋以后,伴随第三次中原地区人口大规模迁入徽州高潮的结束,在"万殊一本"观念支配和朱熹《家礼》的指导下,徽州宗族获得前所未有的发展,几乎各大宗族都在这一时期编纂刊刻了本族的谱牒,建构了祖先源于中原地区的文化认同,修建了墓祠,购买和置办了以救济及祭祀祖先为目的的族田、义田和赡茔田产,并制定了相应的管理田产的规约,以保证其规范有序运行。尤其值得注意的是,南宋至元代,这种宗族组织和宗族社会民俗的影响还在进一步扩大,并由血缘而地缘,即由单姓血缘家族纂修的族谱开始向纂修跨地域联宗统谱转化,并出现了毫无血缘关系的地域性大族谱即《新安大族志》的纂修现象。

---

① 赵汸:《东山存稿》卷四《商山书院学田记》,见《文渊阁四库全书》总第1221册,第287页。

再次,自然、英雄、祖先和地方神灵信仰体系进一步完善,并最终定型。作为捍卫一方平安的越国公汪华继续得到朝廷的赐封。整个宋元时期,特别是改歙州为徽州之后至元代,汪华先后被赐封达九次之多,其爵位和级别亦由北宋大中祥符二年(1009年)第一次赐封的三字"灵惠公"开始,到元至正元年(1341年)升至为被赐封为九字"照忠广仁武烈灵显王"①,汪华庙名亦由北宋赐额"忠显"②演变为宝祐三年(1255年)的"忠烈"。罗愿在《新安志》中正式将汪华形塑为"新安之神"③,即徽州的乡土神。同时,汪华的夫人和八子也先后被虚构与赐封。至此,汪华已完成了由人到神的转变,成为最著名的徽州乡土神灵。与此同时,程元谭被作为徽州程氏的始迁祖和新安太守的事迹,以及程元谭后裔、被视为与汪华并列的徽州乡土神灵——忠壮公程灵洗的灵异故事,也得以成功建构与形塑。从嘉定十六年(1223年)宋宁宗赐程灵洗庙额为"世忠"和宝庆三年(1227年)赐封程灵洗为"广烈侯"为始,程灵洗不断被朝廷赐予爵位和封号,封爵也由"侯"被擢升至"公",并在元泰定三年(1326年)升格为"王",被泰定帝赐封为"忠烈显惠灵顺善应王"④,实现了爵位封赐的三级跳。至此,汪华与程灵洗两位徽州最著名的乡土之神被建构与形塑成功,并实现了徽州本土的全域性祭祀。

最后,从商民俗初步形成并开始对徽州传统"安土重迁"民俗造成冲击。南宋时期,在人多地少的压力下,徽州已有不少从事经营的行商坐贾,特别是从事长途贩运的行商。在这些行商中,产于徽州本土婺源的"五通"神信仰,成功与婺源及江南部分地区的商业民俗相结合,每年逢四月八日婺源五通庙会时,来自四面八方的客商(含信众)云集婺源,共同庆祝繁华的盛大节日。据祝穆《方舆胜览》记载:"五通庙,在婺源,乃祖庙,兄弟凡五人,本姓萧。每岁四月八日,来朝者四方云集。"⑤五通庙及其所供奉的神灵两宋时期也不断得到朝廷的赐额

① 宋濂:《元史》卷四十《顺帝本纪三》。
② 《宋会要辑稿·礼》卷二十《诸祠庙》。
③ 罗愿:《新安志》卷一《州郡·祠庙附汪王庙考实》。
④ 程敏政:《程氏贻范集·甲集》卷一《忠烈显惠灵顺善应王宣命》。
⑤ 祝穆:《方舆胜览》卷十六《徽州》,见《文渊阁四库全书》总第471册,第699页。

和加封:"大观三年三月,赐庙额。宣和五年正月,封通贶通佑通泽通惠通济侯。绍兴二年五月,并加封四字。十五年九月,封六字。乾道三年九月,封八字。淳熙元年,进封显应显济显祐显灵显宁公。"①元朝仁宗时赐五通庙"万寿灵顺"庙额,并改封五通神各为"显仁协德昭圣孚应王、显义协正昭圣孚惠王、显礼协明昭圣孚泽王、显智协聪昭圣孚济王、显信协直昭圣孚祐王"②。随着婺源县经商人数的不断壮大,五通神信仰也不断随其向外传播,以致宋代开始,在浙江、江南、江西和福州等徽州商人活跃的地区也纷纷建立起了五通(显)庙。③ 五通神和五通庙的不断被赐封与赐额,说明包括婺源在内的徽州安土重迁民俗已逐渐被外出经营习俗所取代。

我们还注意到,宋元时期,徽州民俗在传承、定型和完善过程中,发生了潜移默化的变异,地域性差异开始显现。对此,罗愿在《新安志》中云:"歙为负郭县,其民之弊,好委人事,泥葬陇卜窆,至择吉岁。市井列屋,犹稍哆其门,以倭吉向。休宁俗,亦多学者。山出美材,岁联为桴,下浙河,往者多取富。女子始生,则为植楸,比嫁,斫卖以供百用,女以其故或预自蓄藏始。秦黟地广,今更为小县,俗淳俭。"④

(三)明清时期徽州民俗的传承与变异

明清时期,随着明代中叶社会的转型和明清之际的易代,宋元时期定型和完善的徽州民俗在继续得到传承和发展的同时,也在发生着变异。

明代中叶以前,即从洪武至成化、弘治时期,是徽州社会与经济相对较为稳定的发展阶段,社会转型尚未发生,徽州民俗较为淳朴,"长老称说,成(化)、弘(治)以前,民间椎朴少文,甘恬退,重土著,勤稼事,敦愿让,崇节俭"⑤,此一盛景,被封建史家誉为"一时之三代"⑥。

---

① 罗愿:《新安志》卷五《婺源·祠庙》。
② 弘治《徽州府志》卷五《祀典》。
③ 参见朱海滨:《祭祀政策与民间信仰变迁——近世浙江民间信仰研究》,复旦大学出版社2008年版;又见[美]韩森:《变迁之神:南宋时期的民间信仰》,包伟民译,中西书局2016年版。
④ 罗愿:《新安志》卷一《州郡·风俗》。
⑤ 万历《歙志》卷首《洪文衡序》。
⑥ 万历《歙志》考卷五《风土》。

明代中后期是徽州社会转型和民俗变异较为剧烈的发展时期。在这一时期,由于人口的急剧膨胀,徽州遇到了前所未有的生存危机。为摆脱危机,解决生计,徽州人大量外出经商,"出贾既多,土田不重"①,人们的社会观念悄悄地发生变化,"家弦户诵,夤缘进取,流寓五方,轻本重末,舞文珥笔,乘坚策肥,世变江河,莫可底止……富者愈富,贫者愈贫"②。整个社会的贫富差距开始拉大,在衣、食、住、行等物质生活民俗和冠、婚、丧、祭等人生仪礼以及岁时节日民俗上,不同阶级、不同阶层之间显示出较大的差异,"贫者日再食,富者三食。食为馎粥,客至不为黍。家不畜乘马,不畜鹅鹜"③,甚至"贫窭数月不见鱼肉"④,富者则"连屋列肆,乘坚策肥,被绮縠,拥赵女,鸣琴砧屐"⑤。贫者的节俭和富者的奢靡,两种不同民俗的差异,形成了难以逾越的巨大鸿沟。

徽商的大规模外出,形成"徽商遍天下"⑥局面的同时,围绕徽商本身也产生了不少新的民俗,并成为这一时期民俗发生变异的主因。早婚、新婚之别、民谣甚至宗族、村落组织和社会民俗,都深深地打上了徽商的印记。"蜀中俗尚幼婚,娶长妇,男子十二三岁即娶,徽俗亦然。然徽人事商贾,毕娶则可有事于四方。"⑦

明清时期,作为组织和社会民俗之一的徽州宗族和会社民俗,在传承延续前代的基础上,又获得了进一步的发展。聚族而居的各大宗族,几乎都制定有自己的族规家法,用以约束成员的言行举止,并在尊祖敬宗、报本追远的名义下组织宗族内部的生产与生活,开展社会、经济、文化、教育、祭祖和迎神赛会等活动。会社特别是文人会社不仅成为文人之间砥砺名节、切磋诗文的重要组织,而且是乡里社会是非曲直评判、鼠牙雀争调解、净化社会风气的公益性组织。在歙县,"士则郡城有斗山会,自郡而西,岩镇有南山会,其余巨族,间亦有之。

---

① 万历《歙志》考卷五《风土》。
② 万历《歙志》卷首《洪文衡序》。
③ 嘉靖《徽州府志》卷二《风俗》。
④ 万历《祁门志》卷四《人事志·风俗》。
⑤ 归有光:《震川先生集》卷十三《白庵程翁八十寿序》。
⑥ 康熙《婺县志》卷一《风俗》。
⑦ 王士性:《广志绎》卷五《西南诸省》。

其置会有地,进会有礼,立会有条,司会有人,交会有际,大都进德修业,由来尚矣"①。"各村自为文会,以名教相砥砺。乡有争竞,始则鸣族,不能决则诉于文会,听约束焉。再不决,然后讼于官,比经文会公论者,而官藉以得其款要过半矣,故其讼易解。"②徽州文人会社很多是在宗族组织的基础上成立和开展活动的,其成员亦多来自聚居于同一地域空间的宗族内部。明清时期徽州文人会社组织的发达和功能的多样性,正是徽州宗族进一步繁荣和健全的一个侧面反映。

需要特别强调的是,在明代中叶以降徽州物质生活民俗中,衣、食、住、行都有许多新的民俗事象发生变异。有明确史实记录的以粉壁、黛瓦、马头墙为标志的徽州民居建筑,是在何歆出任徽州知府时为防御火灾而发明创造和普及推广的,当时的马头墙被称为"封火墙"。清初,徽州的发饰民俗亦发生了重大变异,传统的蓄发民俗被剃发民俗所取代,并一直延续至民国改元剪辫运动之后方才得到改变。同时,清代中叶,随着安庆等地棚民的大量入徽,徽州社会民俗也随之发生变异,特别是在祁门和休宁等县,棚民聚居村落和当地土著聚族而居村落互相参差,形成了方言、饮食和俗语的差异。而原产美洲的苞芦、甘薯等优质高产农作物的传入以及棚民在徽州的广泛垦荒引种,不仅使棚民而且使徽州百姓日常生活的饮食结构发生了较大的变异,苞芦和甘薯在徽州不少地区成为下层百姓的主要食粮,从而改变了徽州民众传统的以稻米为主食的食物结构。如歙县,"歙山多田少,产米常供不给求,东、西两乡犹能输其羡于邻境,惟南乡与北乡之黄山农家多种苞芦以自食,非小康之家,即不易得,米面不常食"③。

徽州民俗在鸦片战争以后的近代社会继续得到传承与发展,并随着近代社会的变迁而发生变异,如吸食鸦片的陋俗、中西合璧式居室的装饰与布置、新型交通工具及其出行民俗等。在这些社会变迁的因素中,清军与太平天国军队在

---

① 万历《歙志》考卷五《风土》。
② 乾隆《橙阳散志》卷十五《歙风俗礼教考》。
③ 刘汝骥:《陶甓公牍》卷十二《法制科·歙县风俗之习惯》。

徽州的十年拉锯战即"咸同兵燹",对徽州社会变迁与民俗变异影响最大。"咸同兵燹"后,徽州很多地区沦为废墟,生灵涂炭,尸横遍野,劫后余生的徽州民众为清理掩埋尸骨,先后设立不少义冢。为妥善处理在战乱中死亡的无主户尸体,徽州建立了诸如同善会等组织,绩溪余川等地甚至成立了纂孤会,雇请扎纸名师,制作温、刘、马、赵及骑马跑文书的五大元帅神像①,以祈求菩萨保佑,并邀请僧人做斋,超度死去的亡灵。同时,徽州部分地区的服饰民俗也在"咸同兵燹"后悄悄地发生变异,"兵燹以后,渐次两湖装式,宽衣广幅阔袖。夏穿纱罗,次亦穿夏布、洋布。冬穿轻裘,次亦穿棉袍,布必用细。着绸缎衣服者,十有二三,土布罕见。套裤、背心均极趋时"②。

(三)清末民初徽州传统民俗的嬗变

延续着传统民俗的惯性,清代中后期徽州民俗依然按部就班地向前缓慢地发展着。但随着鸦片战争的失败、外国资本主义的侵入和"咸同兵燹"的劫难,徽州传统民俗也在这一千古未有之变局中发生着变革。

黄宾虹在光绪三十四年(1908年)撰写的《叙村居》一文中,曾无可奈何地感叹道:"上溯甲子,三元恰遇,百余年来,人士递嬗。在昔先民,布公仗义,莫不勤慎节俭,克成阙家。后人席履丰厚,悉竞奢靡。奢靡之害,流为僻傲,以故中落……近十数年来,故家耆老,相继沦谢。商务外移,弃贾归者,力不任末耜,户庭食窭。礼教陵替,勃谿诟诤之声,不绝于巷。摧栋折柱,砾石塞途,媮婿相寻,腴坏以瘠,川壅成淤,山童不材,乔荫毁于疾雷,杰构败于骤雨,天时之变,曷其有极。嗟夫! 今昔之殊,兴替之感,人有同情。"③在鸦片战争失败、"咸同兵燹"重创及之后洋货充斥城乡市场的情势下,曾经被誉为"东南邹鲁"和"礼仪之邦"的徽州,吸食鸦片已成为徽州最为严重的陋俗之一,"徽俗不论贫富,吃烟者十人而六七"④。至于洋货,在廉价地输入徽州后,引发了徽州民众的购买欲望,

---

① 参见卞利:《明清以来的绩溪社会》,安徽大学出版社2017年版,第105页。
② 刘汝骥:《陶甓公牍》卷十二《法制科·绩溪风俗之习惯》。
③ 《国粹学报》第42、43期,见上海书画出版社、上海博物馆:《黄宾虹文集·杂著编》,上海书画出版社1999年版,第12页。
④ 刘汝骥:《陶甓公牍》卷十《禀详·徽州府禀地方情行文》。

"各色客布、洋布销售颇多"①。"近各国通商,多染外洋习气,城中短衣窄裤,即于在谷满谷、在坑满坑。女子亦穿长衫,不着下裳,风气大变。又有少年子弟,剪发作流海圈,殊非雅尚。"②就在一向被称为民风淳朴的绩溪,"道光、咸丰间,衣必土布,用必土货,其好尚惟以朴实坚固者为合度。兵燹以后,洋货充韧,货巧而价廉,殷商显宦倡之,士庶亦效之。盖绩人算小不算大,无爱国爱群心,后生新进复袭泰西皮毛,衣洋衣,食洋货,其食用必期混同于欧俗"③。在欧风美雨的不断浸淫下,徽州传统的服饰、饮食、民间信仰等日常生活民俗正在发生着嬗变。而随着清朝的灭亡和民国的建立,整个徽州男女民众的发饰和缠足等民俗发生了突变,男性剪辫、女性放足以及中山装和长袍马褂等服饰民俗的变异,在涤荡着徽州传统民俗的同时,也在把徽州引向文明发展的轨道,尽管这种变异是被迫的,却是一种无法改变的趋势。

在民间笃信的忠壮公程灵洗、越国公汪华等地方神灵以及祖先神灵并未能保佑徽州免于"咸同兵燹"战争浩劫的情况下,沮丧、愤懑和失落之情,在"咸同兵燹"后的徽州社会各阶层中滋生与散发,无论是文人著作、地方志,还是族谱,在对徽州这段历史描述时,几乎都是异口同声地予以挞伐。而随着"咸同兵燹"的结束和所谓"同治中兴"的到来,西方传教士大量来到僻远的徽州山区,建立教堂,传播教义,广收信众。一时间,天主教、耶稣教等教堂在徽州各地被大量地建立起来,"查绩溪服天主教者,庚子年有教民二百八十七人,恃势横行。凡诉讼,皆恃保护,故服教者日多"④。婺源天主教堂则在光绪二十六年(1900年)被所谓"外匪"焚毁后,"经许观察鼎霖与米司铎妥议,诏予赔款,听其造教堂于城内,因建于保安门一带,广袤数亩,而董门被毁之教堂亦已重造"⑤。徽州传统的民间信仰在天主教、耶稣教传入后,也在发生局部的变化。当然,为了弥补心灵上的创伤,"咸同兵燹"后,徽州各地宗族除了在祠堂为亡灵升主标准方面有

① 刘汝骥:《陶甓公牍》卷十二《法制科·祁门风俗之习惯·服饰》。
② 刘汝骥:《陶甓公牍》卷十二《法制科·婺源风俗之习惯·服饰》。
③ 刘汝骥:《陶甓公牍》卷十二《法制科·绩溪民情之习惯·食用好尚之方针》。
④ 刘汝骥:《陶甓公牍》卷十二《法制科·绩溪风俗之习惯·宗教》。
⑤ 光绪《婺源乡土志》第十九课《天主教堂》。

所放宽之外,对祖先的祭祀之礼也更为端谨,"祭礼,俗守《文公家礼》,在昔小异大同,咸同以后,踵事增华,三献也"①。但它已难以抵御外来宗教和信仰对传统民间信仰的冲击,许承尧坚称的"徽州独无教门"②似乎无法掩盖基督教和天主教在徽州迅速传播的客观现实。

徽州民俗的嬗变还表现在"咸同兵燹"后西方平等、博爱等观念的输入和传播,特别是在外埠报刊诸如《申报》《政治报》和《安徽报》等新式报刊不断进入徽州的背景下,包括顽固存在于徽州乡村社会的佃仆制以及由佃仆制而形成的压迫下层民众的陋俗,也在发生着新的变异。正如光绪《婺源乡土志》所云:"乡落皆聚族而居,族必有谱,世系数十代尊卑秩然,主仆之分甚严。即其家殷厚,终不得列于大姓,或有冒与试者,攻之务去。近来欧人平等之说输入中华,脱仆籍而入上流可企踵,而俟事机之会矣。"③保守落后的徽州宗族组织在民国改元后,也开始尝试着对自身进行改造。如民国六年(1917年)纂修刊印的绩溪《鱼川耿氏宗谱》就曾极力倡导自治主张和博爱思想,云:"政体变更,渐归法制。家族者,国家之籓体也。家族自治者,即国治之模型也。……其宗旨纯正,法意周密,诚能依法行之,实足以救世而励俗,兴族而强国。"④

尽管清末民初徽州传统民俗不断地发生着嬗变,传统人生仪礼中的婚姻论财、丧礼繁缛和铺张,也在不断受到越来越多有识之士强烈批判的背景下有所变异,但就整体而言,徽州民俗的嬗变还是缓慢的。这固然与民俗本身具有相对稳定性特征密切相关,但也更深刻地反映出徽州山区社会和民众在思想、观念和行为上保守性的一面。

① 民国《歙县志》卷一《舆地志·风土》。
② 许承尧:《歙事闲谭》卷十八《歙风俗礼教考》。
③ 光绪《婺源乡土志》第七十四课《续前三》。
④ 民国《鱼川耿氏宗谱》卷五《祠规·家族规则》。

第 二 节

徽州家谱

徽州家谱作为徽学的主要研究领域,有两个层面的考虑:一是徽州家谱作为基础史料为徽学研究提供了资料,从而扩大了徽学研究的范围及深度;二是徽州家谱自身作为研究对象,扩大了徽学研究领域,形成了有关徽州家谱自身理论与方法的研究成果。

一、徽州家谱为徽学研究提供了大量典型的研究资料

徽州家谱反映了宋元以来徽州家庭的人口繁衍和迁徙、宗族关系,以及宗族与基层社会的关系,通过对家谱的研究可以形成对徽州基层社会更全面的认识,也有助于对中国明清社会作更深入的考察。这一点是其他资料及其他研究途径无法替代的,因此徽州家谱自身的性质决定了它必然会成为推动徽学研究深入发展的支撑。

明清徽州家谱不仅记录了徽州社会的实态,还有机地融入徽州社会之中,通过发挥家谱的功能,担当起基层社会秩序重构重任。这是徽州家谱撰修生生不息的重要原因之一。

徽州学者赵吉士在《寄园寄所寄》中说:“新安有数种风俗胜于他邑:千年之家,不动一抔;千丁之族,未尝散处;千载谱系,丝毫不紊。”这表明徽州是一个高度宗族化、组织化的地方社会,这种组织化的形成是在社会变迁中不断重构而生的。徽州基层社会秩序的形成,家谱所起的作用是不可低估的,“千丁之族”是由谱系维持的,“千年之冢”是已经过家谱中的墓图固化了的,这说明家谱承

担着基层社会秩序重构的重任。通过徽州家谱,可以对徽州社会以下方面进行更深入的研究:

一是有关徽州人口流动与分布的研究。宋元以降,徽州人口一直保持着高流动性,有北方人口的迁入,有徽州人口的区域内流动,还有徽州人口的外迁。特别是徽商的流动性直接促成了"大徽州"的形成。这种流动的时间、方向、规模等,我们都能从家谱中观察甚至统计出来。

二是有关徽州宗族秩序构建的研究。宗族化是徽州基层社会的典型特征之一,宗族化也标志着人群的组织化。家谱是宗族组织化的基础。家谱通过谱系的构建,构筑了宗族的历史,同时也实现了宗族在时间维度上的有序化,保证了宗族内部人群尊卑有序;家谱利用统宗谱、支谱等形式,实现了宗族不同分支之间的联系与区分,在考虑血缘关系的前提下,更侧重于从空间维度构建了宗族间的秩序。由众多宗族的有序进行,进而构筑了基层社会的秩序。

三是有关徽州社会分层的研究。社会运行通畅程度和社会分层的合理与认同相关。家谱通过确立"亲亲""尊尊"的编写原则与方法,实现了宗族内部的分层。士绅集团利用家谱实现了对乡村绅权的构建,他们一方面利用家谱实现对族内低阶层族众的控制,同时也利用家谱区分不同宗族在社会中的层次,从而保证了士绅集团内部的有序化,也维持了基层社会内不同阶层的秩序。

四是有关徽州基层社会经济特征的研究。经济的稳定是基层社会秩序建立的保障,徽州家谱记载的有关族产规定,有效地对祠田、墓产实行保护,形成宗族的共同经济基础,保证了宗族内部的经济互助。家谱中关于宗族经济的记载,同时也是不同宗族间地产区分的依据,是不同宗族、不同村落避免纷争的依据。家谱中关于族产的记载,在社会变迁过程中起着重要的稳定作用,是基层社会经济秩序重构的基本依据之一。

五是有关徽州基层社会教化的研究。良好的社会教化是基层社会秩序构建的重要内容。徽州家谱始终保持着教化功能,对基层社会秩序形成起了重要的促进作用。徽州家谱以朱子《家礼》为指导思想,保证了教化的权威性与长期性,即使在社会变迁过程中,家谱依然履行着教化功能。家谱同时具有"隐恶扬善"的功能,对符合儒家伦理规范的行为大加宣扬,通过人物传记的形式,实现了对家族成员的引导,保证了在社会变迁过程中家族成员依然保持正确的行为。家谱中的家法族规,则从强制角度加大了对宗族成员的约束,保证了社会教化的长期有效性。

六是有关徽州商人社会的研究。徽州社会的另一重要特征是徽商在人口比重中占大多数,成为名副其实的商人社会,这是传统社会的重要变化。徽州家谱通过宣扬商业理论,提高了徽州人经商的信心;徽州家谱通过为商人立传,也满足了徽商名垂青史的需求;家谱作为一种重要的联谊工具,为徽商商业行为提供了良好的人际环境。这些都显示出徽州家谱对徽商发展有重要的促进作用,也推动了徽州商人社会的形成。

除了以上方面,家谱作为基础性资料,对于许多研究领域的深化都有着重要的支撑作用。

二、将徽州家谱作为研究对象展开的"谱学"层面的研究,扩大了徽学研究领域

这涉及家谱的编修、保存、评价等诸多方面,而这其中核心内容是对徽州家谱自身的理论总结:

第一,有关徽州家谱编修指导思想的探讨。宗法"一本"观是徽州家谱的基本原则,它确定的家谱编写目标,使宗族成员的自然序列变得上下贯通、条理井然,符合宗族发展的自然序列;宗法中的"大宗""小宗"观念影响着家谱的编撰类型,并使宗族内部派别之间亲疏关系、地域关系达到有序的组合。"一本"观和"大宗""小宗"从纵向、横向两个不同的维度对宗族的历史进行描述,使宗法观念借助家谱形式得以传承。

史学同样对徽州家谱的编修起着指导作用。史学与家谱关系密切,历史意识和历史编撰理论对明清徽州家谱的编修有着深远影响。"以稽先世,以贻将来"的历史传承思想是明清徽州家谱发展的动力。"大有关于家教者"的历史借鉴思想是明清徽州家谱的努力方向。史学编撰理论对明清徽州家谱的编写有

明显的影响。

第二,有关徽州家谱编修理论问题的探析。家谱编修理论包含四个方面的内容:一是家谱主体论,即有关家谱编修者的理论探讨。在家谱的编修过程中,形成了关于家谱编修者应具备素质的理性认识。这些观点认为,家谱编修者的道德修养对家谱的编修起了决定性的影响,编修者勤奋精神是家谱能否修成的另一重要影响因素,而编修者是否具有一定的官宦权位是家谱修撰的又一重要条件,最后家学传统也对家谱的编修有着深远的影响。二是家谱评价理论。徽州家谱对家谱书法、家谱功能等提出了相应的评价标准。在评价方法方面,提出了诸如"知人论世""因其文而得其心"等具体评价方法。通过对家谱自身的反省,形成了徽州家谱的评价理论,并最终指导着徽州家谱的发展。三是家谱体例论。家谱体例处于一个不断丰富的动态过程,一些基本的体例则是家谱编修中共同遵守的。徽州家谱发展过程中还突出地表现了对家谱体例的不断创新。四是家谱编修时间论。徽州家谱"千载谱系,丝毫不紊",与重视家谱编修延续时间的总结密不可分。徽州家谱从伦理和时间角度探讨了家谱编修的意义,还从具体时间要求方面作了规定,从而保证了家谱的及时编修。

第三,有关徽州家谱考辨理论问题的分析。徽州家谱的价值源于其史料的真实性,而史料的真实性与重视家谱考辨密切相关。徽州家谱中能较理性地分析家谱致误的原因。年代久远与地域悬隔是导致家谱出现错误的客观原因之一,兵燹之乱是导致家谱失真的另一客观原因。同时,故意冒充,妄图混入徽州大族之列,编修家谱时取材不全,以及政治经济利益驱使下编修者的人为造假,也导致家谱错误不断出现。家谱的错误直接影响了明清徽州的宗族社会秩序,纠正家谱的错误成为必然,家谱考辨成为必要。

徽州家谱编修过程也是徽州家谱考辨理论发展的过程。徽州家谱的考辨形式主要有"谱辨""谱论""谱注"等。具体的考辨方法有:"以史证谱",利用正史史料考证家谱中的资料;"证以郡志",利用地方志所记内容以辨家谱之记载;"实地考证",通过实地考察以证家谱有关支派迁徙的繁杂内容;"以理证谱",运用逻辑推理的方式证明家谱内容的真伪。

第四,有关徽州家谱功能的研究。徽州家谱功能通过与徽州社会诸现象的互动得以体现。

家谱与徽州宗族:家谱是宗族关系维系的精神纽带,是宗族确立的标志;宗族的发展又为家谱编修提供了条件。

家谱与徽州社会风俗:徽州素有"数种风俗胜于他邑",究其原因则是家谱"其有益于人也大矣哉"。在家谱的宣扬之下,徽州地区形成了"仁让之风""重亲缘之风"和"重婚姻之风"。

家谱与徽州教育:徽州家谱的教育功能是以朱熹思想,特别是《家礼》的思想为指导,通过善恶记载的不同形式以及通过家训、族规的强制规范得以实现,对商业观念及商业行为的宣扬,则改变了传统的观念,使商业教育在家谱中也得到了部分体现,形成了徽州家谱教育的一个特殊方面。

家谱与徽商:明清徽州家谱与徽商在近六个世纪的时间里相互影响。徽州家谱通过宣传"良贾何负闳儒"的理念,为徽商经商奠定了良好的心理基础。家谱的编修使徽商名垂后代成为可能,从而演化成为一种内在追求。在家谱成为徽商发展重要因素的同时,徽商也为家谱的编修提供了经济上最有力的支持,有力地促进了明清徽州家谱的发展。

对徽州家谱编修理论与方法的研究,还对传统谱牒学研究具有重要的补充作用。徽州家谱是宋代以来在家谱发展中具有典型性的家谱类型,不仅具有多样的类型、丰富的内容,还具有连续性特点,若通过对比研究,可以更好地把握中国传统谱牒发展的基本规律。

三、对徽州家谱的研究,还具有史学史上的重要意义

家谱是家史的重要组成部分,而家史是中国传统社会后期史学发展的一个重要组成部分,特别是明清时期,家史在传统史学中占有重要的地位。但如何对家史作更为准确的定位与评价,一直在史学研究中有不同的认识。通过对明清徽州家谱作更为深入的探讨,从更深层次去认识家谱与社会的互动关系、家

谱在基层社会治理中的作用、家谱在传统基层社会中所体现的文化认同价值等,对于重新认识以家谱为主体的家史价值有积极的参考作用。这种更具历史真实性的认识,对确立正确的国史、家史、野史关系,无疑是大有裨益的。

总之,对家谱的研究,还要充分认识到其作为"家史"的"求真"与"溢真"特性。章学诚指出"谱为一家之史",即明确了家谱具备史学的性质,这一认识在明清徽州家谱编写中得到认同。因是"一家之史",家谱便以"求真"为其出发点。在徽州家谱中主要体现为:一是徽州家谱中特别重视"谱辨"的撰写。明代徽州学者程敏政在《新安程氏统宗世谱》中精心作了 11 篇谱辨,详细辨析了徽州程氏世系源流。这一做法也引发了后世程氏家族对家谱的考证工作,在清代出现了《新安程氏统宗列派迁徙注脚纂》和《新安程氏统宗补正图纂》,对程敏政的考辨工作进行了反思。这类工作在其他家谱中也较普遍,保证了家谱的真实性。二是徽州家谱多以始迁祖为家谱的可知祖先,避免了盲目的冒祖认宗。明代徽州学者汪道昆说:"由迁祖而溯之,世泽之斩久矣,久则不可为典,于是乎祧之,恩不渎亲,义不凌节,礼之善经也。"①说明了坚持以始迁祖为家谱始祖的合"礼"性。清代徽人章大泽则指出这一行为在徽州的普遍性,他说:"吾郡诸望族恒以始居是邦者为太祖,由太祖而上远系难信者不悉详,由太祖而下远系虽数十百世不可紊,此一本之亲切而易明者。"②三是强调支谱编修,对统宗谱编撰采取谨慎态度。如汪道昆编撰万历《灵山院汪氏十六族谱》时考虑的就是"凡十六族丘墓相系,昭穆相承,谱牒相通,庆吊相及,亲矣近矣。其余非不亲也,非不近也,或衰微,或淆乱,或拥格,或散殊,旧谱或系而不名,或名而不竟,率仍其旧,罔出入以干宗盟"③,因此他所编的族谱也被称为"汪氏十六族近族谱",完全考虑的是可知的近支谱,而不盲目进行统宗谱的编撰。以上这些做法,有效地保证了徽州家谱史料的"真实"性。

但作为家谱,徽州家谱也同样有"溢真"的情况。对徽州社会有深刻认识的

---

① 汪道昆:《太函集》卷二十二《太玄吴氏宗谱序》。
② 曹诚瑾:《柳川绩邑胡氏宗谱·章大泽序》。
③ 汪道昆:万历《灵山院汪氏十六族谱·本宗谱序》。

明代史学家王世贞指出"家史人谀而善溢真",其所指是明代家谱的通病,徽州家谱当然也多少存在这方面的问题。如以《新安名族志》为例,该书记录徽州大姓 93 个,其中有一半均言出自河南,实际上经过考证,许多姓氏并不能确定清晰的迁徙路径,存在较多的疑问。另徽州家谱还多坚持"谱者史例也,谱为一家之史,史则善恶具载,谱则书祖宗之嘉言善行而不书恶者,为亲讳也"①。这也掩盖了一些谱主的真实情况。

因家谱"求真"与"溢真"并存,故在家谱使用中应坚持多种史料参互使用,以使家谱发挥最大史料价值。这一点王世贞说得比较辩证,他说:"国史人恣而善蔽真,然其叙章典述文献不可废也;野史人臆而善失真,然其征是非削讳忌不可废也;家史人谀而善溢真,然其缵宗阀表官绩不可废也。国以草创之,野以讨论之,家以润色之。"②此观点对今天的家谱研究依然具有指导意义。

第 三 节

徽州文书

20 世纪 50 年代以来,徽州文书相继面世。徽州文书新资料的发现并由此带来徽学新学科的产生乃至促进相关研究领域的拓展,构成了 20 世纪我国学术发展的重要方面。自徽州文书发现以来,利用和研究徽州文书大抵可以分为两个时期:一是 20 世纪 50 至 80 年代,学术界侧重于利用土地、经营、人身等各种契约文书以及相关租簿、账簿、置产簿等簿册文书,从事土地关系、租佃关系和阶级关系的研究。二是 20 世纪 80 年代以后,随着徽州文书不断整理公布,举凡交易文契、合同文约、承继分书、产业簿册、私家账簿、官府册籍、政令公文、

---

① 张沛泽:《绩溪张氏宗谱·凡例》。
② 王世贞:《弇州山人四部稿》卷七十一《皇明名臣琬琰录小序》。

诉讼文案、会簿会书、乡规民约、日用类书、民俗歌谣、村落文书、尺牍书札等广泛进入国内外学者的视野。徽州文书作为丰富的新资料,奠定了徽学这一新兴学科产生和发展的基础,不但历史学界高度重视这一新资料,也引起法学、人类学、社会史、经济史、文献学等学科学者的极大关注。学术界利用徽州文书从事研究的领域日益拓展,在理论方法、地域探讨、专题探究、资料发掘、文本解读、话语构建、问题意识、田野调查等方面给予其深厚的学术情感和学术关怀,取得了长足进展,研究成果不断涌现。毋庸置疑,作为中国民间文书的典型代表,徽州文书新资料的发掘和利用,极大地丰富了中国史学以及相关学科的研究。

一、关于徽州文书的整理

20 世纪 80 年代,中国社会科学院历史研究所、安徽省博物馆开始将馆藏徽州文书加以整理,相继出版了相关资料集,揭开了徽州文书整理和公布的序幕,有力地推动了徽州文书整理刊布的进程。在徽州文书整理过程中,关于如何客观梳理徽州文书的产生、存传和发掘历程,宏观把握徽州文书的庋藏概况,科学整理数量宏丰、类型复杂的新资料,深入认识民间文书的价值,一些学者在搜集和整理徽州文书实践中作出了有益探索,构成了徽州文书整理和研究的重要组成部分。一些馆藏单位还以各种形式整理公布了馆藏目录,甚至对馆藏情况作系统介绍,方便了学者的了解和利用。随着徽州文书的不断刊布,文书与徽学研究的拓展和深化关系日益密切,极大地巩固了徽学这一新兴学科的地位。然而,从类型学上科学认识徽州文书,从理论和方法的角度探索徽州文书新资料与学术研究特别是史学研究的关系,徽州文书与其他地区文书的比较研究等,仍有待推进。

二、利用徽州文书进行的相关领域的研究

(一)佃仆关系研究

徽州文书研究始于阶级关系领域,具体地说即佃仆制度的研究。明清时

期,具有经济上的租佃关系和人身隶属关系的佃仆制度广泛存在。到了近代,随着社会的变革和转型,与其他社会阶层一样,处于社会底层的佃仆的反抗斗争——即"奴变"日益加剧,佃仆制度趋于式微。在传统徽州,佃仆制度由来已久,顽固存在。佃仆,或称庄仆、地仆、庄佃、伴当、伙(火)佃、山仆、住佃、细民、地伙、僮仆等,不一而足。他们住主之屋、葬主之山、种主之田,并对特定家族或宗族承当一定的劳役义务,世代相承,形成主仆之分。主仆之间大多通过订立各种契约维系经济关系和人身隶属关系,由此产生大量相关文书遗存至今。1960年,傅衣凌先生发表《明代徽州庄仆文约辑存》,开始了佃仆制研究,亦揭开了利用民间文书从事徽学研究的序幕。20世纪60至80年代,因国内史学界热衷于阶级关系的探讨,徽州佃仆制研究颇受关注,诸如章有义、叶显恩、魏金玉、傅同钦、马子庄、韩恒煜等相继注重徽州佃仆文书与佃仆制度的探究。这一时期,日本学者诸如寺田隆信、仁井田升、小山正明以及美国学者居密等亦发表了相关专文。20世纪80年代以后,随着丰富的徽州佃仆文书不断面世,有关佃仆制度的个案研究增多,关注的问题亦日趋深入,成果斐然。总体而言,徽州佃仆制的早期研究侧重于主仆之间经济关系(土地关系)的探讨。20世纪八九十年代是这一领域研究的相对集中时期,取得了不少代表性成果,研究视野亦扩大到与佃仆制度相关的诉讼关系、宗族关系等方面,诸如佃仆的起源、佃仆身份和地位、佃仆的称谓和类型等具体问题。学者们在实证研究中不断深入,在学术论争中趋于认同。不难看出,丰富的相关文书资料为推动这一领域研究不断深入奠定了重要基础。

(二)土地关系与宗族关系研究

有宋以降,随着土地关系、租佃关系的普遍发展,土地契约得以广泛行用。早在20世纪三四十年代,著名史学家傅衣凌先生即倡导利用契约文书等资料从事社会经济史研究。同一时期,日本著名中国史研究专家仁井田升教授亦注重利用民间契约探究中国法制史。二者实属利用契约文书从事学术研究的奠基者和开拓者。与全国其他地区相比,徽州遗存契约数量最为丰富,类型上以土地契约为大宗。利用徽州土地契约从事社会经济史研究一度成为热点。

　　关于土地关系。在徽州,尤其在明清时期,"一田二主"现象亦日趋普遍,一些学者利用遗存的徽州土地文书对此作考察。与地权相关的是,明清以来,民间土地的租佃、买卖、典当复杂多样,土地流转形式不一而足,不少学者基于徽州土地契约的具体记载,对民间土地流动作翔实的探究,对于典当、典卖等相关问题予以微观剖析。在长期民间土地流转中形成的亲邻优先权,找价、回赎等制约产权自由流转的惯例,亦引起学者关注。另外,利用丰富的土地契约,深入剖析通货、地租率、地租形式、粮食亩产、土地价格、土地利用等社会经济实态成为可能。

　　关于宗族关系。传统徽州是一个典型的宗法社会。特别是明清时期,徽州宗族的经济组织化,促使宗族产业构成传统徽州社会经济的重要方面。反映到遗存的文书中,与宗族经济相关的置产簿、祀产簿、宗祠簿、捐输簿等簿册文书和归户性契约文书非常丰富,且类型不一而足,构成徽州文书之大宗。与其他地域文书相比,徽州文书体现出的宗法性特色更为明显。因此,关注宗族文书是徽州文书利用和研究的重要领域。学术界利用相关文书资料,对宗族地产的形成、形态、流动以及宗法制度与土地关系等均作过具体研究。徽州宗族地产的研究从一开始就呈现出社会经济史研究的趋向,学者们或以发掘的个案资料作专题考察,或以探讨徽州宗族经济组织化为基础,进而深入剖析宗族内部经营、功能运作、社会管理、族际关系等实态。

(三)契约关系研究

　　在中国历史上,"官有律令,民从私约"的传统由来已久,契约文书的行用源远流长,遗存的徽州契约类型多样,反映了契约关系广泛而深入地存在于传统徽州基层社会。对契约文书新资料的文本解析、契约关系的社会史解读成为徽州文书研究的重要方面。大体说来,南宋以降,契约日趋发展为单契与合同两种重要形制。关于单契,揆诸徽州文书,单契类型有买卖契、典(当)契、租(佃)契、兑换契、批契、便契、补契、退契、认契、顶契、揽契、卖身契、金兰契、借契、找添契等,不一而足。合同是契约另一主要类型,合同系个体、群体、社会组织等不同事主(两方或两方以上),或为了一定的利益需要,或基于确定各自的权利和义务,或出于协调各方的利害冲突而共同订立的书面约定。在遗存的徽州契约文书中,合同所占比例虽不大,但在社会事务中这种契约涉及领域广、功能性强。学术界重视利用合同契约从事相关问题研究持续至今。

(四) 商业研究

徽商是明清时期势力雄厚、影响深远的地域性商帮之一。自 20 世纪 50 年代傅衣凌、藤井宏等先后推出徽商研究论著以来,徽商研究领域持续活跃,成为徽学研究的重要领域。总体而言,20 世纪 90 年代以前,在徽商研究方面,学术界侧重史籍、方志、谱牒、笔记、小说、文集等典籍文献的利用,对商业文书的关注尚为薄弱。实际上,有关徽商经营发展的文书资料亦较为多见。20 世纪 90 年代以后,利用文书资料从事徽商研究的局面大为改观。21 世纪以来,随着徽州文书的不断发掘和整理,诸如陈学文、范金民、王振忠、刘秋根、臼井佐知子、汪崇筼、王裕明等,重视利用商业书、账簿、当票、合同、诉状、阄书、日记等商业文书从事商业史研究,取得了不少重要成果,有力地推动了徽商研究的发展。

(五) 民间继承研究

民间继承系指血缘亲属范围内宗祧和财产的传递过程,宗祧继承和财产继承构成传统家庭、宗族继承关系的两个主要方面。在徽州文书中,遗存的分家阄书、婚书、出绍文书、应继文书、招(入)赘文书、嘱书、遗嘱等颇为丰富,特别是分家阄书颇为多见。分家阄书系家产分析时订立的文书,有阄书、分书、分单、支书、关书、标书、标单、析产阄书、勾书、议墨、分产分墨、阄分合同、分产议约等,尤以阄书、分书之称为常见,占有重要地位。继承文书为研究明清徽州乃至其时整个传统中国社会的家庭、宗族继承关系提供了丰富而宝贵的素材。

(六) 赋役与基层组织研究

在中国传统社会,赋役关系是国家与社会之间政治和经济关系的集中体现,历代官府为了有效地征收赋役,均不遗余力地加强对户籍和土地的管理。明清时期,赋役制度的确立和不断改革具有重要影响。朱明王朝建立后,在赋役制度方面推行了新的举措,先是推行户帖制度,继而建立黄册制度和编造鱼鳞图册,二者互为经纬,成为明代赋役征调的官府册籍。明代中期以后直至清代前期,随着黄册制度日趋衰落,诸如均徭法、十段法、一条鞭法、均田均粮、地丁银、摊丁入亩等赋役改革运动不断出现,最终实现赋役合一、赋役官解,促使中国社会数千年之久的徭役制度归于消亡。伴随明清赋役制度的发展,相应产生了户帖、黄册、归户册、鱼鳞图册(又名经理册、号簿等)、亲供(单)册、实征册、编审册等官府册籍。在遗存的徽州文书中,这些官府册籍亦多有遗存。然而,也有丰富的反映基层社会赋役实际运作的垦荒帖文、应役合同、户籍文书、推收单以及相关的户由、执照、税契凭据等,这些民间赋役文书,对于研究明清社会经济史尤其赋役史极其珍贵。因此,利用黄册、鱼鳞册、实证册、保甲册等官府册籍与民间文书相互实证,或发掘典型民间赋役文书,对赋役户籍、钱粮推收、契税制度等基层社会赋役运作实态作微观探讨仍大有可为。另外,中国传统社会基层组织的设置和演变与赋役制度密切相关。明清时期中国县以下的官方基层组织的设置基本上是在宋元基础上的发展。明清时期因基层行政而设置的粮长制、里甲制、保甲制等,存在时限长短不一,各地实施颇具差异,行使职能既各有不同又彼此参差。因此,利用文书资料,深入剖析由明至清与赋役制度相关的土地清丈、都保制、都图制、里甲制、粮长制、保甲制等也有待推进。

(七)诉讼研究

诉讼关系亦是国家与社会之间关系的又一集中体现。在遗存的徽州文书中,诉讼文书占有相当比例。就其类型而言:有预防纠纷和调处纠纷形成的保产合同、和息合同、甘结、具结等;有诉诸官府的赴讼合同、诉状、禀状以及官府下行的执照、差票、照帖、告示、供息状等;另外,尚有经过事主整理的诉讼案卷。20世纪90年代以后,一些学者开始利用徽州诉讼文书探究基层社会纷争。进入21世纪,徽州诉讼文书的利用和研究日益受到国内外学者的重视,不少专题研究论文相继发表。学者们利用徽州诉讼文书,或致力于探讨基层社会纠纷的调处方式和途径,或深入探究民间诉讼的过程,抑或透过诉讼文书记载揭示地方社会关系和民间秩序。值得一提的是,徽州诉讼案卷多有遗存,且多系抄本、稿本,举凡诉状、审理、干证、息讼等记载在诉讼案卷中均有体现,记载系统具体,弥足珍贵。因此,注重发掘典型诉讼案卷,在微观上剖析明清徽州民间纠纷和诉讼实态,进而研究传统国家和地方社会关系仍有很大空间。

(八)民间信仰研究

同于全国其他区域,传统的徽州民间信仰具有多元性,要而言之,主要有神灵信仰和祖先信仰。神灵信仰又体现为对灶神、城隍、土地等自然神灵的崇拜,以及对特定神灵(上帝、五猖)和地方神(神化的历史人物或地方杰出先贤,如忠壮公、汪公、关公等)的崇祀。祖先信仰则体现于节令时日对远祖和近祖举行不同形式的祠祭、墓祭、会祭、家祭等。在聚族而居的徽州传统社会,祭神祀祖是宗族乃至地方社会统合并组织化的重要前提和基础。小到个体家庭,大到房派之间乃至村落之间,普遍存在从属不一、形式多样的祭祀性共同产业,构成了明清徽州社会经济的重要组成部分。因此,在遗存的徽州文书中,信仰文书占有很大比例,有祭祀账簿、宗祠簿、标挂簿、规则簿、神会簿、祀会簿、神主簿、公祀簿、值年册、标祀合约、祀产契约等。换言之,信仰性和宗法性是徽州文书所体现出的两大鲜明特点。20世纪80年代,徽州信仰文书的利用和研究开始出现。此后,学者们或发掘祭祀簿册作专题探究,或借助祭祀文书资料,对会祭、社祭以及会社运作作具体考察,或依据相关记载,揭示典型性民间信仰实态。实际上,民间信仰是基层民众在日复一日、年复一年的日常活动中形成的民间事象和惯俗。这些事象和惯俗深深根植于特定的地域社会之中,或依靠耳濡目染、老传少习而代代墨守,或约定俗成,形成文字而传延。因此,借助于徽州信仰文书所提供的原生记载,并辅之以田野调查,二者相互实证地对此作"深度描述",尚有待学术界不断推进。

(九)会社研究

唐宋以降,"会社"联称成为一种建立在平等、自愿、互助基础上的民间组织的专称。明清至于民国,我国民间会社组织发展日益普遍和兴盛。在徽州,尤其于明清民国时期,民间具有"富庶则各醵钱立会"的传统,对徽州会社作总体探讨十分必要。然而,徽州会社的类型多样,如祭祀会、经济会、公益会、宗教会、娱乐社以及文会、乡约会、基层管理会等不一而足,由此产生的会簿会册、散件会书、会社契约等相关文书资料屡屡可征,为深入探究传统徽州会社实态奠定了坚实的资料基础。目前,学界对各种类型会社的研究程度不一,其中有关经济会、信仰会、基层管理会等关注相对薄弱,徽州会社与其他区域的比较论著较少,利用田野调查与文献文书相实证深入研究徽州会社尚待拓展。徽州地方文献和民间文书遗存丰富,这对于深化徽州会社研究尚有很大空间,系统整理和公布丰富的徽州会社资料,特别是相关文书资料亦亟待加强。

(十)其他

上文梳理了徽州文书主要类型的利用和研究概况,此外,教育科举方面,一些学者在探讨地方科考、塾师以及近代民国教育转型方面注重利用相关文书资料。利用文书记载探讨妇女和婚姻颇有进展。有关家议、家记等文书引起学者注意。利用徽州文书以及发掘徽州方言书、乡音书,系统从事语言文字的研究前景广阔。从用字、用词、用语角度对民间文书进行实证研究,是释读民间文书辞学工具的基础,是进一步利用和研究民间文书新资料的内在学术要求。在徽州文书中,日记、信札、兰谱、商业书、宗教科仪、习俗歌谣、日用类书等文书稀见珍贵,特色鲜明。在发掘、利用和研究这些珍稀文书资料方面,一些学者用力尤勤,成果纷呈。另外,徽州文书的利用和研究日益呈现出社会史研究的趋向,不少学者在经济社会史、法律社会史、文化社会史乃至村落社会史研究方面作出了诸多有益探索。

三、徽州文书的研究展望

综上所述,徽州文书的利用和研究始于阶级关系、土地关系领域。20 世纪80 年代以后,伴随着历史学、法学、人类学、经济学等多学科的关注,研究领域拓展到商业、信仰、继承、诉讼、赋役、会社、宗族、人口、家庭等。在中外学者的共同关注和努力下,利用徽州文书从事学术研究的领域和视野呈现出"日日新、又日新"的格局,可谓满眼生机。不少学者为徽州文书的利用和研究付出了艰辛的探索,深具学术含量的研究成果不断推出,展现了徽州文书新资料的价值和魅力。梳理既往的研究概况,对于有关徽州文书的利用和研究,今后需要在以下方面作进一步拓展、深化和完善。

一是如何科学整理文书新资料,这方面的研究尚待提升。随着徽州文书的不断发掘、整理和公布,其丰富性、独特性日趋显现。徽州文书的丰富性、独特性不仅反映在其数量上,更为突出地还体现于其类型之繁多、内容之丰厚。演绎开来,有符合一定规范和程式的格式文书,亦有因时、因事而形成的账簿、字据、日记、杂记等不拘一格的即时性记载。举凡土地、信仰、佃仆、诉讼、赋役、宗族、会社等主要种类的文书均可以划分为复杂多样的次生类型。同一形态的文书(如契约)在历时性上往往具有阶段性特点。一种文书所蕴含的内容可提供多学科发掘研究的素材。某一家族或地域的各种文书汇集又呈现出事主和空间的具体性。此外,民间文书相比于典籍文献而言,其文本表达和话语习惯具有其自身独特性。因此,针对徽州文书这一新资料本身的认识和整理,从文书学的角度进一步作专门性探究,十分必要。

二是基础性研究尚需不断加强。一门学科或领域研究的深化和创新,离不开"厚积薄发"的基础研究来支撑。徽州文书提供了开展基础性研究的丰富学术资源,包括资料的不断发掘和整理、富有价值问题的实证研究、重要的个案和专题研究、基础理论的阐发,等等。类似的基础性研究工作不仅是艰巨的,而且必将是长期的,它是徽州文书新资料利用和研究的出发点和根本所在,是推动徽学创新研究深化的源泉和保证。

三是科学解读和系统利用文书新资料从事学术研究的认识有待提高。丰富的徽州文书所奠定的材料基础,所解构的问题意识,无疑为不同追求、不同风格、不同学科的学者提供了个案咀嚼、专题发微、综合考察、多元对话的巨大空间。然揆诸既有的研究成果,仍不乏误区。着眼关注的问题意识,对文书资料稍作检视以为盐梅之佐者有之;疏于系统研读,依据"信手拈来"的部分文书资料自说自话者有之;或忽视学术梳理,利用文书资料重复研究老问题、旧问题而缺乏创新;或对文书的解读未为客观周详,致使立论的基础多有薄弱,等等。

四是研究领域仍需拓展和深化。既往研究中,一些学者利用文书资料在社会经济、地方信仰、村落社群、民俗文化等方面已作出了诸多有益的探索,然而,深化和拓展的空间仍很大。诸如徽州小姓以及外来人口的生存与保障实态研究,族际关系研究,合同合约乃至乡规民约与民间秩序研究,经济组织化与民间互助研究,都图文书与基层组织研究,民间契约关系以及契约信用研究,文书资料的语言文字学研究,徽州文书与其他地域文书的比较研究等。对相关研究的空白及尚未深入的领域的研究前景颇为广阔,大有可为。

五是探索文书资料与其他文献资料和研究手段之间的相互实证,既是必要的,也是可行的。毋庸置疑,徽州文书作为历史上"失语"群体、"边缘"问题的鲜活记载,应当引起学界的特别关注。毋庸讳言,任何类型的资料都有其自身的缺陷性,徽州文书亦有它的不足。如单纯依赖文书资料,虽可提供微观研究的丰富学术资源,但难免导致学术研究的"碎片化"。因此,探索徽州文书与中古文书、典籍文献、官府档案、调查资料相互实证,探索徽州文书与田野调查、口碑资料相互实证,大力倡导既重视文书资料的利用,又注重互补参证和综合运用的研究方法,显得尤为重要。只有在多维视角的学术关怀下,文书资料所反映的"失语"群体和"边缘"问题方能赋予其主体性意义。只有在多元参证的学术实践中,文书资料的内在价值方可日益彰显。

总之,20世纪80年代以来,相对于传统史学关注政治史、精英化、通史式的宏大叙事而言,发掘和整理小传统、地方性的遗产,诠释区域性、社会性的知识,以拓展乃至开辟学术研究新领域、新路径、新方向引起了学术界极大关注。徽州文书的发掘、整理和研究正是20世纪我国学术创新的突出亮点,引人注目。可以期待的是,对徽州文书本身的研究和利用文书从事相关研究尚属起步阶段,必将继续成为今后广受瞩目的学术研究领域。

第 四 节

徽州方志

在"家国同构"的中国传统社会,"邑之有志,犹家之有乘,国之有史也"。国史、方志、家谱三者乃自上而下、相互联系密切的典籍文献。如众所知,我国传统方志遗存颇为丰富,当前,方志日益成为相关学者从事学术研究的案头必备资料。徽州方志涉及范围之广、数量之多、种类之全,已成为徽州文化遗产中的一个重要的资料宝库,如何深入认识方志,以及更好地利用和研究此类文献应该予以重视。以下从方志所载资料角度,略作叙论。

一、物产资料

自《新安志》起,罗愿即从"生人之道,致物以为养"的高度强调了物产记载的重要性。该志"物产类"分九目,除记载物产的名称外,还对其品性、用途以及来历等作介绍。如:"谷粟"记载:"占禾本出于占城国,其种宜旱,大中祥符五年,诏遣使福建取三万斛,并出种法而布之江淮浙之间,亦曰旱稻。""蔬茹"记载:"蒜之大者曰胡蒜,自西域来也","颇稜唐世自外国来者也,颇稜以所出之国为名","预药盖尝以为贡,唐世讳预,至本朝治平间复讳其上字,今谓之山药","木耳者,古燕豆之芝也。石耳生大山之崖,山羊所不能缘也"。"货贿"涉及木、茶、纸、漆、砚、蜂蜜等特产,如"漆则诸邑皆有之,山民夜刺漆,插竹笕其中,凌晓涓涓取之,用匕首刮筒中,磔磔有声,其勤至矣。岁旱则益少,天时雨汁则又不佳"。在罗愿的影响下,后来很多徽州方志视物产为其记载之要目。永乐《祁阊志》鉴于物产乃"养民之物,而为政之急务",亦详细记载之。弘治《徽州府志》基本沿袭《新安志》物产的类目,但在种类和记载内容上作了补充。该志"货物"一目记载了明代徽州作为贡品的特产增加了金、银、铅、铁、棉花、苎、麻、松板、桐油等,其中,棉花在明代推广后,成为贡赋的重要物品得以反映。这种记载物产的方法一直承沿而下,有利于总结历代人们的生产生活经验,积累知识以遗后人。至民国《歙县志·食货志》,分物产、赋役、贡品、盐法、茶纲等,其中物产从实用出发,详载选种、培养、改造等。另外,徽州一些山水志亦涉及物产。如康熙《黄山志定本》卷三详细记载了"山产"。从徽州方志的物产记载可以看出徽州自然及社会经济活动等方面的情况。如杉木是徽州木材大宗,"新安之木,松杉为多,必栽植始成材,而婺源、祁门之民尤勤于栽植,凡栽杉以三十年为期乃可伐"①。自古以来,徽州人就"勤于山伐","女子始生,则为植槠(杉),比嫁,斫卖以供百用,女以其故或预自蓄藏"。② 因此,徽州木商得以"岁联为桴以下浙河,大抵松杉为尤"③。同时,"民以茗漆纸木行江西,仰其米自给是也"④。杉木也是徽州百姓易通有无的重要物品。

二、手工业及科技史资料

徽州独特的自然环境,"小民多执技艺,或负贩就食他郡者常十九"⑤,"自太平至宣徽,其民多仰机利"⑥。"四民"之一的手工业也颇具特色,很多技艺均达到了一定的高度。如雕刻、刺绣、绘画、医学、文房四宝的制作等,大凡徽州府县志在人物志中皆开设"方技"之目加以记载。如天启《歙志》对徽墨记载详细。道光《歙县志·方技》中记载了许多科技资料,尤其对一些医学家及其著作记载详明。诸如:吴良止"刻铜章笔汉法",与休宁何震齐名;黄异人所作木偶"行动取携如所意指",其家童仆皆是木人,门内设一木狗,小偷入"即被啮不得

---

① 弘治《徽州府志》卷二《州郡·食货·土产》。
② 罗愿:《新安志》卷一《州郡·风俗》。
③ 罗愿:《新安志》卷二《物产·木果》。
④ 罗愿:《新安志》卷一《州郡·风俗》。
⑤ 顾炎武:《天下郡国利病书·江南20》,见张海鹏、王廷元《明清徽商资料选编》,黄山书社1985年版,第4页。
⑥ 张瀚:《松窗梦语》卷四《商贾纪》。

脱",康熙年间,西洋人贡一宝座,"入座则八音自鸣","节奏如出名伶",他"拆视"后即制出。^① 康熙《祁门县志》云,祁人学儒不成,往往弃儒学医,医多名家。康熙《祁门县志·人物·方技》记载了汪机、徐春甫等名医多人。^② 有些府县志在卷末"拾遗"中也对此作介绍。如民国《歙县志》记载:"歙货产中有以扇著者,明时郑泰时、朱柿、张士安、倪汶四家,当时或致巨业,或以给家口,扇货积山极矣。"由此可见明代歙县制扇行业之盛。另外,还记载有吴氏之绣、鲍氏之艺、首饰之巧、铜器锡器之工以及制灯、制扇、烟火制作等。^③ 又如《橙阳散志》也记载了江氏书画技艺之人。^④ 诸如"文房四宝"自宋以来即有专志、专书加以记载,如制砚,明代婺源江贞的《歙砚志》即是在前人基础上成书的。

三、风土风俗资料

徽州方志的府县志基本上都设有"风俗"一目,从中我们可以对徽州风俗作大体的了解。值得一提的是《橙阳散志》,该志卷末《风俗礼教考》对歙县风俗作了详细记载。另外,这种资料还散见于志书其他内容之中。有存于志书序跋之中。如关于绩溪的记载:绩溪乃"弹丸邑,且出入山谷,又僻壤也,其地多朴少文,耕凿以自全","见其人缕衣蔬食,左锸右锄,相与干茅索绹,播谷是徵,且鸡犬相闻,烟火百里,来往熙如,道路络绎,乃喟然曰:是即所谓弹丸而僻壤者乎?何风之勤而不迫,俭而能礼也,以古揆今,其居然唐魏之间矣。未几而冠履缤纷,济跄相错,赠劳之间,周折有度……此邹鲁之礼义,吴越之秀文所渐渍也"。^⑤ 又"绩溪固江左岩邑也,其土瘠,其民劳,不足比于东南沃壤之伦,然深山大谷中人,皆聚族而居,奉先有千年之墓,会祭有万丁之祠,宗祐有百世之谱。秀者入校,朴者归农,户鲜惰农,市无顽好,其风最为近古","而乡里好行(义)德者,平

① 道光《歙县志·人物·方技》。
② 参见康熙《祁门县志·人物·方技》。
③ 参见民国《歙县志》卷十六《杂记·拾遗》。
④ 参见《橙阳散志》卷三《名艺》。
⑤ 康熙《绩溪县志·县学博古濡林复阳序》。

枭施糜所在多有"。① 又"绩溪度其地势广轮百里,非若巨州雄邑为大都会,然势居宣歙之脊,为入徽之冲,山高泉美,土田足耕,视其民,秀者韦布上甘,朴者耕织是务,其土固确,其风尚淳"②。关于祁门的记载:"入其境,见其君子让而如慢,廉而知耻,无迎鱼矣;见其小人愿而侗,慎而知畏,尤挺鹿矣。徐之审其案牍,视其情词,非祖先之坟墓,则名分之等级。多公愤,少私斗,所争者大。予曰:此礼仪之国,有先王遗风焉。"③关于婺源的记载:"山阻而弗车,水激而弗舟,故其民终岁勤动,弗获宁宇,此一疾也;地狭而弗原,土薄而弗圳,厥入既孅,仰给邻境,五岭其东北,八十四滩其西南,率二而致一,此又一疾也;田苦不足,并种于山,迟其效于数十年之后,虽博犹约也。迩来诛材,督檄交下,破斧缺斤,势不可极,其几童矣,此又一疾也。"④又"新安生聚之庶,财赋人物之盛,甲于天下,诸属邑之所同也","而婺独弦歌礼乐,有邹鲁风,君子食才,小人食力。读父书而明高曾之南亩无迁异物焉","宋而后视婺者,等诸曲阜,其故则以考亭","以故二百年来,儒林硕辅,潜修亮节之士,功在旗常,名在竹帛者,项背相望,争自濯磨;虽下隶齐民,亦皆谨廉隅、负义气,渐濡宏远矣"。⑤ 有些风俗资料还存于艺文之中。如弘治《徽州府志》卷十一《词翰》中收录的文论等,就有很多相关的记载。诸如朱熹的《漫记疫疾事》、赵汸的《葬书问对》、胡次焱有关记载徽州妇女的《媒嫠问答》等。又如嘉庆《黟县志》卷十六《艺文志》中收录了施源的《黟山竹枝词》18 首等。从一些府县风俗记载的材料来源看,也往往以这些艺文为蓝本。如道光《休宁县志·风俗》,其记载是以朱熹的《朱子新安道院记》、吴天骥的《休宁进士题名记》、程铋的《休宁休学记》、汪伟的《遏籴疏》、赵汸的《商山书院学田记》等资料为基础编撰而成。

---

① 乾隆《绩溪县志·较陈锡序》。
② 嘉庆《绩溪县志·成履恒序》。
③ 康熙《祁门县志·姚启元序》。
④ 嘉靖《婺源县志·汪思序》。
⑤ 天启《婺源县志·何如宠序》,见光绪《婺源县志》卷首《旧志序》。

四、文献资料

徽州素有"文献之邦"的称誉,其方志是保存历代文献的重要途径。首先,很多徽州方志"艺文志"以存目的形式对其区域的历代著述进行著录,借此可以了解徽州文献概况。如:道光《徽州府志·艺文志》收录自唐至清道光间徽人著作 4000 种左右,7 万余卷;民国《歙县志·艺文志·书目》收录歙人著作计 1970 种;民国《祁门县志·艺文考》考录自唐以后祁人之作计 230 余种;《橙阳散志》卷十《书籍》著录歙县江村江氏作者 78 人,著作 150 余种,该志乃乾隆间刊刻,未包括乾隆以后的文献,另外其卷十一至卷十四还广录江氏艺文;民国《丰南志》收录宋以后吴姓艺文 268 部,等等。其次,很多徽州方志还在"艺文志"中直接辑录历代各种诗文辞赋等。早在南宋嘉定间,姚源纂"(新安)《广录》十有八卷,大半列记、序、诗、文"①。淳祐中,太守郑崇续修《广录续编》1 卷。这两部专门辑录徽州文献之作今虽已佚,但开此门径之先。祁门今存最早的永乐《祁阊志·艺文志》涉及明以前的相关艺文,如《故隐士环谷汪先生行状》是祁门著名学者汪克宽的较早记载。至弘治《徽州府志》,专设"词翰",求之《广录》等编,对一些重要艺文"类载一二,以备考证"②。该志设辞命、表疏、书、题跋、论、杂著、启、上梁文、祭文、赞颂、辞赋、诗章、序、词翰(记)等,保存了宋元明初的重要文献 163 篇,尤其辑录了诸如朱松、朱熹、罗愿、程大昌、陈栎、汪克宽、祝穆、方回、汪藻、赵汸、吴儆、朱升以及洪迈、宋濂等很多名家之作。弘治《休宁县志》卷二十六至卷三十四有 9 条附文,保存了很多与人物相关的资料。嘉靖《婺源县志》今仅存四至六卷,卷四《学校统志》记庙学、藏书楼、书院等,并保留了朱熹、洪迈、程敏政等记文。万历《歙县志·艺文》对辞命、明谟、封事、碑记、杂著、诗等加以辑录。万历《休宁县志·艺文志》收录 70 篇各种艺文。天启《歙志·艺文》收录碑记 25 篇,如郑玉《重修横山路记》、罗愿《城阳院五轮藏记》、汪道昆

---

① 《新安后续志·洪焱祖序》,见弘治《徽州府志》卷十一《词翰一》。
② 弘治《徽州府志》卷十一《词翰·小序》。

《重修紫阳书院记》等。康熙《休宁县志·艺文》收录46篇文。乾隆《绩溪县志·方舆志·山川》中，"石照山"收录邑令苏辙等人14篇诗文，"石枧泉"中收录王安石、杨万里等人55篇诗文。嘉庆《绩溪县志》收录奏疏、表、记、序、诗赋、杂著等215篇。嘉庆《黟县志》与道光《黟县续志》保存艺文172篇、诗赋247篇(首)。道光《祁门县志·学校志》收录《重修县学记略》等文19篇。诸如《历代礼典考》《历代学校考》及祭器、乐谱、乐舞、祭品制作方法的记载，是研究区域文化的宝贵资料。同治《黟县三志》的艺文与兵事、人物三目的篇幅约占全书4/5。民国《黟县四志》的人物、艺文两项篇幅几占全书一半。民国《歙县志》卷十五《艺文志·书目》保存各种艺文250余篇。民国《丰南志》中的传、状、铭等保存了重要的商业及徽学资料等。除此之外，一些志书还采取所志即所录的形式辑录艺文，这在道光《徽州府志》中表现得十分明显，该志于相关内容下记载了各种记、政令、奏疏、告示等。徽州方志中的艺文记载范围涉及徽学各领域，如徽州教育，除了书院专志和府县志"学校"等的记载外，艺文中还有大量诸如"书院记""儒学记""休学记""捐膏火记""捐乡试旅资记"等可供资鉴。且艺文的很多记载均属原始资料。如民国叶为铭《歙县金石志》收录的最早碑刻是梁大同年间的《吕㖞记》，该记在民国《歙县志》卷十五《艺文志》里即有保存。另外，艺文中涉及像任昉、李白、杨万里、王安石、曾巩、苏辙、洪适、洪迈、范成大、王应麟、黄宗羲、王士祯、刘大櫆等外籍人士的文献，可补其文集及相关全集的遗漏。

　　私家编修文献专志也是徽州文献志的重要组成部分。早在南宋咸淳年间，徽州潘岩肖因"吾郡之文如龙溪紫阳者，家蓄人诵，世共宝之。如其他诸公未易枚举，皆名节宇宙而文或秘其传，人莫得见者，今悉萃此编"①，成《紫阳名公文海天琛》。元江逊作《徽风》，对徽州诗赋俚语加以辑录成编。正如江氏所言：徽州"讴歌弦诵之声代不绝响。文公壮道统之脉，故其声和以平；宣平振物外之踪，故其声廉以厉。浮溪、竹洲、双溪、虚谷诸公处文章功名之会者，得虞廷赓歌之遗，而无白驹空谷之韵。一丘一壑，饭蔬饮水以自乐者，有风瓢击壤之声，而

---

① 潘岩肖：《紫阳名公文海天琛序》，见弘治《徽州府志》卷十一《词翰一》。

无濑执山困之态。风气之习虽自不同,亦骎骎乎齐鲁矣。其为诗也,古无所考,隋唐而下或见编集,或传记诵,去天衢又在数千里之外,乌保其久而不遗乎? 此《徽风》之所以辑也。辞赋为风雅之变,俚语出性情之真,故并搜之。以其时为先后之次,观风者庶几有采焉"①。至明弘治间,程敏政纂《新安文献志》,成皇皇巨帙,是徽州原始文献的第一次整体辑录。其中"甲集"60 卷为文部,辑录徽州先贤的诗文,"以载其言","乙部"40 卷为献部,辑录诸家(不必尽出郡人)为徽州先贤所撰的墓志传状类的文章,"以载其行",保存了大量第一手资料。此后,文献志编修荦荦大者有程瞳、程廷策、朱泰阳、金德铉、苏大、孙阳、许楚、汪溥等继踵之人。甚至一村一姓的文献也辑录可征。康熙间,呈坎罗所蕴等所辑的《潈川足征录》即是继韧于篁墩遗规的例证,该书亦分文部和献部,对罗氏先贤自宋至清的诗文、墓志、传状等加以收录。光绪间,绩溪胡培系因胡氏自宋以来"俱以经学著名于时,称为极盛,撰述甚富"②,故对金紫胡氏的文献加以辑录,成《绩溪金紫胡氏家藏录》和《绩溪金紫胡氏所著书目》等。

五、人物及宗法资料

传统志书普遍重视人物记载,尤其在人文代兴、甲第蝉联的徽州更是如此。一般来说,徽州志书材料的撷取、逻辑的架构、理论的阐发、内容的厚薄均以人物志为基础。传记、人物表在志书中占有很大的比例。兹列举几部府县志以窥一斑:弘治《徽州府志》中《人物志》占 1/3;方信的《新安志补》人物有 16 补,占一半篇幅左右;康熙十二年(1673 年)《徽州府志》收录人物 2000 余名,《人物志》近占全书之半;康熙三十八年(1699 年)《徽州府志》为 1603 人列了传,《人物志》占 2/3;道光《徽州府志》中《人物志》占全书一半;万历《祁门县志》和康熙《婺源县志》中《人物志》均几占全书之半。这些为研究徽学提供了丰富的资料。有些重要人物在其他典籍中的记载或语焉不详,或付之阙如,可以赖相关

---

① 江逊:《徽风序》,见弘治《徽州府志》卷十一《词翰一》。
② 《绩溪金紫胡氏所著书目·胡培系序》。

志书的记载而得以征考。如:民国《西干志》第七卷专记画家渐江,是研究渐江的重要资料;民国《婺源县志》对詹天佑记载详细等。除了府县志之外,诸如学系录、献征录、景行录、女史征、节烈志、阙里志等大量的徽州人物专志又对某一类人物进行记载。

徽州志书重视宗法记载也是其鲜明的特色。徽州自"有唐之世,王仙芝、黄巢扰乱东南,所过之处,庐舍为虚。士大夫挂冠远行,入山惟恐不深。各就所居自成村落,一姓相传至千百年不易,非故为畛域,盖山川形势使然"[1]。从宋《新安志》开始,府县志大多设"氏族"一目加以记载。这种宗法记载还见于"孝友"和"坊市"中。如康熙三十八年(1699年)《徽州府志·孝友》中记载了聚众数十口,义居数十年,一日三餐必同席,有未到者不敢先食的事例,甚至有一家同居七十余年。道光《休宁县志》记载祠堂315座,坊162个;康熙《祁门县志》记载祠宇140座,牌坊74个。值得注意的是,徽州方志为倡导"阴教是敦"而注重"列女"记载到明清以后才出现,这与当时封建政府的提倡、理学的发展、徽商的兴起等因素密切相关。一般志书分"列女"为节、烈、孝、贞。入选标准按"首列合守节三十年例者,次合守节十五年已故例者,次合守节三十年例而其人现存者,其现存守节年稍未及者另附于后"[2]。按照这种严格的标准,明清时期彰彰可书者不计其数。如万历《歙志》中《列女传》占全书约1/9,而且艺文中宣扬封建礼教的作品也很多。道光《歙县志》记载自唐至道光八年(1828年)列女达7890人,一门双节比比皆是,多至一门九节,大多乃明清人。宗族记载一般依据徽州浩瀚的谱录,并因时采访广辑而成。如一些私修的大族志、名族志即是如此,又如同治间的《歙县采访册》中《人物志》占全书3/4,其中列女占1/2。

六、经济及人口资料

徽州方志的食货、义民等是有关户口土地、赋役税收以及各行业等经济情

---

[1] 民国《祁门县志·氏族考·胡光钊序》。
[2] 道光《休宁县志·凡例》。

况的详细记载。徽州方志的经济记载有两个突出表现:一是重视从古今沿革的动态角度加以记述,可以清楚地考察国计民生升降变迁。如赋役、户口:弘治《徽州府志》卷三《食货》详叙财赋历朝之数;万历《歙志》对歙县丝茶等特产及其税收作了详细说明,并于传中别立"货殖",反映了徽州商人在万历前的情况;康熙十二年(1673年)《徽州府志》记载了明代中期及清代前期的农业税征收数额及其变化;永乐《祁阊志》在"户口"中记载了明朝各职业的户口人数,从中可见当时的社会分工;万历《祁门县志》中赋税记载涉及明朝人口及赋税的变化等。二是保存有大量经济方面的原始资料。康熙《绩溪县志·艺文志·奏疏》收录了《开复屯田疏》和《清理公田册序》等文,乾隆《绩溪县志》赋役中收录《食盐之赋》《人丁差役之由》《山庄免役之由》等文,均是研究地方税史及徽学的重要资料。顺治《歙志·赋役志》记载有清朝顺治年间征粮合符式三种:"衙内存照""户房存照""纳户存照",其《清核田粮碑》记载了自明万历初至顺治初隐匿田地山塘14500余亩,凡隐匿贫民不受摊派贻累,其以前隐匿田土照亩纳粮,摊派贫户尽行豁免,"隐匿之罪故不容赦,念系前事一概宽宥",并附《张公涛赋役诸议》等。康熙《歙县志》户口田赋后收录《户赋议》《条鞭议》《渔梁一带河税议》等,既揭露了明代的一些弊政,亦是地方税史资料。民国《歙县志·赋役》列出诸如"道光间造户口实数表""田赋每亩分项折征银数表""咸丰前与宣统时户部项下起运银数对照表第一"等14种表,不只一目了然,而且大大缩短篇幅。绩溪县志馆采访表,皆原始资料,尤其是经济方面。另外,如万历《休宁县志·舆地志》逐月记载农业气象和农谚,是有关农业生产方面的重要记载。道光《徽州府志》卷四《营建水利》记载了明汪伟《遏籴奏疏》及《国朝浙江省截米案》等。雍正休宁《孚潭志·食货》中记载了许氏族田、学田、田租、田税、书头和书底补入许多田租和田税原始资料,颇涉土地制度。乾隆《歙县志·义行》记载许多商人义举。《岩镇志草》记载岩镇自明嘉靖至清雍正年间是"甲第如鳞,贾区若栉,舆马辐辏,冠盖丽都",商业一直繁荣。该志《义行》《节孝》等中记载了诸如富甲一方的阮杰、捐金数百建芜湖城的赵正、名斐芜湖的阮弼、输金赈饥的汪通保等40名岩镇商人艰辛创业事迹及他们的全国商业活动等。至于徽商资料在明清徽州府县方志中的呈现,已有这种资料选编问世,在此不再赘述。明清之际,皖南山区流入占山搭棚、毁林开荒种植的外地棚民,形成严重的社会问题。道光府志收录了《国朝汪梅鼎驱逐棚民奏疏》及《道宪杨懋恬查禁棚民案稿》,尤其后者记载各县有多少座棚及每县有多少棚民,是志共记六县1563座棚、民8681人。嘉庆《绩溪县志·食货志·土田》记载乾隆三十年(1765年)安庆人"携苞芦入境租山垦种",而"土著"尤效,致使土地寸草不生,"旱弗能蓄,潦不得泻","绩民之患莫甚如此",是研究棚民和环境史的重要资料。

七、兵革资料

徽州虽是山陬僻壤,鲜见兵革,但其地理位置十分重要。正如顾祖禹所言,徽州势居"金陵之锁钥,控江浙之要岭,山川险阻,襟带百城,摇足而定饶信,运肘而慑杭严,择利而动,无不可为也。且土沃民殷,资储易给,控御三方,战守足恃"①。因此,南方一旦发生大的兵燹,徽州即成为兵革要冲。明嘉靖《徽州府志》设立《兵防》,并于《祥异》中介绍嘉靖三十四年(1555年)倭寇入绩溪县南事,首开徽州方志记载兵事之端。后来志书涉及兵革记载屡见,《岩镇志草》记载了万历间"黄山大狱案",以及天启六年(1626年)由此激起民变,随即聚众万人,高竖"杀部安民"旗帜的"徽州民变"。如康熙十二年(1673年)《徽州府志·兵御》收录了明末抗清及张献忠等农民起义军转战徽州情况。乾隆《歙县志·兵防》《历朝武事记》记载了嘉靖十四年(1535年)倭寇数十人自杭入歙的情况。嘉庆《绩溪县志·艺文志·奏疏》收录胡宗宪《筹边八议疏》,这是胡宗宪亲临边防,特别是嘉靖年间倭寇入侵加剧下,提出的八条建议,针对时势,颇有见识,是研究明史的相关资料。光绪《祁门县志补》杂志中的《黔兵始末记》,记载了阮大铖檄调黔兵赴京御敌,沿途扰害,在祁门无恶不作,遭各处乡勇围击而至消灭的史实。光绪《善和乡志》也涉及明代东南沿海倭寇的出没情况。近代咸同兵燹是徽州遭遇最大的兵难之一,这种资料在相关志书中历历可征。同

---

① 顾祖禹:《读史方舆纪要》,商务印书馆万有文库本。

治《黟县三志》在前志基础上增设"兵事"。该志反映咸同兵燹资料甚多，如卷十二《浙徽互防表》乃官僚朝佐所上表奏，云"徽为四塞之地，其紧要当在祁黟两县"，他要求清政府进攻太平军，以祁门黟县为腹地，"祁则有大洪、榉根各岭，黟则有羊栈、方干各岭，路径俱极险隘，难于攀越，易为控扼，寇之江岸出没，恐由此进"。光绪《黟县乡土志·历史》也翔实记载了太平天国战争史料。又如同治《祁门县志》中《建置沿革纪事表·大事记》载咸丰间兵事，《杂志·记兵》也涉及太平天国史料。另外，黄崇惺的《凤山笔记》、胡在渭的《徽难哀音》等专志也对太平天国情况作了专门介绍。其他诸如徽州学术、刻书、藏书、版画等方面兹不一一列举。

总之，徽州方志对区域记载系统全面，是从事徽学研究的基础文献。无论是徽学的综合研究还是个案研究，徽州方志都为其不断向广深层面扩展提供了不可或缺的文献资料。同时，徽州方志不断总结前志，因时赓续本身就是一个统摄资料、进行徽学研究的过程，因此，它又可以启发当前徽学研究。另一方面，正如顾颉刚所说，要使国史真正成为信史，还须开发方志和家谱两大金矿。从这个意义上看，徽州方志对于中国史，尤其是明清史的研究无疑也具有重要意义。如弘治《徽州府志》卷一《地理一·建置沿革》"本府"条下云："按唐制郡县有七等之差，郡则辅雄望紧上中下，县则赤畿望紧上中下。京都所治郡为辅，县为赤，旁郡为畿，望以下以户口多少，资地美恶为差。宋制除辅雄赤畿外，只有望紧上中下之差。凡县四千户以上为望，三千户以上为紧，二千户以上为上，千户以上为中，不满千户为中下，五百户以下为下。元制江南路分上下二等，州县各分上中下三等。十万户以上者为上路，十万户以下者为下路。当冲要者虽不及十万户亦为上路。五万户以上者为上州，三万户以上者为中州，不及三万户者为下州。三万户以上者为上县，一万户以上者为中县，一万户以下者为下县。"这是有关唐宋元三朝地方建制等级的详细记载，可补史书记载简略阙如之憾。当然，徽州方志的记载毕竟是传统政统、道统、学统的体现，诸如内容上重宗法、倡礼教，编修上重视隐恶扬善、略古详今等，这就需要我们在利用时加以甄别。

第七章

徽学的主要研究领域（下）

第 一 节

徽州科技

一、徽州科技概述

远古时期,徽州人民就在自觉或不自觉地开展认识自然、利用自然、改造自然的科技活动。早在春秋战国时期,徽州就已经出现高超的制陶技术和青铜冶铸技艺等科技萌芽。

1959 年,屯溪西周墓出土的陶瓷器质地坚硬、细腻、吸水弱,烧成温度在 $1200℃$ 左右,击之有铿锵之声,已经属于原始瓷器,其化学成分与陶瓷胎的显微结构都具有后来南方青瓷的特征。青铜器的冶铸技艺也很高。屯溪西周铜器颜色青灰发亮,经中国科学院安徽分院化学研究所光谱分析表明,其合金成分与《考工记》所载"六分其金而锡居一"的含量相近,证明当时的工匠已经掌握了铜锡合金的比例与硬度、熔点的关系。

唐代徽纸、李廷珪墨、汪伯立笔和龙尾砚等手工系列产品,也具有一定的科技含量。

宋元时期,休宁程大昌的《禹贡山川地理图》用四种颜色绘制:水用青色,黄河用黄色,古今州道用红色,郡县疆界用雌黄色。这不仅在地理图绘制史上是先进的,而且用地理图的方式来演示学术研究,也是程大昌的重大创造,是地理学研究的重大成果。此外,他的《演繁露》对色散本质和虹的解释也处于全国领先水平,明确提出"五色"光的生成来源于日光,批判了对于色散现象的神秘传说,表现了科学的态度和精神。

歙县罗愿《尔雅翼》以《尔雅》为资料,研究了 418 种动植物的形态和习性,是一部传统的生物学专著。黟县丘浚《牡丹荣辱志》记载了当时有关牡丹品种和其他花卉名目、产地,从植物学角度来看,具有一定价值。张杲《医说》博采宋代以前典籍中有关医药典故、医学传说等史料,以及古代医书、医案,是我国现存最早的医案、医话、医学传说和有关医史文献的著作。

元代休宁吴瑞《日用本草》,是我国第一部按本草学体例,专门记载可供食用动植物和菌类的系统著作。该书记载了 540 多种可供食用的动植物和菌类,每种除名称外,有性味和烹煮方法,兼有形状描述和药用价值,间附处方。李时珍《本草纲目》多次引用《日用本草》内容,反映了它在明代的影响和价值。

明清时期,徽州科技领域更是人才辈出,学术思想活跃,科技成果丰富。

徽州医学非常发达,形成在中国医学史上占有重要位置的地域性流派——新安医学。有史料可查的名医就有 668 人,有 225 人撰、辑了 461 部医学著作。新安医著涉及经典著作的注释整理,临床整治经验的总结,古医著的辑复,类书与丛书的编纂,医学普及读本的撰写,以及各种医案、医话,内、外、妇、儿、喉、眼、伤、疡、针灸、推拿等临床各科专著,还有脉学、诊断、治法等理论专著。重要的新安医学代表人物有汪机、孙一奎、方有执、汪昂、郑宏纲等。

休宁程大位的《新编直指算法统宗》,将珠算的加、减、乘、除、开方运算的口诀系统化、完整化,使之简便易行,详细介绍了用珠算开平方和开立方的方法,完成了由筹算到珠算的彻底转变。婺源江永精研梅文鼎的数学书籍,参考西洋算法,加以研究,成《翼梅》8 卷,其中涉及数学的《数学补论》《中西合法拟草》《方圆幂积比例补》《正弧三角疏义》等,多有发明。戴震在基础数学理论方面的研究也毫不逊色,著有《勾股割圜记》《策算》等,成为"古今算法大全之范"。歙县汪莱所著《衡斋算学》及《衡斋遗书》等书,论述球面三角形、勾股形、组合数与级数、高次方程、弧矢关系、代数方程式等数学理论,是中国历史上颇具创见的数学家之一。歙县人罗士琳著有《算学启蒙》和《四元玉鉴细草》,《算学启蒙》是一部通俗数学名著,《四元玉鉴细草》是对《四元玉鉴》一书所作的校正、注疏。

歙县程瑶田著有《星盘命宫说》《四卯时天图规法记》《日躔空度出地记》和《言天疏节示潘宫生》等天文历法论著，分别论述了回归年、朔望月、闰年法、岁差、日月食和四季日出时刻差异等天文知识。为了解释一年中二分、二至日出时间的不同，他还绘制了四幅精致的天文图。歙县凌廷堪以精通天文历算而知名，在《气朔盈虚辨》中以科学道理批判了宋代学者蔡沈《书传》中在天文学方面的错误认识，提出自己的独立见解。黟县俞正燮则在《癸巳类稿》《癸巳存稿》中研究和分析了中国古代盖天说、昼夜说，考察过恒星七曜和古代历法，并对以前的古代天文历法多所考订，还对宋代沈括所使用的十二气纯太阳历的构思提出过支持。

婺源汪应蛟在代任天津巡抚时，在葛沽、白塘口一带荒废的盐碱田地上筑堤围田，利用淡水洗碱，垦田种稻五千余亩，其中四成为水田，在盐碱地改造和农田水利建设方面作出了突出贡献。婺源齐彦槐重视农田水利建设，曾自制并试用龙尾车，他写的《龙尾车歌》较详细地记述了龙尾车的构造、运转等情况，描绘了试车的壮观场面，是中国清代农具技术革新的一次成功尝试。

汪灏的《广群芳谱》100卷，由天时、谷、桑麻、蔬、茶、花、果、木、竹、卉、药十一谱组成，除天时谱记四季和月份外，其余十谱均记植物，介绍植物性状和栽培技术，广征博引，堪称我国古代的植物大全。歙县人吴菘，首次将画家雪庄所绘黄山三十五种奇花异卉加以笺注，一一定名，描述其色香、形态、特征和生长环境，编成《笺卉》1卷，是黄山第一部植物志。歙县人汪畹腴著《培植兰菊法》，详细介绍了兰花、菊花的栽培技术、方法和注意事项。休宁人陈石麟根据抄自内府的本子，又搜取民间所藏，撰成《鹌鹑谱》1卷，详细叙述了鹌鹑的形态、习性和饲养方法，有些内容对现代鹌鹑饲养业仍有参考价值。

歙县郑复光所著的光学著作《镜镜詅痴》，是中国历史上著名的物理学研究成果之一。他不仅成功地做过削冰取火的实验，而且在《镜镜詅痴》中详细地记述了"窥筒远镜""观象远镜""游览远镜"三类望远镜的制作方法和使用方法，对天文仪器双反射八分仪也有研究并作出贡献。他又是中国近代研究火轮船的开拓者，还著有一部科普作品《费隐与知录》。他最大的贡献在于亲自制造了我国第一台可昼夜使用的幻灯机和用于观测月球的望远镜。

二、徽州科技的特点

(一)科技领域极其广泛

徽州科技涉及的领域极为广泛,涉及医学、数学、天文学、农学、生物学、物理学、地理学,以及制墨、印刷、建筑、髹饰等多学科。

医学上。明清时期是徽州宗族制度最为盛行的时期,大家聚族而居,人丁的增长或减少直接关系到宗族势力的消长。故各族都注重医学,以保障族人的健康水平。对大家庭来说,有一两个人精通医学并世代相传,已成为徽州人的习俗。对于专门以医学为业的家族来说,更是世代相传,少则几代,多则二十余代,形成医学世家。《中医大辞典》载录安徽省医学家共达 118 人,其中新安医学家 84 人,占 71%。

数学上。数学领域首推明末程大位的《新编直指算法统宗》,除了前述江永、戴震、汪莱、罗士琳的数学成就之外,还有歙县张游《算法图补》、汪光恒《小衡算说》、休宁吴埭《夏侯阳算经参释》、程廷祚《策算》等,在数学上均有一定创见。

天文学上。我国古代数学研究大都与天文、历法的研究紧密结合,史称"天算"。宋代休宁人吴观万著《潮说》《夏小正辨》《闰月定四时成岁讲义》等。元代婺源王遥著《天象考》《坤象考》,歙县方回著《古今考》《历象考》、鲍云龙著《天象发微》。到了清代,江永、戴震、汪莱、程瑶田、凌廷堪、俞正燮等对"天算"都有研究。

生物学上。徽州生态环境优越,生物资源极其丰富,为人们研究动植物创造了得天独厚的条件。历代文人笔之歌咏,图之丹青,考证名物,手录成帙的生物学著作甚多。其中丘浚的《牡丹荣辱志》、罗愿的《尔雅翼》、吴瑞的《日用本草》、潘之恒的《广菌谱》、鲍山的《野菜博录》、雪庄的《黄海山花图》、汪灏的《广群芳谱》、陈石麟的《鹌鹑谱》、陈均的《画眉笔谈》、戴震的《经雅》、吴绮的《岭南风物记》等著述,都是生物学的重要研究成果。

物理学上。歙县郑复光所著《镜镜詅痴》《费隐与知录》是物理学代表作。另外,戴震《考工记图注》中关于车舆质量检测及马车物体惯性运动现象、关于匠人营建宫室检测技术、关于钟鼓磬等乐器的发音与其形状大小和器壁厚薄的关系等的总结注释含有不少物理学知识。

农学上。除了前述婺源汪应蛟的盐碱地改良、齐彦槐龙尾车的农学实践外,明清两代休宁人金瑶的《蚕训》、歙县人汪宗沂的《蚕桑辑要》等,在当时对普及蚕桑知识、推广蚕桑技术均起到一定的作用。

另外,明代歙县黄成《髹饰录》,是我国最早且现存唯一的传统漆工技艺专著。清初休宁人吴鲁衡精制的地学仪器罗盘(即指南针)以及日晷定时仪器,后来荣获 1915 年巴拿马万国博览会金质奖。清初机械发明家黄履庄制作了六大类 33 种富有新意的"奇器"。祖籍婺源的晚清铁路工程师詹天佑亲自主持中国近代第一条自行设计和建造的铁路——京张铁路,为中国铁路事业的发展作出了不朽贡献。

(二)科技成果非常实用

徽州科技非常注重实用,程大位《新编直指算法统宗》能够受到世人如此重视,在于它是一本实用数学书籍,书中有许多问题都是他在经商和平时的生活实践中提炼出来的,并对其进行了研究,提出了解决的办法。其中,涉及商业经营的例题有货物交换、商品平均价格的计算、商品总量的计算、银与金价的换算、商品总价的计算、商品价格贵贱比较、合伙经营的利润分成、借贷利息计算、货物散堆计算等。为了满足测量土地的需要,他还在继承和总结前人成果的基础上,发明了一种测量工具,名曰"丈量步车",实际上就是中国最早的"卷尺",在野外测量非常方便。

汪应蛟的盐碱地改良技术、齐彦槐的龙尾车都是在农业实际中产生出来的。歙县汪畹腴所著《培植兰菊法》,分为兰花和菊花两大部分,以"置兰""造泥""换拨""论时""浇灌""培壅""谨护""凿弊""安头""护理""探源""防御(防虮虱)""靖患(蚓患)""灵韵""标品"等十五目列明兰花培植方法,又以月令形式逐月记载各月艺菊之事及有关技术方法,内容相当详尽,非常实用。

包含科技含量的文房四宝制作技艺、赋彩水印印刷术、漆器髹饰技艺、罗盘制作技艺、机械制造技术、光学仪器制作技术等,都是对生产、生活非常实用的技艺,造就了当代徽州非物质文化遗产多元、丰富的局面。

(三)自然科学与社会科学相互融通

徽州自然科学与社会科学相互融通,很多科学家本身就是著名学者。

宋代程大昌是休宁"理学九贤"之一,一生著述多,涉及领域广,且精于考证,为新安理学奠基人之一。《禹贡论》和《禹贡山川地理图》,引各家成说,辨析疑难讹误,堪称名著;《雍录》图文并茂考订关中古迹,搜罗资料极为丰富,辩证亦很详细,是早期地方志中的善本;《演繁露》16卷,其中记载了许多中国古代的科学技术成就,如对光色散现象的发现、玻璃起源及其特点的认识、日月性质的认识等,在中国科学史上都是较早的重要发现和认识;《诗论》最早提出《诗》与音乐有关。

清代江永、戴震、程瑶田均为徽派朴学的代表人物,他们将经学研究与自然科学研究紧密结合,在数学、天文学、地理学和物理学上都有非常深厚的造诣。

戴震奉诏入四库馆参加《四库全书》统筹编纂,负责从明《永乐大典》残本中辑校《九章》《海岛》等古算学典籍。他凭着自己在经学和数学、天文学上的深厚学识素养,对这些古籍散篇残卷进行校勘、补图、注解、考证、甄别、排比、分析,写出提要,并辑佚、复原了中国古代数学名著"算经十书",基本恢复到了北宋秘书省刻本的状况,使这些濒于失传的古典数学著作重放光彩。

三、徽州科技的贡献与影响

(一)医学贡献与影响

南宋歙县人张杲,于南宋淳熙十六年(1189年)撰成《医说》10卷。此书人称"医林之珍海",是我国现存最早的记载大量医学史料的书籍。明代祁门人汪机毕生研究医学,撰《石山医案》等医书13部76卷,他精于望诊、切脉,被誉为明代四大医家之一;歙县江瓘辑《名医类案》12卷,这是我国第一部总结历代医案的专著;明代祁门徐春圃撰《古今医统大全》100卷,该书与清代歙县程杏轩的《医述》16卷同被列入中国十大古代医学著作;徐春圃于明隆庆二年(1568年)发起组织"一体堂仁宅医会",这是我国最早的医学学术团体;歙县方有执撰《伤寒论条辨》8卷,首倡错简说,开一派之先河;歙县吴昆所撰《医方考》是我国首部注释医方的专著。

清代休宁程邦贤之妻蒋氏(歙县人)施行新生儿先天性肛门闭锁术,早于详细记载此种手术的《简明医彀》;休宁人汪昂著有医书多种,简明实用,浅显晓畅,其《汤头歌诀》等书至今仍是中医院校重要的入门教材;歙县程文囿著《医述》,该书采集诸书之众,分类之明、实用之切、出处之确为医界所崇,可视为开节录诸医论先河之巨著;歙县吴谦官至太医院院判,以高超的医术和渊深的理论知识,被誉为清初三大名医和清代四大名医之一。

(二)数学贡献与影响

程大位的《新编直指算法统宗》确立了珠盘算式,完善了珠算口诀。英国著名科技史专家李约瑟曾说:"在程大位《新编直指算法统宗》以前,没有任何关于近代珠算算盘的完整叙述。"这标志着我国珠算进入了新的发展时期。明朝末年,日本学者毛利重能把程大位专赠给他的书籍带到日本,译成日文,开日本"和算"之先河。程大位还从村中篾匠用手中的长卷竹篾编织竹席和木匠用手中的转动墨斗收放墨线得到启发,在大量丈量田地实践中一改传统的木尺子丈量工具用法,发明了世界上最早的卷尺——丈量步车。

戴震对"算经十书"的整理复原,使中国古算学在世界科技史上有了重要地位,对推动清代传统数学的研究起了决定性作用,人们公认"戴氏起而算学始尊"。

(三)物理学贡献与影响

郑复光的《镜镜詅痴》是我国近代第一部比较系统地阐述几何光学原理、光学仪器原理和制镜技术的科学著作,既有系统的科学理论分析,又有大量的实验研究,从定性到定量,全面总结了当时已有的光学知识,并在许多方面作出了重要贡献,代表了当时中国光学发展的最高水平,被誉为光学史上的一个重要里程碑。

(四)化学贡献与影响

南宋婺源人张潜、张磐、张甲父子祖孙三代,孜孜不倦研究"胆水浸铜法",完成《浸铜要略》一书,详细记载了十二条胆水浸铜的工艺程序,成为世界化学史上的重大科技成果"胆水浸铜法"的主要发明集成者。南宋官府铸钱的铜有一半以上出自胆水冶炼法。此法便是将铁放入一种胆水(色蓝如胆的天然泉水)之中就可以取得金属铜。这其实是一种化学置换反应,它利用化学性质活泼的金属铁,从含铜离子的溶液中将铜置换出来。自然界中硫化铜矿体(古人称其为"胆矾"或"石胆")经过雨水淋浇、溶解后汇集成泉,这种泉水又称胆水,其浓度足够大时,投入铁片,就能取得金属铜。张氏家族所为,对宋元时期胆水炼铜生产的兴起和发展产生了很大的促进作用,对于我国首创的浸铜冶铜重大发明的总结推动有着不可磨灭的贡献。

第 二 节

徽州文学

所谓徽州文学,就是由徽州本土文学家和客居他乡的徽州籍文学家所创作的文学以及供职与游历于徽州的外籍文学家所创作的有关徽州的文学的总称。

一、徽州文学的历史发展

整个徽州文学包含了新安和徽州两个大的历史时期。在新安时代,徽州文学主要包括南北朝和唐代两个阶段。

最早的徽州籍作家为南北朝齐时的程茂和梁时的程晋父子。梁时还有任职徽州的外籍文学家萧几、任昉、徐摛和吕文达等,写有有关徽州风情的作品。还有游历徽州的文学家南朝宋诗人谢灵运和梁诗人沈约。谢灵运的《新安桐庐江》是今存最早的有关新安山水的诗篇,也是徽州文学史上第一首吟咏徽州山水的诗歌作品。沈约的《新安江水至清浅深见底贻京邑游好》一诗,以其特有的意境之美产生了深远影响。

徽州文学在南北朝齐、梁时显出端倪,并呈现出一定的多彩格局,预示了未来徽州文学的发展方向,也为后来的徽州文学的发展奠定了现实基础。

唐代文学是徽州文学新安期第二阶段的文学,文学家队伍进一步壮大,文学作品质量进一步提高,文学影响日益增强。唐代文学家队伍虽然仍以任职和游历新安的文学家为主,但徽州文学毕竟开始有了像吴少微这样在全国有影响的新安籍文学家,并产生了如吴巩《白云溪》、权德舆《新安江路》、许坚《入黟吟》和李白脍炙人口的文学作品,显示了唐代徽州文学的实绩。

徽州文学进入宋代以后,才真正变得名副其实。歙州于宋宣和三年(1121年)改为徽州,从此进入了光辉灿烂的徽州时代。不但徽州文化从此勃兴,而且徽州文学也从此走向繁盛局面。徽州籍文学家形成了一支百人以上的文学创作队伍,随之而来出现了一个前所未有的收获期,饱含创作才情的诗集、文集如雨后春笋般大量涌现,也因此涌现出了在全国有重要影响的文学家,如朱熹、方岳等。宋代徽州文学是徽州文学发展历史上出现的第一座高峰。

进入元代以后的徽州文学,主要靠徽州籍文学家自身的力量来从事文学创作,在创作队伍上虽然显得有些单一,但可看出徽州籍文学家抵抗着时代的重压,表现出努力把徽州文学推向前行的刚毅精神。著名诗人方回就是在全国有影响的文学家。

明代徽州文学进入一个全新发展阶段,特别是在戏曲方面得到长足发展,涌现出了卓有成就的文学家、戏曲家和戏曲理论家。游历徽州的文学家空前活跃,所写作品显得丰富多彩。徽州籍文学家主要以程敏政、郑之珍、汪道昆、汪廷讷、潘之恒、程嘉燧为代表,游历徽州的文学家以唐寅、王世贞、汤显祖、徐弘祖为代表。明代徽州文学创作队伍较为宏大,且在全国具有影响的文学家较多,文学作品也格外灿烂丰富,创作出了一系列重要作品,使徽州文学蔚为壮观,成为继宋代以后的又一文学发展高峰。

清代徽州文学得到进一步发展,可以说是极一时之盛。据对《清人别集》的统计,整个清代徽州籍人士出版有诗集文集者共有380人。这是徽州文学发展到清代所出现的前所未有的繁盛气象。徽州籍文学家以李流芳、赵吉士、张潮、马曰琯、汪士慎、汪由敦、方成培、曹文埴和汪中为代表,任职徽州的文学家以靳治荆、刘大櫆和谭献为代表,游历徽州的文学家以袁枚、沈德潜、黄景仁、龚自珍为代表。清代徽州文学家可谓群星灿烂,在文学创作上百花盛开、多姿多彩。可以说,这是继明代以后的一种极盛发展而终于到达光辉顶点,使后来时代的徽州文学再也不能望其项背了。

从徽州文学的历史演进轨迹,可以看出它有以下特点:

一是徽州文学不只是局限于徽州的文学。徽州人的足迹并不只是踏在徽州的土地上,就像历史上的徽商足迹遍布全国一样。走出去的徽州人涌现出了许多富有成就的文学家,创造了丰富灿烂的文学。如作为宋代著名理学家、教育家的朱熹所创造的文学,作为明代著名社会活动家的许国所创造的文学,作为清代著名徽商的马曰琯所创造的文学,都属于徽州文学。因而对徽州文学的区域范围的认识,一定要立足“小徽州”而面向“大徽州”,只有把大、小徽州都纳入其中,才能全面反映徽州文学的全貌,才能真正体现徽州文学家的创造才情。

二是徽州文学不只是局限于徽州籍文学家所创造的文学。非徽州本籍的文学家创造了徽州文学。第一是非本籍而在徽州任职的文学家创造了徽州文学。如:宋代任绩溪县令的著名文学家苏辙、任徽州司户参军的著名诗人范成大等,清代任徽州知府的诗人靳治荆、任黟县教谕的文学家刘大櫆等。他们在徽州任职之前即是享有声名的文学家,到徽州任职后在客观上理所当然地会对徽州文学创作产生积极影响。他们都来自外地,因而看徽州的一切都是新鲜别致的,这就使他们经常处在诗情激荡和文思勃发之中而常有所作。而他们所创作的徽州文学作品无疑是徽州文学的精彩篇章。第二是非本籍而游历徽州的文学家丰富了徽州文学。这一类文学家或慕徽州山水之美而来,或钦徽商声名而来,或因寻亲访友而来,无不被徽州大好山水所吸引和陶醉,无不以优美的篇章咏歌之。如唐代李白、权德舆等,宋代范成大、杨万里等,元代张可久等,明代徐宏祖、汤显祖等,清代袁枚、龚自珍等。他们专为游历而来,不但以他们的独到眼光发现着徽州山水之美,以他们的睿智心灵体味着徽州山水之美,更以他们精美的篇章传扬徽州山水之美,这在客观上丰富和发展了徽州文学,成为徽州文学的一个有机组成部分。

三是徽州文学不只是局限于专业文学家所创造的文学。徽州文学更多的是非专业的文学家所创造。这主要有:第一是作为社会活动家所创造的文学。如南宋大臣程珌、明代著名政治家朱升、清代著名大臣汪由敦,他们不但具有杰出的政治才能,同时又具有突出的文学才能,创作了大量文学作品。第二是作为教育家所创造的文学。如南宋著名思想家、教育家朱熹,元代教育家郑玉,元末明初理学家、教育家汪克宽。这类文学家由于其教育家的特殊身份,所写文学作品艺术质量较高,影响也较大。第三是作为学者所创造的文学。如宋代著名史志学家罗愿、明末清初学者闵麟嗣、清代学者汪绂。这类文学家所创作的作品艺术水准普遍较高,有的在文学史上具有一定地位。第四是作为书画家所创造的文学。如明代著名画家程嘉燧、明末清初著名画家程邃、清代著名画家汪士慎。他们在致力于发展绘画艺术的同时,把注重诗歌创作当作自己的自觉追求,这就使诗与画有了血肉般的联系。作为画家的诗歌作品,主要是题画诗,或作为画面的补白或映衬,或作为画意的诠释,或作为对画理的揭示等,是绘画艺术作品的有机部分,丰富了绘画艺术的审美内蕴,也提升了绘画作品的艺术品位,有很高的艺术价值。第五是作为医学家所创造的文学。如明代著名医家江瓘、明末清初著名医学家汪昂、清代医家曹若揖。这类文学家在人数上虽然不多,但也体现了特有的精神风貌。第六是作为科学家所创造的文学。如清代天文学家余煌,曾创制浑天仪、中星仪的科技发明家齐彦槐。他们创作的文学作品告诉我们:抽象思维与形象思维并不总是对立的,是完全可以相互促进、共同发展的。第七是作为徽商所创造的文学。如清代著名盐商、藏书家马曰琯，著名盐商程晋芳、江春等。他们不但以自身的创作实践丰富了徽州文学，而且还以自己的经济实力给徽州文学的发展以强有力的支持，或赞助出版诗集、文集，或捐资开展有关文学艺术活动等。第八是作为特殊类的徽州人物所创造的文学。如宋代著名武术家程鸣凤、明代著名制墨家方于鲁、清代著名收藏家汪启淑、清代著名古币研究和收藏家鲍康，他们通过文学创作显示出了他们的独特才能。

正是各行各业的精英共同汇聚成了这一徽州文学家群体，以共同的理想和追求、以独特的个性和笔调谱写了徽州文学的灿烂篇章，汇聚成了徽州文学的浩荡长河。

二、徽州文学的历史地位

（一）徽州文学在安徽文学中的地位

从时间上说，徽州文学相对于整个安徽文学来看虽然起步较晚，但是后来居上，对安徽文学的发展起着强有力的推动作用。

衡量一个地区文学的发生阶段，首先无疑是要有作家和作品。以此观之，据《中国文学大词典》[①]，安徽文学开始于东汉，因为此时有了第一个作家，那就是桓谭（《安徽省志·文化艺术志》则认为起源于春秋战国时期的老子和庄子）。三国时安徽文学形成了异峰突起的局面，主要以创造了"建安风骨"的曹操、曹丕和曹植为代表。西晋以"竹林七贤"之一的刘伶为代表，东晋以桓温为代表。唐代共有作家 16 人，其中徽州 2 人，即吴少微和张志和。徽州作家一经出现就以后来居上的气魄，一下就映红了安徽文学的半边天空，这就是在唐代之后，在宋代又有了以朱熹、方岳为代表的 23 人的作家队伍，在元代有了以方回为代表的 7 人的作家队伍，在明代有了以程敏政、郑之珍和汪道昆为代表的 28 人的作家队伍，在清代有了以张潮、汪士慎为代表的 32 人的作家队伍。徽州

---

① 《中国文学大词典》，上海辞书出版社 2000 年版。

作家不但不断开创了徽州文学的新局面,也给安徽文学的发展吹进了强劲东风,显示了徽州作家队伍的实力。

从作家数量上说,徽州作家在整个安徽作家队伍中具有鼎足之势,为安徽文学的发展起了先锋作用。

在《中国文学大词典》中共载有安徽作家 322 人,其中徽州作家 103 人,占安徽作家总数的近 1/3。徽州作家在安徽作家中不同时代所占比例的总体情况是:唐代 16 人,其中徽州 2 人,占 13%;宋代 42 人,其中徽州 23 人,占 55%;元代 18 人,其中徽州 7 人,占 39%;明代 51 人,其中徽州 28 人,占 55%;清代 86人,其中徽州 32 人,占 37%;近代 34 人,其中徽州 4 人,占 12%;现代 28 人,其中徽州 7 人,占 25%。由此看出,徽州作家从唐代开始出现,即在全省赢得了地位,在宋、明两代,作家人数更是占了安徽的半壁江山,形成了极一时之盛的局面。就是在元、清和现代也从不同程度上体现了徽州作家的实力和影响,为安徽文学的发展作出了不可磨灭的贡献。

从创作质量来说,徽州文学为提升和扩大安徽文学的品位和影响起到了特殊作用。

徽州作家的文学创作以自己的独有成就在省内外产生了广泛影响。在唐代:有"北京三绝"之一的吴少微,与富嘉谟一起创造了"吴富体"(又称"富吴体"),开创了一代文风。有"烟波钓徒"之称的祁门人张志和,创作的词作品《渔歌子》5 首,风华独步,影响海内外。在宋代:有集理学之大成的婺源人朱熹,创作诗词 1200 余首,狭义散文 200 余篇,诗如《春日》《观书有感二首》、文如《记孙觌事》等都是宋代文学中广为传诵的作品。祁门著名词人方岳,其词气韵清健、平易有味,《全宋词》收其词 74 首,有《秋崖小稿》83 卷传世。在元代:有歙县著名诗人方回,著有《桐江集》《桐江续集》,所编《瀛奎律髓》,标榜"江西诗派",体现了他的独到见解,对后世具有积极影响。在明代:有与著名文学家李东阳齐名的休宁人程敏政,创作诗歌数千首,各种文体散文 1200 多篇,其《篁墩文集》有"宏博伟力""豪放奔逸"之称。作为"两司马"和"后五子"之一的歙县人汪道昆,著有《太函集》120 卷,其中文 106 卷,诗 14 卷,著有杂剧数种,有"清新俊逸之音,调笑诙谐之致"之称。在清代:以辑录和刊刻知名于世的歙县人张潮,一生著述甚富,编有文言小说集《虞初新志》20 卷,杂著丛书《昭代丛书》150卷,《檀几丛书》50 卷,所著《幽梦影》影响深远。"扬州八怪"之一的歙县人汪士慎,其诗歌清雅脱俗,有《巢林集》7 卷等传世。在现代:有新文化运动的领袖人物之一的绩溪人胡适,1917 年在《新青年》杂志上发表《文学改良刍议》一文,揭开了中国现代文学革命运动的第一页,并撰写了现代第一部白话诗集《尝试集》。"开新标点本古典小说先河"的绩溪人汪原放,采用新式标点和分段形式整理出版了《水浒传》《三国演义》《西游记》《红楼梦》《儒林外史》等名著,对整理出版中国古典小说作出很大贡献,还翻译了《伊索寓言》《一千零一夜》《鲁滨逊漂流记》等外国文学名著,产生了重要影响。有"湖畔诗人"之称的绩溪人汪静之,与潘漠华、应修人、冯雪峰等共结"湖畔诗社",《蕙的风》以清丽的文辞、热烈的情感讴歌纯真的爱情,在"五四"后的青年中影响很大。

从上可看出徽州作家所创作的大量作品在文学史上的重要地位和影响,他们无疑为繁荣发展安徽文学作出了重要贡献,理应在安徽文学史上拥有无可替代的地位。

(二)徽州文学在中国文学中的地位

1.徽州文学创作队伍的地区广泛性在全国罕有其匹。

在徽州人中,把文学创作当作一种修养者有之,当作一种爱好者有之,当作一种交友之道者有之,当作一种自身才情显示者亦有之。文学创作在徽州人这里是一种基本修养和技能。

据统计,《中国文学大辞典》共收录徽州籍文学家达 103 人。但经初步统计,出版有诗集、文集的徽州文学家总数在 1000 人左右,其中清代最多,在 500人以上,单是一部《清人别集》收录出版有诗集、文集的徽州籍文学家就达 380人之多。其中不乏夫妻文学家、父子文学家、兄弟文学家、姐妹文学家和祖孙文学家。如清末汪渊和程淑即是夫妻文学家。汪渊寄籍休宁商山村,以设馆教学为生,一生对诗词创作情有独钟,撰有《瑶天笙鹤词》2 卷和《藕丝词》《味菜堂诗集》《麝尘莲寸集》各 4 卷。后者集宋元人佳句重组为词,自创一格,且声律谨严,清新自然,共集词 284 篇、156 调,显示出文学创造的特异才能,在词史上开创了新境界。其妻程淑不仅对《麝尘莲寸集》中词句详加校注,而且自著有《绣桥诗词存》传世。

在徽州,有的乡村甚至几成"文学之村"。据记载,歙县江村仅有 100 多户人家,到乾隆四十年(1775 年)全村共有 78 位作者,编著之书多达 155 种,其中不少即是自撰的诗集、文集。就连村中妇女也成了诗中高手。例如:村女吴昊,一时闺秀,酬唱成帙,著有《香台集》;村民江昱之妻陈佩,著有《闺秀集》。

在一个只有 1.25 万平方千米的区域范围,有这样极其广泛的文学家队伍,在全国是极少见的。

2.徽州文学家在艺术上的独创之功粲然可见。

徽州文学家在其创作中经常地透逸出艺术的独创性,一些文学家形成了自己独特的艺术风格,在中国文学史上留下粲然一笔。如宋代诗人方岳诗歌的清丽天然和词作的平易清健的风格,明代文学家程敏政的宏博伟力和豪放奔逸的风格,汪士慎诗歌的清雅脱俗,等等。与此同时,徽州文学家表现出的艺术独创性又是多方面的。诸如:唐代文学家吴少微与富嘉谟一起所创立的"吴富体",在当时起到了对整个文坛的浮靡之风的扭转作用。明代戏曲家郑之珍创作的《目连救母劝善戏文》,可供连续多天演出的连续剧形式,可分可合,灵活自由,加上它劝人从善的主题以及演出时融入民间情趣和习俗,穿插筋斗、跳索、跳火圈、蹬坛等杂技手段,唱、念、做、打融为一体,在民间影响很大,曾被徽剧、川剧、湘剧、昆曲等剧种争先移植上演,使"目连戏"成了一个独特品类。清代著名戏曲家方成培在前人旧本基础上创作出新本《雷峰塔传奇》,不但洗去了旧本的妖气,而且加强了思想内涵,使白娘子成为古代文学长河里的经典形象,被列为中国古典十大悲剧之一。清代文学家赵吉士的《林卧遥集》一韵写千篇,为诗坛之创格。清末文学家汪渊以集前人佳句重组为词的形式来熔铸新词,在词史上开创了新境界。这些无不体现了徽州文学家的创新精神,无不是对中国文学的独特贡献。

3.徽州山水文学品格独具,艺术精湛,影响深远。

自从梁武帝面对徐摛发出"新安大好山水"的赞语后,徽州文学就以自己的敏锐对新安山水的独特之美开始了强烈关注。从南北朝谢灵运的《新安桐庐江》和沈约的《新安江水至清浅深见底贻京邑游好》诗以来,一个以新安江为主线、以黄山和白岳为中心的徽州山水文学的特定领域就突现了出来,形成一条徽州山水文学之河。

徽州山水诗歌代表作品有南北朝谢灵运的《新安桐庐江》和沈约的《新安江水至清浅深见底贻京邑游好》,唐代权德舆《新安江路》、释岛《登天都峰》、许坚《入黟吟》、李白《青溪吟》等,宋代范成大《天都峰》《温泉》、杨万里《新安江水自绩溪发源》《过闾门溪》等,元代郑玉《游黄山》、张可久《霜角·新安八景》《水仙子·黄山道中》等,明代汪道昆《望天都》、许国《黄山杂咏》、唐寅《齐云岩纵目》等,清代袁枚《宿黄山狮子林晨起登清凉台看云铺海》、黄景仁《春雨望新安江》《重游齐云山》《重游新安杂感》等。

徽州山水散文主要有宋代吴龙翰《黄山记游》等,元代汪泽民《游黄山记》等,明代程敏政《游齐云山记》、徐弘祖《游黄山日记(前)》《游白岳日记》和《游黄山日记(后)》、江瓘《游黄山记》、潘之恒《莲花峰记》、袁中道《游黄山记》、许楚《黄山游记》《新安江赋》等,清代钱谦益《游黄山记》、袁枚《游黄山记》、刘大櫆《黄山记》、龚自珍《黄山铭》、施润章《黄山游记》、靳治荆《游黄山记》等。

徽州山水诗歌作品与山水散文作品的交相和唱,体现出徽州山水文学的独特风貌与艺术魅力。这是徽州文学中最可宝贵的文学创造,也是中国山水文学的一个耀眼宝库。

4.徽州歌谣内涵丰富,特色卓著,令人陶醉。

徽州民间文学家创作了大量民间文学作品,其中以徽州歌谣成就最高,影响也最大。它不仅类型多样,而且数量众多,不仅内涵丰富,而且品格超越,具有特殊的魅力。这其中又以徽商歌谣尤为独特和杰出,充满了浓郁的地方色彩。这里不仅有反映徽州经商习俗的广为传诵的《前世不修》,还有体现徽商艰苦创业的《徽馆学生意》《写封信啊上徽州》,不仅有表现徽商奋斗理想的《火焰虫》,还有表现徽商学徒生活的《学徒苦》,不仅有表现徽商婚姻生活的《十送郎》,还有反映徽商妇丰富复杂的思想情感的《宁愿嫁给种田郎》。从中我们完全可以把握徽商走向成功的心路历程,完全可以领会徽商之所以能够走向鼎盛的奥秘,于此还能深切感受徽商妇为徽商的成功付出的沉重代价。徽商歌谣是徽商历史形象而生动的写照,与其他歌谣一起全面地展示了徽州人的精神世界,具有重要的认识价值和艺术价值。这些歌谣是徽州文学的瑰宝和绝唱,是中国民间文学的极其宝贵的财富。

总之,丰富灿烂的徽州文学是对安徽文学和中国文学的一个创造性的丰富与补充,显示了特殊地位和价值。

第 三 节

徽州艺术

一、徽州艺术概述

徽州艺术种类涵盖面极其广泛,包括戏曲、音乐、舞蹈、绘画、书法、篆刻、传统工艺等,异彩纷呈,绚丽多姿。

早在西周时期,徽州土著居民就有了戏曲活动。屯溪奕棋西周墓葬中,出土两件"钟形五柱乐器",一件铜鼎上绘有舞蹈图。"钟形五柱乐器"是作为歌舞伴奏用的,舞蹈图上两人轻盈起舞,并作回首对语状,形象而生动。

东晋太元六年(381年),晋元帝的第四个儿子武陵王司马晞被放逐到徽州。在徽州的这段时间里,司马晞经常举办宴会,令倡伎作新安人歌舞离别之辞,其声悲切。此则故事说明了徽州土著居民善于歌舞的文化习性。

宋元以来,乐舞曲艺活动渗透于当地老百姓的生活之中,充满了生活气息。婚嫁时,哭轿、接房、敬酒、交杯、撒帐等多种迎亲歌曲,与婚礼仪式紧密配合,成套演唱,丰富多彩。亲人去世时,丧礼中的哭丧调,曲调哀婉。劳动中的采茶歌、上滩号子、上梁歌,或欢快,或雄壮,气氛热烈。在各种祭祀和喜庆节日、庙会活动中,各种乐舞曲艺活动更是丰富多彩。

戏剧活动同样来源于生活。对鬼神的信仰,一直融合于徽州的原始土著生活中。远古时,土著居民经常举行驱鬼逐疫的祭仪,跳着一种原始巫舞——傩舞。后来傩舞逐步向娱乐方面演变,加强了故事成分,形成傩戏。

目连戏更是徽州民间一种经常的娱乐项目,极具观众参与性,演员可以到台下乱跑,到摊上随便抓东西吃,演到高潮时,台上台下万人齐声呐喊,声势吓人。徽州目连戏讲究武功杂耍,动作激烈,当地老百姓往往称"演目连"为"打目连"。

傩戏、目连戏还算不上真正的舞台剧,到了明代嘉靖年间,"徽州腔"的产生,使徽州的戏曲艺术产生质的变化。傩戏的假面具变成了徽戏中的脸谱,目连戏的武功杂耍成为徽戏中的表演程式,加上充满地方特色的"徽州腔",中国戏剧舞台上的一朵奇葩——徽剧开始诞生。

新安大好山水为徽州山水画的创作提供了生动的素材,清初徽州文人画家的遗民意识,又在山水画的创作上得到充分的体现。两者的结合,使徽州的山水画创作达到了一个新的艺术高峰,缔造出中国山水画上一个全新的艺术流派——新安画派。民国时期,黄宾虹继承新安画派的文人画传统,将新安画派的道脉传薪到一个崭新的阶段,开中国山水画一代新风。

除了山水画,徽州的人物画、花鸟画同样很有成就。宋代的朱熹擅长人物画,他画人物衣褶深得吴道子笔法。元代绩溪人戴仲德画起马来惟妙惟肖,人称"几夺造化"。明成化至嘉靖年间的休宁画家汪肇擅长画翎毛花卉,笔意恣肆。丁云鹏的人物画以白描见长,丝发间,眉睫之态尤为生动。"扬州八怪"中的汪士慎、罗聘均是徽州人。清末歙县人虚谷,以画花鸟和小动物著称,是晚清海派绘画大师,与任颐、吴昌硕并称为"海上三杰"。

版画是随着雕版印刷的发明而成长起来的一门艺术。早期的版画,绘图、刻版、印刷都由工匠们来完成。明万历时期,徽州商人积极介入出版行业,为了使自己的图书具有市场竞争力,在插图上大做文章,不惜重金聘请文人画家为自己出版的图书绘图,请著名的刻工刻制图版,同时在印刷质量上下功夫,创造出多彩套印等一系列新的印刷技法,使徽派版画进入光辉灿烂的辉煌时期。

徽州书法艺术在中国书法艺术领域成就不算太高,但在篆、隶、真、行、草各体书艺上,也产生出一批大家。朱熹的行书、詹景凤的草书、王由敦的楷书、汪士慎的隶书、胡澍的篆书,也都曾风靡当时,在中国书法史上占有一席之地。

篆刻是书法与雕刻的结合,既有实用价值也有欣赏价值,是文人意趣的体现。徽派篆刻之前,在中国还没有真正意义上的文人篆刻。明代嘉靖、万历时期徽派篆刻的崛起,才真正确立了文人篆刻的艺术地位,实现了由实用印章向篆刻造型欣赏艺术的转变。

徽州自然界的古木苍松和秀丽山川景色,给人以无限的美感,人们为了在闹市的斗室之中也能领略到大自然的诱人风貌,便以植物、山石等为素材,运用缩龙成寸、咫尺千里的艺术手法和特殊的盆栽修剪技术,将其细致加工、精心布局,制作成再现大自然神貌的艺术盆景。于是,徽派盆景应运而生。

在艺术领域,工艺是其中的重要组成部分。中国传统工艺分为烧造、铸锻、织绣、印染、编结、木作、髹饰、营造、装潢、扎糊、剪镂、刻印、画绘、雕镌、塑作等技艺类型。徽州传统工艺主要有文房四宝的制作、漆器制作、"张小泉剪刀"制作、竹编、万安罗盘制作、灯彩、装饰、砖木石竹雕刻和刺绣、剪纸,等等。

徽州艺术,高雅优美,既提高了徽州人的精神生活,也促进了徽州文化的影响力。

二、徽州艺术的特点

中国传统艺术分为文人、宫廷、民间和宗教四种风格,徽州艺术属于文人风格与民间风格的混合体,具有以下五个方面的特点:

(一)大众化

徽州艺术极具大众化的倾向,且不论从民间产生的音乐与舞蹈,还是已经文人化的戏剧,都非常注意适合一般老百姓的口味。"徽州腔"的产生,正是大众化的体现。徽剧讲究感观刺激,注重武戏和杂耍等表演形式,也是为了更多地吸引平民观众。

徽派版画的产生与兴盛,也是在适应大众阅读口味的过程中得以发展起来的。徽州书商为了增加阅读兴趣与对书本内容的理解,引诱读者购买,大量刊刻插图,并且在印刷质量上不断改革和创新,创制"饾版"套彩和"拱花"印刷技法,把彩色套印木刻画推向新的高峰,使广大读者对精丽动人的徽派版画书籍爱不释手。

徽州砖、木、石三雕的题材内容有奇花异草、山水风物、珍禽异兽、历史典故、戏剧人物、宗教风俗等,在这些题材内容上渗透了大众的嗜好,以其通俗易懂的视觉形象,寓教于娱,达到了雅俗共赏的目的。

(二)兼容性

徽州艺术注意兼收并蓄,广泛吸纳各种艺术形式的优点,形成自己的特色。徽州腔就是在广泛吸收了弋阳腔、昆腔等唱腔优点的基础上形成的,在表演上继承了目连戏翻台子、跳圈、窜火、飞叉、滚打、变脸等武打和杂耍技巧。新安画派对米友仁、倪瓒、黄公望画风的汲取,徽派版画熔诗文、书法、印章和图画为一炉,都是兼容性的体现。

在艺术题材上,除了花卉、鸟兽、民俗、戏曲方面的内容图案,徽州艺术融儒释道为一体,既有反映儒家忠孝节义、登科入仕的"二十四孝图""鲤鱼跳龙门"等方面图案,也有反映佛教罗汉神佛、大象莲花等题材的内容,还有道家的八仙过海芭蕉扇(汉钟离)、花篮(蓝彩和)、渔鼓(张果老)、葫芦(铁拐李)、阴阳板(曹国舅)、宝剑(吕洞宾)、笛子(韩湘子)、荷花(何仙姑)暗八仙等方面的图案。版画名作《程氏墨苑》分玄工、舆地、人宦、物华、儒藏、锱黄六类,包含了儒、释、道三家的内容。

在艺术形式上也是互相交融。版画用线描手法勾勒黄山峰峦岩石质感和黄山松的遒劲,同新安画派重写实、不轻点染、简洁清晰的画风相近。"三雕"艺术中的各种戏文内容,渲染突出了徽州戏曲氛围,推进了徽州戏曲艺术的发展。

(三)乡土性

徽州艺术具有鲜明的地域文化特色和乡土性。徽州属于封闭型的自然地理单元,这里山清水秀,风景绮丽。长期生长在这里,会使人产生出一种超脱、清新、恬静的情操。新安画派淡雅、简练,富有山林野逸、轩爽清秀的风味;徽派版画细密纤巧、典雅静穆;徽派盆景以树桩为材料,造型奇特俊秀、富有动感。这些无一不是徽州山川钟灵毓秀使然。

徽州的艺术家们与奇峰秀水、老树虬松朝夕相对,目识心记自然而然在作品中流露出来,反映也细致入微。丁云鹏绘《程氏墨苑》中的《玄岳藏书》,"玄岳"虽不是徽州真景,但是圆峰、云绕、虬松倒挂,就像黄山一般。渐江的《晓江风便图》长卷描绘了歙县浦口(练江汇入新安江入口处)的冬景,长卷前段写练江沿岸诸山逶迤,后段呈现新安江畔雾霭群山和小山村,水汽迷蒙的江面上,三只小舟次第而行,乡土气味颇浓。清吴逸所绘的版画名作《古歙山川图》,其中《丰南》一幅,画家用鸟瞰式的手法,把桥梁房舍、鳞次栉比的屋宇和良田阡陌交织在一起,大道上的两骑奔马更增添了画面的无穷生机,古徽州的富庶繁华跃然纸上。又如题名"东山"的特写、"篁南"的驴队、"新安江"的拉纤、"歙浦"的船夫,都使我们从画面嗅到古徽州百姓生产劳动的气息。

(四)儒家化

徽州艺术思维和艺术表现特征,体现了儒家思想的审美意趣,是中国儒家思想在艺术上的表现。这一点是同新安理学的长期浸淫分不开的。徽州文化追求儒家传统,讲究温文尔雅、中庸平和,就是在翻天覆地的改朝换代之际,文人思潮也是"哀"多于"怒"、"悲"多于"愤"、"隐"多于"叛"。新安画派的苍凉、冷漠、幽寂的意境,纯正简明的笔法成为中国文人画发展的一大高峰,是儒家思想在绘画艺术上的典型表现。

徽派篆刻也以雅逸隽秀、平和光洁作为追求目标,都是以儒雅为宗旨。从徽派篆刻确立开始,雅逸平和一直是几代篆刻家孜孜不倦的追求目标,如汪关的平和清丽、"歙四家"的遒劲秀丽、黄士陵的光洁挺劲,在篆刻艺术儒家化的道路上创造出了一个又一个奇迹。其间徽州印人也曾对猛利(何震)、雄健(苏宣)、生涩(朱简)、狂狷(吴麐)等不同风格进行过探索,并取得不菲的成绩,但由于这些风格不符合儒家的"中庸之道",所以一直不能成为徽派篆刻的主流。

徽派版画线条纤丽秀劲、一丝不苟,构图富丽精工、繁而不密,印刷绚丽多姿、精美绝伦。这一特色,内蕴的精神境界,给人以恬静和安乐。郑振铎曾说,徽派版画给人的感受是"温柔敦厚",一点"剑拔弩张"之气也没有。这其实也是儒家化的一种表现。

(五)扩张性

徽州艺术不仅仅是徽州的艺术,它并不满足于屈居一隅,还表现出一种强烈的扩张意识,随着徽商足迹遍及天涯。徽剧一开始就在徽州邻县流传,清代中叶完全超出徽州地域,风靡全国,最后走入皇都,演变成京剧,成为国粹。

徽州书商坊斋分布全国各大都邑,流寓外地的刻工也很多,杭州、苏州、金陵等地的版画艺术,无不受徽派的影响,遂使明末以后中国传统版画都在向富丽精工的方向发展。

新安画派中的代表人物渐江、程邃、孙逸、汪之瑞、查士标等曾长期旅居扬州,对扬州画派的形成产生巨大影响。陈传席先生认为"扬州八怪"率汰三笔和五笔的粗率画风正是从查士标的风神散懒、气韵荒寒画风中变来的。[1]

中国篆刻史上三大流派"浙派""邓派"和"粤派",都同徽派有着密切的渊源关系。浙派以切刀法立派,而切刀法源自徽派朱简的短刀碎切篆刻技法。邓石如在没有形成自己的印风之前,主要是从摹刻徽派印风开始的。粤派则是在探讨和继承印人黄士陵印风的基础上崛起的。

以上都是徽州艺术强烈的扩张意识的体现,这种扩张性使徽州艺术具有全国意义,较之偏于一隅的区域艺术要高出一个层次。

---

[1] 参见陈传席:《黄山画人录·序》,黄山书社1991年版。

三、徽州艺术的历史地位及其影响

徽州艺术流派纷呈,独树一帜,在中国艺术史上,很多领域都处于领先位置。

徽班行走四方,对全国各种剧种都产生过影响,婺剧、赣剧、滇剧、粤剧、桂剧、淮剧等,都有徽剧的成分。清乾隆年间,四大徽班进京,徽剧又同汉剧等剧种结合,逐渐演变成中国的国剧——京剧,成就中国戏剧史上辉煌的一页。徽州人提到徽剧与京剧的关系时,无不骄傲地说:"徽剧乃京剧之母。"

新安画家以遗民苍凉孤傲之情,化作笔下的峻岭奇松、悬崖峭石、疏流寒柯,其作品体现出一种超尘拔俗和凛若冰霜的气质,意境深邃。中国文人画发展到清初,产生出三大派别:一派是以"四王"——王时敏、王鉴、王翚、王原祁为代表的"复古派",盲目崇拜古人,一味模仿古人。另一派便是以"八大山人"、石涛、高其佩、"扬州八怪"等为代表的"反传统派"。复古派一味守旧,反传统派则一再标新立异,走向两个极端。只有新安画派既遵循古法,又师法自然创新,走一条"中庸"之道,是明清文人画的正统继承者。

明末,徽州出版商胡正言刊印的《十竹斋笺谱》,穷工极巧,功媲造化。著名学者郑振铎称《十竹斋笺谱》"实已跻彩色版画至高之界"[1]。鲁迅也赞誉《十竹斋笺谱》是"明末清初士大夫清玩文化之最高成就"[2]。1933年和1936年,鲁迅与郑振铎二度联手翻刻此书,传为文坛佳话,由此可见《十竹斋笺谱》的魅力。同时,徽派版画所体现的木板套色水印,也是我国在世界印刷史上的第二大贡献。

徽派篆刻强调篆刻家必须精通篆字原理,开创冲刀、切刀和边款单刀雕刻技艺,首创篆刻批评风气,对中国篆刻艺术作出了卓越的贡献。正是由于徽派篆刻的崛起,才真正确立了文人篆刻艺术的地位,实现了由实用印章向篆刻造

---

[1] 郑振铎:《西谛书话》,生活·读书·新知三联书店1998年版,第373页。
[2] 解璐:《百年老店藏宝偶露峥嵘》,载2008年11月3日《现代快报》第12版。

型欣赏艺术的转变。徽州以外的文人篆刻流派无一不与徽派有着千丝万缕的关系。邵潜继承了何震篆法、刀法的多样性,传给许容、童昌龄,形成如皋派;林皋篆刻得汪关平和精髓,成为莆田派的领军人物;丁敬继承了朱简生涩刚劲之风,把朱简的切刀法运用得娴熟自如,开创了浙派;邓石如广收何震、苏宣、汪关、朱简、程邃各家长处,融以自己擅长的篆书入印,形成邓派风格;广东刘庆嵩、李茗柯、易孺、邓尔雅等直接师从黄士陵,开创粤派。徽派篆刻一直是中国文人篆刻的主流,一部徽派篆刻史,几乎就是中国文人篆刻流派史。

徽州传统工艺主要有"新安四宝"的制作(包含烧造、雕镌、画绘等技艺过程)、漆器制作(髹饰)、"张小泉剪刀"制作(铸锻)、竹编(编结)、万安罗盘制作(包含木作、髹饰、刻印等技艺过程)、灯彩(扎糊、画绘)、装饰(画绘、塑作)、刺绣、剪纸等,其中以"新安四宝"对中国文化发展的贡献最大。

"文房四宝"一词的来源就与徽州有关。北宋梅尧臣作《九月六日登舟再和潘歙州纸砚》:"文房四宝出二郡,迩来赏爱君与予。予传澄心古纸样,君使制之精意余。自兹重咏南堂纸,将今世人知首尾。又得水底碧玉腴,溪匠畏持如抱尰。拜贶双珍不可辞,年衰只怕歔歙鬼。"①这是"文房四宝"一词的首次出现。南宋绍兴二十九年至三十一年(1159—1161 年),著名文学家洪适任徽州知州时,在州城建了一座类似于展览馆的建筑,专门陈列当地的笔、墨、纸、砚产品,并将苏易简所著《文房四谱》书于展室四壁,取室名为"四宝堂"。南宋宝祐年间,徽州知州谢墍与宋理宗赵昀有亲戚关系,每年都要向理宗进贡徽州生产的"汪伯立笔""澄心堂纸""李廷珪墨"和"羊头岭古坑砚"四种文房珍品。此四种珍品被称作"新安四宝"。至今,徽墨、歙砚仍然享誉中外。2006 年 5 月,徽墨、歙砚制作技艺被国务院列入第一批国家级非物质文化遗产保护名录。

---

① 梅尧臣:《宛陵集》卷三六,清文渊阁四库全书本。

第 四 节

徽州刻书

一、徽州刻书概述

徽州刻书始于中唐。宋代,黟县汪纲为全国七大私人刻书家之一。绍兴末,洪皓《松漠纪闻》在歙县开雕。咸淳四年(1268 年),绩溪汪梦斗刻其父汪晫所辑《曾子子思子全书》,进献尚书省。咸淳六年(1270 年),郡斋刊刻罗愿《尔雅翼》。宋末婺源人鲍宜翁,更是广刻图书,"凡先民之言可为世劝者,则刻之以授四方之来者"。朱熹的著作亦屡次在徽州刊刻。《黄山图经》宋时曾四刻。徽刻图书流传至今的宋本有吕谦的《皇朝文鉴》《朱熹诗集传》和王佖的《朱子语录》、魏了翁的《九经古义》等。

元代,徽州刻书业得到进一步发展。方回虚谷书院、郑玉师山书院、汪仲鲁商山书塾、郑氏丛桂堂以及屏山书院、紫阳书院均以刻书著称于当时。官刻图书则有《历代蒙求》1 卷。家刻本有马肃《竹庄吟稿》、程若庸《增广字训》、朱升《五经四书旁注》《地理五行书》《小四书》《墨庄率意录》等。

明代徽州刻书盛极一时,万历年间达到鼎盛。据周宏祖《古今书刊》载,明万历以前,徽州刻本有 31 种,占安徽刻书的 1/3。明正统至万历年间,歙县仇村黄氏一族刻本就有 60 余种。明万历至崇祯年间,徽州刻书业突飞猛进,跃居全国之首,私家坊刻众若繁星,刻铺比比皆是。如果说在中国刻书史上曾有过杭刻时代、苏刻时代的话,则明末是徽刻的时代。徽州刻书成为当时全国最具影响的一大派别,世称"徽版"。徽版图书以坊刻最为有名,以校勘精湛、刊刻精良著称,以插图为特征,著名刻坊有吴勉学师古斋、吴琯西爽堂、汪廷讷环翠堂、胡正言十竹斋、吴继仕熙春堂等。书院刻、官刻、家刻本同样也很兴盛。

清初大兴文字狱,私人刻书有禁,坊刻骤降。康熙时期书禁稍缓,但徽州坊刻再也没有恢复到明万历崇祯时期的繁荣。可是从有清一代整个刻书业的状况来看,徽州刻书仍是积极而活跃的,徽州依然是全国刻书中心之一。这主要表现在书院刻书的发展、家刻的兴旺、志书宗谱编纂刻印的发达。

书院刻书以歙县紫阳书院为代表。家刻是清代徽州最为兴旺的一种刻书形式。清代是徽州地区编纂志书和宗谱最发达的时期。从府志、县志、乡镇志到山水志、书院志,种类齐全。至于家谱、族谱更是多得无法统计,一般族中修谱,十年或二十年一次。一些大族所修之谱,不仅刻印精工,且卷帙浩大。上海图书馆藏家谱 30000 多部,以浙江、安徽最多,其中安徽的家谱又以徽州地区最为集中。

道光二十年(1840 年)鸦片战争以后,西方机器印刷技术传入,中国传统刻书业急剧衰落,南京、苏州、杭州、广州等刻书中心的雕版刻印业相继遭淘汰。但徽州地僻山区,新的印刷技术一时难以传入,雕版刻书仍然盛行。尤其是同治年间以后,徽州的一些商人、学者,纷纷呼吁搜集、刻印因太平天国战乱而散佚的先贤著述。于是光绪时期徽州刻书又出现了一个小高潮,涌现出绩溪世泽楼、抱吟馆,黟县宝文堂、藜照堂,休宁新安味经山房,屯溪茹古堂、蓝田项氏等刻坊。绩溪王子乾抱吟馆为了向近代小学堂提供新学教材,先后编辑刻印了《地学》《矿学》《力学》《数学》《珠算速成课本》等新式教材。直到近代,徽州仍不断出现雕版书籍。如祁门宗教团体明珠乩坛、明善乩坛编辑的《明珠辑要》《明善宝训》,又如民国十二年(1923 年)编纂的《黟县四志》、民国十七年(1928年)休宁程锡颖撰著的《金正希年谱》等,均为木刻本。

二、徽州刻书兴盛的原因

(一) 环境影响

徽州位于万山之中,地狭人稠,耕作收获只能满足 30% 的需要。为了寻求生活出路,人们不得不从农田以外去想办法。于是"百工之作皆备"。南唐李超及其子廷珪开始制墨,宋时潘谷继之。明朝嘉靖后,罗小华、程君房、方于鲁、吴去尘,皆名重一时。与刻版密切相关的砚雕和墨模制作,唐宋也已得到高度发展。

到了明清时期,专事书籍雕刊的徽州刻工大量涌现,尤以汪、黄、仇、刘四姓最为突出。据《中国美术家人名辞典》《中国善本书提要》《中国古代版画展览图录》《徽派版画史论集》及黄山市博物馆藏书著录的徽州刻工就有六百余人,实际数字还远不止这些。

歙县虬村黄氏一族,世代"剞劂",从明天顺至清道光,时间长逾四百年,刻书数百种,可称得上"剞劂世家"。黄氏一族世代刻书,积累了丰富的刻书经验,特别在插图雕版上,具有很高的造诣和精湛的技艺,为其他刻工所不及。对于这种世代赖以谋生的雕刻技艺,他们视为专利,秘不传人。于是,杭州、苏州、金陵等地的书商,为了保证插图质量,不得不高价聘请他们。因此,徽州不少刻工,大都因在外地刻有精美的插图而享有盛名。我国著名藏书家郑振铎对于徽州刻工高超的刻图技艺常常为之赞叹,认为"这里面一定有些道理,应该加以深刻的研讨"[1]。

除了专业刻工外,徽州还有大量的业余刻工,忙时务农,闲时刻书。徽州大量的家谱、族谱便是出自这些业余刻工之手。当地称这些刻工为"谱匠"。农闲一到,这些业余刻工便三五成群,自由组合成"谱匠担子",哪里有制谱生意,便到哪里去营生。因为一般谱牒印数不多,仅编号分颁各支,所以谱匠制谱多用木活字。他们担子里的"木子"(即木活字)多的有二三万,一般分为大小号,大

---

① 郑振铎:《西谛书话》,生活·读书·新知三联书店 1983 年版,第 667 页。

都是用梨木或银杏木雕成的老仿宋字。这是因为徽州地区山多,又盛产檀树、梨树、枣树、银杏树等,这些树种木质坚韧、经久耐磨,是雕版印刷用的极好材料。一个雕版往往经历数十年,甚至上百年而字不漫漶。所以,当地雕匠们不仅将木活字作为谋生的工具,还把它当作一项动产,互相转借、买卖质当,有时还作为礼物辗转赠送。谱匠们制谱也有分工合作,一般分刻字、图像、排印和装订几道工序,最后由有经验的老谱师负责总成谱书。明清时期,徽州的大部分家谱、族谱均为活字版,就是出自这些业余刻工之手。

另外,徽州毗邻杭州、苏州、常州、金陵、吴兴等刻书中心,这些地区刻书业的发展,对徽州刻书业也产生了刺激和促进的作用。

(二)学术促进

徽州为学术渊薮,婺源乃朱熹桑梓,休宁是戴震故里。程朱理学和徽派朴学是中国古代学术的两面旗帜。学术的倡发赖于著述,著述的流传赖于刻印,新安学术对于徽州刻书的促进很大。

宋代,朱熹曾两次回徽州省墓,回来后都要聚众讲学。南宋徽州学子三番五次雕刻朱熹的著作,无疑对徽州的刻书事业是个推动。另外,朱熹提倡读书,研究学问,从事著述,强调"穷理之要,必在于读书"[1]。在朱熹的影响下,徽州读书著述之风盛行,"自井闾田野,以至远山深谷、民居之处,莫不有学、有师"[2],"宋元以来彬彬称为东南邹鲁"[3]。

学术之兴,首先涉及的就是书。要读书必须有书,要有书必须藏书。宋以来,徽州藏书家代不乏人。宋真宗时,歙县岩镇人闵景芳建尊圣阁,贮书万卷。明初歙县岩镇方大治家故饶,累世积书,"里中称万卷方家"[4]。清乾隆歙人程晋芳,"家素殷富,举族豪侈,晋芳独购书五万卷,招致缀学之士与共讨论,据案开卷,百务废不理"[5]。藏书与刻书互为促进,互为因果。程敏政藏书不富,不会

① 《朱子语类》卷十八,清文渊阁四库全书本。
② 道光《休宁县志》卷一《风俗》。
③ 嘉靖《徽州府志》卷一《风俗》。
④ 《岩镇志草》亨集《儒行传》。
⑤ 民国《歙县志》卷七《人物志·文苑》。

有《新安文献志》的辑刻;吴勉学刻的书之所以精善,也是因为他能从众多的藏书中择善本而付梓,广采挹而校雠。

学术兴旺,造就了徽州众多的学者。徽州学者做学问又多是从文字入手,以音韵通训诂,由文字、音训以求义理。经他们手校的书,精审程度就大得多。宋仁宗时,婺源人王汝舟校书万余卷。朱熹也曾说:"学者观书,必须读得正文,记得注解,成诵精熟。注中训释文意、事物、名义、发明径指,相穿纽处一一认得,如自己做出来一般,方能玩味。"①其他如程荣秀、戴震、程瑶田、凌廷堪、胡培翚、俞正燮等,皆为一代考据大师,更是精通校雠。就是徽州书坊的一些主人,耳濡目染,潜心向学,是为儒商,他们所校之书的精审程度,也不是一般人所能达到的。

学术兴旺,学者众多,结果是著述宏富。据道光《徽州府志·艺文志》著录,宋至清道光间的徽州学者著作就有 4000 种左右,7 万余卷。徽州素称"文献之邦",确非虚语。徽州学子,一方面要使自己的著作流传于世,另一方面又要维护学术师承,保存先贤著作,促成了徽州家刻书籍的兴旺。这些家刻书籍,一般都比较精善。

学术对于书籍的需求,还有一个重要方面就是课蒙需要。清康熙年间,徽州全府有社学 562 所。至于私塾、义塾、家塾、蒙馆、经馆虽无统计数字,但从"十户之村,无废诵读"看,其盛况可知。课蒙通俗读物需求量大,损耗也大,于是有些人就专门刻印蒙童书出售。清康熙时,歙县虬村人黄利中,"力田之暇,稍习为书贾,习为镌工,出其蒙童书售于邑。及久,镌益工,售益广,凡经史、古文、诗赋、试艺无所不镌,邑中缙绅人皆乐与交,业隆隆渐起"②。刻印童蒙书而致富,真可谓生财之道。

(三)徽商推动

徽州古代经济,是以商业为特征的地方经济。明人汪伟曾说:"天下之民寄

---

① 《朱子语类》卷十一,清文渊阁四库全书本。
② 歙县《虬川黄氏宗谱·黄义先老人传》,清道光刊本。

命于农,徽民寄命于商。"①属于商品经济范畴之内的刻书出版业,必然会引起徽州商人的注意。特别是明中叶,社会经济经历过一个较长时期的休养生息之后,出现了相当繁荣的局面,产生了一批市民阶层,他们追求精神享受,需要书籍。加之王守仁主观唯心主义的哲学体系对保守的程朱理学的冲击,出现了一大批蔑视封建传统和封建礼教,表现男女平等、妇女解放的戏曲、小说等通俗文学,反映了当时市民生活和他们的思想感情,受到广大群众特别是市民群众和进步文人的欢迎,使图书出版物有了空前广阔的市场。明万历时期,徽州众多的书商坊贾就在这样的历史条件下应运而生。

徽商一进入刻书出版业,立刻显示出其固有的精明干练。他们在刻书方式、方法和雕版印刷技术上都大胆革新。其一,他们大量编辑出版丛书。丛书最便学。一部丛书可概括群籍,搜残存佚,为功尤巨。欲多读书,非买丛书不可。其二,大量刊刻插图,增加阅读兴趣与理解,引诱读者购买。其三,采取联合作战,缩短出版周期,快出快售。徽商经营讲乡谊,互相帮助,互相提携。在刊刻丛书或大部头书时,为了缩短出版周期,相互间常常联合作战。明万历刻本《资治通鉴》294 卷附《释文辨误》12 卷,多达 100 册,就是由张一桂、吴勉学等数人联合刊刻的。这一现象也是这一时期部分大部头书署名混乱的原因。其四,改革印刷和雕版技术,把彩色套印木刻画推向新的高峰。

徽商是一个文化修养水平较高的社会阶层。他们或"先贾后儒",或"先儒后贾",或"亦儒亦贾"。刻书便典型地反映了徽商"贾而好儒"的特色。部分巨商在物质财富达到极点时,便转而广求天下奇书、珍本,收藏刻印,以求高名,追求精神财富。如马曰琯刻《经义考》、鲍廷博刻《知不足斋丛书》、鲍漱芳刻《安素轩法帖》等。这些富商财资雄厚,校勘写刻都不肯苟且,对中国古代文化建设之功不可埋没。

除了环境影响、学术促进和徽商推动以外,对徽州刻书起重要作用的还有宗法观念。徽州"家乡故旧,自唐宋以来,数百年世系比比皆是。重宗义,讲世

---

① 康熙《徽州府志》卷八《蠲赈·汪伟奏疏》。

好,上下六亲之施,无不秩然有序"①。各氏族为了纪世系,叙昭穆,辨亲疏,明确后裔辈分及其尊卑嫡庶等级,普遍撰修氏族家谱。有郡谱、县谱、合族之谱、分支之谱等不同谱式,又有族谱、统宗谱、世谱、世牒、支谱、房谱、家乘、家谱等不同名称,几乎没有无谱之族。一些大族所修之谱,不仅刻印工精,且卷帙浩大。徽州地区至今留存下来的谱牒之多,是全国任何一个地区都不能比拟的。

三、徽州刻书的特色与贡献

(一) 校勘认真,刊刻精良,推动了我国版本学、校雠学的发展

徽州刻书以校勘认真、刊刻精良著称于世,版本价值极高。无论坊刻、书院刻、官刻和私刻,都极讲究版本的精善,写刻校雠都不肯苟且。吴勉学所刻《二十子》中《庄子》和《楚辞集注》、吴继仕所刻《七经图》,其精审常使书贾剜改冒充宋版。

徽刻图书不仅写刻校雠认真细致,在辑佚补缺上也颇见功力。元至正二十四年(1364 年),临海陈基著、金华戴良编《夷白斋稿》,久无刻本,仅有抄本流传,且遗失甚多,明弘治间张习为之刊刻时,或有衍文,或有脱漏,非常不理想。于是鲍廷博非常留心该书,后访得一明抄本,并取他书与张刻本相校,墨笔眉批触目皆是,均谓某字应抄入,某字该去云云。稍有所得,痛快非常。如卷六眉端记云:"此一行刻本亦脱去,今从《草堂雅集》补入,真快事也!"②

(二) 大量刊刻插图,发展了中国的版画艺术

图书有插图,能够增加读者的阅读兴趣和理解,徽版图书便是以大量精美动人的插图占据刻书出版市场的。徽刻插图在明末各地发行的图书中,不仅量多,而且格调新颖,式样翻新,丰富多彩。有上文下图、文中嵌图、图文混一、图中嵌文、双页连图等,琳琅满目,美不胜收,但最多的还是单页插图。

明万历时期,北京、建安、金陵等地的刻本插图基本上都是上承宋元遗风,

---

① 明嘉靖《徽州府志》卷一《风俗》。
② 王重民:《中国善本书提要》,上海古籍出版社 1983 年版,第 548 页。

采取上图下文的形式,线条粗壮,构图简略。徽刻插图形式多样,风格上也一扫粗壮雄健之习,成为工整、秀丽、缜密而妩媚的情调。尤其单页或双页插图,使得图版加大,徽州刻工缠绵精致的刀法得到淋漓尽致的发挥。《程氏墨苑》《十竹斋书画谱》和《十竹斋笺谱》的出现,使徽刻插图的绘刻技巧,尤其是彩印技术达到了一个新的高度,发展了中国的版画艺术。

(三) 编刻丛书、类书,保留了大量有价值的文献

丛书、类书便于学习,一部丛书或类书,可概括群籍,搜残存佚,为功尤巨。欲多读书,买丛书或类书最为便捷。于是,吴勉学《古今医统正脉全书》《二十子》、吴琯《古今逸史》、汪士贤《汉魏六朝诸家文集》、张潮《昭代丛书》《檀几丛书》、江旭奇《朱翼》类书等便如雨后春笋相继推出,很多稀见典籍就是借丛书、类书形式保存于世。明末婺源人江旭奇编辑、歙人吴养春校阅梓行的《朱翼》一书,杂采谱书,以类排纂,间有言论。其中不仅有江旭奇自己的言论,还载入江旭奇师友的言论,更尽量载入当时的通俗读物,对了解明末的社会思潮具有重要价值。王重民认为此书"正是期刊之先河"[1]。

除了丛书、类书外,徽刻单本图书也保存了不少珍本秘籍和通俗读物,使很多有学术价值的著作和文学作品得以传世。如郑之珍编刻的《目连救母劝善戏文》,对徽剧、川剧、汉剧、婺剧、桂剧、昆剧、湘剧等剧种、剧目的发展,都产生过重要影响。马曰琯千金刻《经义考》,使这部文献巨著得以保存。我们现在喜爱的几种古典小说,最初也是徽州刻印的。如一百二十回本《水浒全传》,最早的刻本是明代新安刊刻的。《红楼梦》书成后,仅有抄本流传,乾隆五十六年(1791年)和五十七年(1792年),徽州程伟元两次用活字印出,即后来的程甲程乙本。[2]《聊斋志异》成书之后,蒲松龄无力印行,藏之于家,直到乾隆三十二年(1767年)才由鲍廷博为之刊行。[3]

---

① 王重民:《中国善本书提要》,上海古籍出版社 1983 年版,第 383 页。
② 参见李则刚:《安徽历史述要》,安徽省地方志编纂委员会 1982 年版,第 556 页。
③ 参见萧新祺:《〈聊斋志异〉版本略谈》,载《博览群书》1988 年第 7 期。

（四）创制"饾版"和"拱花"，实行多色套印，改革印刷和雕版技术，推进了中国印刷技术的发展

明万历三十三年（1605 年），歙县程大约用四色或五色赋彩印刷《程氏墨苑》，图版精丽动人程度大大超过一般雕版插图。休宁胡正言又在总结前人经验的基础上，将彩色画稿分别用各种颜色勾摹下来分成数块小版雕刻，叠套彩印，创制"饾版"。又特制凹凸版，把纸在雕版上压印，凸现无色图像，形似浮雕，时称"拱花"。他采用这两种印刷方法，分别于天启七年（1627 年）和弘光元年（1644 年，即清顺治元年）印制了《十竹斋书画谱》和《十竹斋笺谱》，把彩色套印木刻画推向新的高峰，以至于精美的雕版插图成为徽版图书的特征。

为了改变手写体不便操作的弊病，徽州刻工还创造了一种统一的横细竖粗的长方体字，这就是印刷界通常所说的仿宋字。仿宋字的出现，带动了中国刻书史上的一场革命，大大加快了刻字进度，其影响所及一直持续到现代印刷业。

第 五 节

其他领域

一、徽州方言

（一）徽州方言概述

徽州方言，即徽语，也称徽州话，是古代吴越语系的一个分支，是《中国语言地图集》专门划分出的一种汉语方言。徽州方言主要为新安江流域的旧徽州府全境、旧严州府大部、江西北部旧饶州府部分地区的语言，使用人口约 436 万。

旧时,徽州话以歙县县城话为代表音。

徽语内部的差异性很大,不仅外地人听不懂,即使同操徽语的各地人也难以相互交谈。嘉靖《徽州府志》称:"六邑之语不能相通。"①而且,各个县四乡的音也有不同。时至今日,情况依然如故。当外地人来到屯溪,向当地人问讯时,当地人回答:"阿(a)悲(b)希(x)滴(d)。"外地人以为当地人在说外语。其实当地人回答的是"我不知道"。再如,当地人用方言说自己的县名,外地人也很难听懂。如"歙县"音为"吸谢","休宁"音为"休拉","黟县"音为"噎月","祁门"音为"骑蛮","屯溪"音为"端妻",等等。还有一些物名词在各地的叫法也很有差别。"向日葵"的叫法有:葵花莲、葵花蓬、朝日莲、珠珠莲、今朝莲、丝瓜莲、楂莲、珍珠莲、松花莲、松树莲,"蝙蝠"的叫法有:偷油燕、檐老鼠、偷油老鼠、天行老鼠、老鼠臂翼、老鼪布翼、老鼪飞翼儿。词的叫法不同,加上各地语音差别很大,交流起来十分困难。

古徽州是移民地区,北方移民把中原语音带到徽州,在徽州沉淀,成为徽州方言的主要成因。徽州方言中就保存着不少古词,甚至沿用古文,如"先"(先和)、"种种"(短)、"造化"(幸运)、"大郎"(哥哥),等等。中原移民不同时间来自不同地点,加上中原语言本身也有差异,在这里沉淀下来后,同当地的土音交融,形成自己的语音特点。徽州为丘陵山地,交通不便,由于"隔山"不能交流,"隔河"不便交往,各县又形成自己的土话,加上徽州又处于皖、浙、赣三省交界,各种方言土语易于相互渗透,尤其是徽商往来频繁,给徽州方言带来了复杂的影响,造成六县语言不能相通。

(二)徽州方言的特点

徽州方言跟吴越方言有一定联系,而徽州区域内各县的方言又互有差异。徽州方言是单一体系的方言整体,在语音、词汇、语法诸方面,都有其自身的规律和共同的特点。

在语音上:声母中塞音、塞擦音多数地方以读送气清音为主;韵母中的鼻音

---

① 嘉靖《徽州府志》卷二《风俗》。

韵尾大多消失或转化为鼻化音;声调中,古全浊上声一般不归阴去;不少地方还有"n"化韵。六县均有尖音,部分县的唇齿擦音分清浊,而黟县话、祁门话没有唇齿浊擦音,只有唇齿清擦音。各县均有儿化韵,如休宁话"猫"。这种带"n"尾的词,在性质功能方面类似普通话的儿化词,所不同的是非卷舌音。徽州方言各地的入声不分阴入和阳入,近似吴方言的喉塞声,但又不是真喉塞声。

在词汇上:徽州方言有不少独特的方言词,如歙县话"官客"(男人)、"落地"(地方),休宁话"竹翼"(翅膀)、"天光"(早饭),绩溪话"台盘"(桌子)、"翘楚"(俏丽)等。有些词汇近似吴方言,如"物事"(东西)、"龙头"(邮票)、"畚出"(畚箕)等。一些词语至今仍沿用古义,如"先"(先生)、"种种"(短)、"造化"(幸运)。不少独特的方言词富有修辞色彩,反映了徽州人的形象思维,如称"门背后"为"门后掖"、"鹅卵石"为"河螺扁"等。徽州方言还保留了大量的古词。有些词同普通话的词义不尽相同,如"担",普通话是"挑"或"担负"的意思,徽州方言则是"拿"的意思。

在语法上:徽州方言中有一些具有语法作用的语素,其中:有些表示复数,如屯溪话、休宁话、歙县话中的"人""俺人""俺大家"即"我们";有的具有结构上的组合作用,表示某方面的人,如屯溪话、休宁话中的"伨""卖花伨"即"卖花的人";有的表示领属关系,如"俺个"即"我的";有的表示名词性的连接关系,如祁门话"tir"类似"和"。某些独特的介(动)词亦具有结构上的组合作用,如休宁话"ter",义项多而在句中不模糊,有"到""在""被""把"等多种作用。部分县表示动作重复,除了在谓语前面加副词"再"作状语,有时还在词尾附加"添"来表示,如休宁话和绩溪话"再吃一碗添"。

(三)徽州方言的价值

徽州方言是古汉语的活化石,现存的"n"化韵,就是中华上古语音遗存,是北方话儿化音的前身。徽州方言中保存着《广韵》《汉书》《诗经》《史记》《礼记》等大量中华古代典籍中才有的古音、古词。徽州方言中的这些现存古音古词,既见证了中华文明远古的原始文化生态,又透露了中华汉民族正统文化的流变和发展。如早晚的洗漱,徽州人说"洗面"而不说"洗脸"。在《战国策·触觫说赵太后》一文中就有"有复言长安君为质者,老妇必唾其面"的句子。可见不仅土语不土,而且是正宗的古语。徽州话将"提水"说成"挈水",将"砍柴"说成"斫柴","惹、挑逗"用"撩"来表示,"给予"说成"畀","吝、吝啬"用"靳"来表示,"收藏、放"用"囥"来表示,还有将"徘徊"说成"踅踅",把"搔痒、抓痒"讲成"爬痒"等,都是在古文中有据可查的。宋代著名文学家黄庭坚就有"诗句唾成珠,笑嘲惬爬痒"①的诗句。研究徽州方言不仅可以发现汉字汉文化的一些原生态内容,而且可以更确切地认知徽州文化与中华传统文化的关系,是中华传统文化研究的一个重要组成部分。

徽州方言具有很深的文化内涵,是研究徽州文化和中国古代社会的活教材。2006年的春节联欢晚会小品节目"招聘"中有一个字"囵",大家都不认识,但在徽州方言中就有这个字,音"lou"。在徽州的取名习俗中,有的家长担心孩子养不大,有意起贱名,以防神鬼注意而勾去魂魄。如女孩叫丫头、婢妾,男孩叫讨饭、石头,或者与动物名谐音的字,如小苟(狗)、来狗、囵仂等,"囵"的意思是对小狗的昵称"喽喽"的意思,这个字在徽州文书中常见。另外,徽州当地,孙子称祖父,以"朝朝""老朝""老奉"相称。"朝奉"本为官名,宋代朝官有朝奉大夫和朝奉郎。徽商同官府有着千丝万缕的联系,有些徽商便是由仕而贾的,这些人不愿人们称其"老板",代之以"朝奉"相称。久而久之,在徽州,朝奉便成了有钱乡绅的习称。

从比较研究的角度,徽州方言(尤其是黟县话和休宁话)同日语有着相似之处。就语音方面来说:徽州话有阴平、阳平、上声、去声和入声,这五个声调与日语假名的五个发音的音值很相似;就韵母而言,日语是"开音节",几乎都是元音结尾,徽州话也大都是元音韵母,除儿化外,没有像普通话一样的舌尖鼻音韵母;从声母比较来看,徽州话的十多个辅音又多相似甚至相同,所以,日语音节与黟县话音节的音质大部分是相似的,尤其是日语的 a、u、o 三组音节与徽州话同类音节发音几乎完全相同。词汇方面,像"谷子""聒噪",在日语和黟县语中

---

① 黄庭坚:《山谷集·外集》卷一。

同样是表示"礼物""感谢"的意思。在词汇方面,这种现象也不少见。徽州话与日语的这种对应相似的现象,已经引起越来越多专家学者的关注和重视。

徽州方言作为一份宝贵的非物质文化遗产,还是当前徽州文化旅游开发中极有发掘价值的文化旅游产品。由于徽州方言特色鲜明、多彩多姿、表现独特,如善于策划、整理、科学打造,完全可以在搞活徽州文化旅游中形成特色旅游项目。如开设徽州方言一条街,借徽州方言的独特性形成徽州文化旅游新亮点。黟县龙池湾徽州民谣的方言演唱,就是徽州方言开发利用的一个好尝试。

二、徽州收藏

(一) 徽州收藏概述

徽州收藏与徽商集团在明嘉靖时期的崛起同时,其中最早的要数休宁县流塘詹氏。明万历年间刊刻的詹景凤《东图玄览》记载,其家族曾收藏有很多宋元名家字画,如朱熹信札、宋洛本十七帖、元画家柯九思山水画、鲜于枢草书等。《东图玄览》还记载了他当时所见到的很多徽州收藏家收藏的书画名物,如:歙县临河程氏、溪南吴氏、休宁城北叶氏所收藏的古人画册;休宁汪氏收藏的宋徽宗墨迹书唐七言律诗;歙县杨尚书家收藏的王右军帖,杜子美行书,蔡君谟、苏子瞻、解缙真迹;潜口汪太学家收藏的黄公望山水轴、倪云林林亭轴、王孟端捕鱼图、钱舜举花卉图等。

明末清初,徽州重要的藏家藏室有歙县西溪南(今属徽州区)吴廷"余清斋"、歙县莘墟(今属徽州区)吴桢"清鉴堂"以及休宁商山吴其贞的家藏。吴廷与兄国逊曾以米南宫真迹请董其昌作跋,又藏有王羲之《官奴帖》真本。他将自己所藏历代名帖真迹,请杨明时双钩上石,刻《余清斋帖》,为世人所珍惜。刻石今仍藏歙县新安碑园。清大内所藏书画,精品有一半都是吴廷旧藏,有其印识。吴桢"清鉴堂"书画藏品曾得到董其昌、陈继儒鉴定,并刻一套同样很有影响的《清鉴堂帖》,现收藏在新安碑园。《清鉴堂帖》所收法帖比《余清斋帖》要多,勾摹亦精。休宁商山收藏家吴其贞出生于一个收藏之家,撰有《书画记》,记载他收藏书画和经营书画的有关情况。

清代中期,徽州的重要藏室有金瑗"十百斋"、汪启淑"飞鸿堂"和程光国"铜鼓斋"。"十百斋"为清雍正、乾隆时期,歙县岩寺(今属徽州区)金瑗的藏室,所谓"十百",是指立幅百轴、横幅百卷、册页百帙、奇书百部、旧拓百种、佳砚百方、铜印百颗、汉镜百圆、古瓷百器、时花百盘。客寓杭州的歙人汪启淑"飞鸿堂"因收藏古书、古印而闻名。汪启淑自称印癖先生,搜罗古玺以及秦、汉迄至元、明历代印章数万方,有古铜、玉石、象齿、水晶、玛瑙、蜜蜡、犀角、檀香、黄杨等材质。歙县城里程光国从事边界军需运输而成巨富,喜收藏。其子程振甲将藏室命名为"铜鼓斋",据说是因得到诸葛亮的铜鼓而取名。程振甲曾请鉴定家僧六舟到家为其品鉴藏品,经六舟品鉴的藏品主要有三代彝器大屏二十四幅、汉雁足镫字、方铜钫、叔单鼎等。

晚清民国时期的收藏家主要有西递胡积堂、潭渡黄氏、唐模许承尧和万安黄骏。清道光年间,黟县西递履福堂主人胡积堂夙好书画收藏,藏室"笔啸轩",著有《笔啸轩书画录》2卷。歙县潭渡曾是徽州文物收藏最为丰富的村落,清咸丰、同治年间,潭渡黄崇惺撰《草心楼读画集》,对其祖上乃至徽州自清代以来的收藏多有描述。黄崇惺家有过丰富的收藏,如张择端《清明上河图》、黄子久《富春山居图》等。黄宾虹尤爱家乡文物,新安画派作品更是他收藏的重点。歙县唐模(今属徽州区)许承尧是民国时期徽州民间收藏最为丰富的大家,他的收藏编有《收藏目录》,单以历代名人书画轴来说就有二三百件之多,又收藏几百件敦煌写经。休宁万安的黄骏,搜集庋藏大量古人字画、金石玉玩、鎏金佛像、古墨名瓷、善本书籍、红木家具等。他早期曾获得两幅宋代字画,一为郭熙《渔翁雪景》中堂,一为米芾书法手卷,故颜其居为"宝宋斋"和"双阳精舍"(郭熙为河阳人,米芾为襄阳人,故称"双阳")。

(二)徽州收藏特点

徽州收藏,是伴随着徽州经济兴盛和文化繁荣而产生、发展的。从徽州收藏家的出身来看,他们全部属于儒商家族。艺术品鉴赏与收藏,是徽商介入文化的一种方式,他们以此标榜财富与学识。同时,艺术品鉴赏与收藏,也是徽商结交文人士大夫的一个重要途径。徽州文人许多都出生于商人家庭,对艺术品鉴赏与收藏的热衷更是有过之而无不及,沉溺于艺术品鉴赏成为他们闲暇之时的雅事。

歙县绵潭人汪启淑,业盐于浙,侨寓钱塘,工诗好古,收藏甚富,尤嗜印章,自称印癖先生。其搜罗古玺以及秦、汉迄至元、明历代印章数万方,又曾于巨珠上刻作篆文,以补诸品未备。相传钱梅溪有汉"杨恽"二字铜印,汪启淑欲得之,钱不许,于是长跪不起,钱不得已,笑而赠之。他还凭借雄厚的财力,广泛结交印坛名人,如林皋、吴麐、丁敬、黄易等一百余人,邀约篆刻印作,先后收集当时知名的篆刻家作品三千余方,因而编辑厘定,钤印成《飞鸿堂印谱》5集40卷行世,风行一时。

很多收藏家子孙,世守祖上所收藏的艺术品,子孙后裔世代承传下去,不得卖出,体现了多数徽商收藏家的一个显著特点。清代歙县旅扬徽商江氏家族以商辅儒,子孙登科,家世显赫,凭借雄厚的财力从事收藏,艺术藏品甚多,留传下《先友尺牍》3册,嘱咐八子中的江昱和江恂予以"世守"。江恂之子江德量、江德地兄弟俩也是"好金石"之士,收藏甚富,世守祖业。

同时,徽商也把艺术品收藏作为一种商业行为,通过对艺术品的购藏,达到升值的目的。明代徽州休宁县人汪芝因为苏州艺术品市场繁荣,联合文徵明等人刻印《黄庭经》、释怀素的《自叙》、宋仲珩的《千字文》、祝京兆的草书歌行等帖,被海内称赏不已。然而几十年后,因为刻石全部毁于一场大火,汪芝刻本已经成为珍本,那些好事者没有地方搜寻到,珍本的价格就陡然腾涌升高,达到五六千钱。

方用彬是歙县岩寺(今属徽州区)人,和宗人合作经营店铺,他收藏的许多古玩字画,不少都是别人因急用银钱而押出的。因为对方应急,于价格并不计较,典当的物品大多物过其值。方大汶函称:"今有墨庄山水一幅、杨维桢字一幅,原得重价。维桢系元时名人。雪窗兰一幅,亦古名僧画。欲当银五六两。"①

---

① 陈智超:《明代徽州方氏亲友手札七百通考释》,安徽大学出版社2001年版,第905页。

墨庄、杨维桢与雪窗三件字画仅当得银五六两。而一方端砚,仅"作银六钱或五钱"①。沈周、周臣的两张画也仅质钱三千文。② 这些资料为我们了解当时古玩市场价格提供了重要参照。

(三)徽州收藏的贡献

徽州收藏为中国文化的传承和传播作出了巨大贡献。藏书是徽州收藏中的重要部分,从宋代开始至民国,徽州私家藏书一直在全国占有重要位置。乾隆三十八年(1773年),《四库全书》开馆,向民间征集书籍,徽州藏书家给《四库全书》提供了丰富的、宝贵的书源,极大地丰富了《四库全书》的馆藏。流寓浙江桐乡的歙县人鲍廷博献书600多种,而且大多是宋元旧版;侨居浙江钱塘的歙县人汪启淑,向《四库全书》献秘本500多种;侨居扬州的祁门人马曰琯,由他的儿子献出高价购来的旷世奇书776种。

一些历史上的艺术名作,由于徽州人的购藏,得到保护而留存于世,其中最为传奇的就是黄公望的《富春山居图》。浙江省博物馆所藏黄公望《富春山居图》前段残卷《剩山图》,画名是晚明清初著名徽州收藏家吴其贞所定。吴其贞于清顺治九年(1652年)左右从江苏丹阳收藏家张范我手中购得,遂命名曰《剩山图》。他曾著文记载:"此卷原有六张纸,长三丈六尺,曩为藏卷主人宜兴吴冏卿病笃焚以殉。其侄子文俟冏卿目稍他顾,将别卷从火中易出,已烧焦前段四尺余矣。今将前烧焦一纸揭下,仍五纸长三丈。为丹阳张范我所得,乃冢宰赤函先生长君也。聪悟通诸技艺,性率真,好收古玩书画,无钱即典田宅以为常。予于壬辰五月二十四日偕庄澹庵往谒借观,虽日西落,犹不忍释手。其图揭下烧焦纸尚存尺五六寸,而山水一丘一壑之景全不似裁切者。今为予所得,名为《剩山图》。"③吴氏又于康熙七年(1668年)冬将图卷转让给扬州收藏家王廷宾,王氏在《剩山图》后有长跋详记此事。

明末清初,徽州收藏家吴廷、吴桢、吴其贞、吴新宇、王廷珸等的藏品,很多

---

① 陈智超:《明代徽州方氏亲友手札七百通考释》,安徽大学出版社2001年版,第714页。
② 参见陈智超:《明代徽州方氏亲友手札七百通考释》,安徽大学出版社2001年版,第985页。
③ 吴其贞:《书画记》卷三《黄大痴富春图纸画一大卷》。

被清宫所看重,收归内廷。休宁居安人王廷珸藏元倪瓒《水竹居图》及《雨后空林图》,今仍存故宫博物院,二图向以甚为罕见的设色山水画而著称于世。吴新宇所藏有王献之的《鸭头丸帖》、阎立本的《步辇图》、颜真卿的《祭侄稿》等赫赫名家巨迹,在这些藏品上留有"新宇"和"吴希元印"的鉴藏印鉴。

徽州收藏家大量收藏的各种古玩字画,为艺术家们借鉴古人的创作经验提供了直接观赏临摹的机会。歙县西溪南村(今属徽州区)曾是歙县最富有的村落,出了不少富商,他们对字画的收藏也很多。新安画派代表人物渐江,自幼习画,慕名而去,在古董商吴羲家中见到倪瓒的真迹,非常喜爱,不忍离去,于是装作突然生病,留在该商人家中养病,他日日仔细观摩,细心领会,直到完全掌握了倪瓒的创作技巧后才离开。

徽商好客尊士,为画友的聚集、切磋、交流提供了良好的学术环境,同时还以艺术赞助人的身份大量购藏艺术家的作品,资助文化事业的发展。清初歙县江村人江世栋,在苏北扬州业盐,在维扬一带收购珍藏书画信札等艺术品,是国画大师石涛晚年艺术活动的主要赞助人,家设"岱瞻草堂"收藏了石涛的大量作品。

艺术藏品的文化气息同样熏陶和培养了一大批徽州收藏家,使一批藏家完成了由商人到艺术家的转换。如乾嘉时期歙县渔梁巴氏经商世家,藏法书、名画、古印、钟鼎、尊彝甚多,尤其对篆刻感兴趣,出了巴廷梅、巴慰祖、巴树谷、巴树烜、巴光荣四代五位篆刻家。其中巴慰祖从小就爱好刻印,他说:"慰糠秕小生,粗涉篆籀,读书之暇,铁笔时操,金石之癖,略同嗜痂。"[1]巴慰祖的外甥胡唐,在舅舅的影响和带动下,也酷爱篆刻。由于巴慰祖嗜印,两个儿子及孙子、外甥也好印,不能安心经商,以致到了晚年,家道中落,只好为人做书、篆刻自给。虽然经济上穷了,但篆刻水平得到了提高,声名流溢。巴慰祖、胡唐同时被列入"歙四家",发扬光大了徽派篆刻艺术。

---

① 巴慰祖:《四香堂摹印自序》,见韩天衡:《历代印学论文选》,西泠印社 1999 年版,第 560 页。

三、徽菜

(一)徽菜概述

徽菜是徽州菜肴的简称,是我国八大菜系(鲁菜、淮扬菜、川菜、粤菜、湘菜、闽菜、徽菜、浙菜)之一。

徽菜起源于歙县,兴旺于绩溪县"徽帮厨师"。徽州菜系的形成、发展与徽商的兴起、发展有着密切的关系。北宋时期的徽州府(今歙县)就已经形成徽菜的雏形。南宋以后,随着徽商势力的崛起与向外拓展,为商业交流服务的饮食业也活跃起来。徽商与徽州士绅集团的地方口味使徽菜日渐名声远扬。明清两代,随着徽州商帮进入鼎盛时期,徽州菜肴也随之落户各地,当时长江中下游诸多城镇大都设有徽菜馆。致富后的一些徽商逐渐"食不厌精,脍不厌细"。这在客观上促进了徽菜烹调方法的改进创新,也培养了一批技艺高超的徽菜厨师,为徽菜的发展起了推波助澜的作用,使徽菜得以列入中国八大菜系。

清咸丰年间,徽州人率先将徽菜从浙江打入上海市场。同治三年(1864年)上庄胡姓于陆家石桥下创设集贤楼,是年,又于小东门创设杏花楼。水村许老海与上庄胡连和等于洪升码头开设大醑楼,资本 900 千文。光绪至宣统年间,徽馆数量激增,三十余年中,绩溪人程湘君、路文彬、郎士元、程颂南、邵家烈、邵修三、邵之望、许启梅、张仲芳、胡岳俊等独资、合资开设了聚乐园、日新楼、醉乐园、聚宝楼、醉月楼、鼎兴楼、海月楼、宴乐园、聚贤楼、畅乐园等徽菜馆二十余家。民国时期,徽州旅沪徽菜馆业发展更快,抗战前夕达 148 家。至1949 年,徽州人在上海设有第一春、丹凤楼、大富贵、大中国、大全福、大嘉福、大中华、大新楼、鸿运楼、海华楼、同华春等徽菜馆 136 家,成为上海外埠餐饮业的龙头老大。

此外,上海附近的苏州、杭州、嘉兴、湖州等地,自清代咸丰年间起,也有徽州人涉足该地设店办馆的。苏州及杭嘉湖一带,曾开办过徽馆大中国、老丹凤、六宜楼、添和馆、添新楼、益乐园、怡丰园、聚园楼、大庄楼等数十家。其他如南京、武汉等徽商重镇,也都是徽馆徽菜的集聚地。

清代以后,徽菜烹饪业逐渐为绩溪籍"徽帮厨师"所专营。1998 年版《绩溪县志》第十五章《旅外工商业·行业》记述了绩溪人旅外经营徽菜馆的历程:清初县人多营此业于徽州府、屯溪。后来沿徽宁路与徽杭路向外拓展,创店于宁国、宣城、杭州、嘉兴、湖州、金华、兰溪。初为面馆,乾隆末徽班进京,徽州烹饪业伴入京都,遂名徽馆,为徽州面馆、酒菜馆的统称。咸丰、同治年间进入杭、嘉、湖、苏、沪、宁一带城镇码头。清末扩展至武汉三镇。抗战间开拓川、湘、桂、云、黔。新中国成立后部分转迁豫、晋、甘、辽等省。县人历二百余年在全国 14 个省、市开办徽馆 412 家。仅咸丰至新中国成立初百年中就有 350 家,从业者近 8000 人,为庞大旅外商业队伍中的劲旅。徽菜之兴盛由此可见一斑。

(二)徽菜的特色

徽州地处山区,山高背阴,林竹遍布,溪水清澈,盛产石鸡、甲鱼、桃花鳜、果子狸、竹笋、香菇、石耳、木耳、板栗、枇杷、雪梨、香榧、琥珀枣等山珍野味。所以徽菜立足于本地优势,以烹饪山珍野味而著称。"沙地马蹄鳖""雪天牛尾狸""问政山笋"等既是特产,也是徽菜的代表性菜肴。

徽菜选料严谨,一切立足于原料的新鲜活嫩。即便是像"臭鳜鱼"这类特殊风味菜,其用料也必须是新鲜鳜鱼,经过一定的加工腌制后烹调成菜,决不滥竽充数。

徽菜以重油、重色、重火功而著称于世。徽菜的重油,是因为徽州地处山区,饮用溪水含矿物质多,而当地居民又喜常年饮茶,肠胃需补充油脂之故。重色是徽菜的另一特点。徽州有着悠久的制酱油历史,所产酱油质量极佳,色泽深红,作为调料加入菜肴,可使菜变得色重味浓,令人胃口大开。徽菜更讲究火功,以善于巧控火候而闻名。厨师们除根据菜肴的特点和要求分别运用旺火、中火、小火烹调外,还经常运用几种不同的火候烹调一种菜肴。尤其讲究木炭微火单炖、单烤,如"石耳炖鸡""黄山炖鸽"等,因火功到家,成为名闻遐迩的佳肴。现在徽菜的重油已发展为重视对不同材料选择用荤油、素油,或掌握用油的时机,重色也向重视一桌菜的色彩搭配方向发展。

徽菜在烹饪方法上擅长烧、炖、蒸。烧菜讲究软糯可口,其味隽永;炖菜要求汤醇味鲜,熟透酥嫩;蒸菜则做到原汁原味,爽口宜人。其烧鱼方法更为独特,鲜活之鱼不用油煎,只用油滑锅,加调味品,旺火急烧五六分钟即成,由于水分损失少,鱼肉异常鲜嫩味美。

徽菜烹饪的技术特征在于:一是善于发挥原料本身的滋味,即保持原汁原味;二是常用火腿佐味、冰糖提鲜、料酒除腥引香;三是在炖、蒸时,蛋白质分解出的富含鲜味的氨基酸、脂肪分解出的有机酸同加进的料酒生成香酯。这些都是徽菜作为一种区域性菜系的风格特色。

(三)徽菜的创新

最初的徽菜,只能称为徽州土菜,这种传统的民间菜肴带有浓郁的地域、地缘的属性,它的特点渗透着古老的民风而显得朴素、实惠、丰富。原料多为就地取材,烹饪中讲究重油、重色、重火功,保持原汁原味的特点。菜的名称也以直呼其主料为主。随着民间祭祖、祭神等风俗活动的开展,慢慢地将人们对生活的美好祝福融入菜名中去,如:"鸡"与"吉"谐音,鸡菜即寓意"吉祥";"鱼"与"余"谐音,鱼菜即蕴含"有余";清明时节祭祖时必有一道供仪是笋馃,"笋"与"醒"谐音,这是民间祈祷列祖列宗苏醒过来,以便受纳供仪,保佑老少平安……凡此种种,使徽州土菜渐渐蒙上了一层浓厚的地域文化的色彩。

自从徽州人闯入外界的市场,并以餐饮服务为谋生职业后,便将徽州的平民菜肴推上了异域的餐桌,在原材料的选用、烹饪的技艺、菜肴的名称等方面都有了进步:从土菜炖猪蹄中推出了金银蹄、走油蹄、金银蹄鸡、八戒踢球等;从豆腐肉圆中推出红烧狮子球、五色绣球、石耳豆腐丸、珍珠圆子等。民国后,徽厨们并不满足于原有的徽菜,又进行举一反三的创新,在多帮菜系陆续登滩上海后,他们又根据市场的需求,对徽菜的烹饪特点进行了认真的研究与精心的改制。

徽厨们通过实践,从自身菜肴的特点出发,将"重油"赋予更深、更全面的含义,改变了过去一味"多用油"的传统做法。在菜肴烹饪中讲究"过油",除水发之类的菜肴外,多数菜肴在制作中,均要在油中短时间地氽一遍,然后沥去油。

这样做,不仅缩短了菜肴的烹饪时间,经过"过油"处理,还可除去菜肴的苦涩味、腥味,且使菜肴保持鲜嫩、柔软;另外,徽厨还在实践中摸索出各种动、植物油的特点,不同油脂由于自身性质不一样,烹饪时,根据需要来发挥其特性,叫"因菜施油"。

在重火功方面,原始的徽菜制作技艺比较单调,仅有烧、炒、炸、炖四法。为适应市场对创新的需要,徽厨们又在火功方面做文章。他们准确地把握制菜的火候,考究制什么菜用什么火。于是,在实践中又总结出旺火快炒、文火蒸煮、烈火煎炸、慢火焖炖及炸熘爆炒、烹烩炖焖、煎贴揸汆、蒸煮烤熏、炮涮腌拌和卤冻泥醉等多种功法,计有三十余种。有的采用一菜多法并用。所有的火功技法,都为达到一个目的,即保持菜的原汁原味。如徽式烧鱼,鱼肉不煎不炸,仅以少油滑锅,并以旺火紧汤,加盖速烧七八分钟即成。采用徽菜的鱼肴烧制方法,不仅鱼肉的水分不致散失,原汁也得以保持,且能保证质嫩味美。

在烹技的探索中,徽厨们对徽菜的调味不是依赖于佐料,而是重视汤汁味的制作,除了运用鸡、猪肉、蹄髈、猪骨一类熬制汤汁外,还善用火腿、腌肉、竹笋、冬菇等原料制汤烹调菜肴。最典型的就是腌炖鲜和腌烧鲜,即将腌猪肉与新鲜猪肉同炖外加配料,以及将咸鱼与新鲜猪肉一起红烧,其味互补,更加香鲜可口。

此外,在徽菜馆的异地经营中,徽厨们不仅吸取兄弟菜系的烹饪技艺,还根据当地食客的嗜好,研制出既保持传统特色,又适合客地食客口味的徽菜。如:上海人喜欢吃鱼头鱼尾,上海徽厨便创制了红烧头尾、鲭鱼划水等名菜;而武汉人喜爱吃鱼身,徽厨们便创制了连刀鱼、红烧瓦鱼块、武昌全鱼等菜肴。市场的需求使徽菜变得更加丰富多彩。

第 八 章
徽学的学术价值与现实意义

第 一 节

徽学研究的学术价值

作为一门新兴的学科或专门的学术研究领域,徽学有着非常重要的学术价值和理论意义。

一、徽学具有区域史研究标本的学术价值

这一标本价值体现在两个方面:一是徽学研究内容的标本价值,二是徽学研究范式的标本价值。

徽学作为一门独立学科或专门的研究领域,是以徽州社会经济史特别是明清徽州社会经济史研究为主体,以整体徽州历史文化以及徽州人活动为对象,并旨在通过研究,深化对中国传统社会后期政治、经济、思想、文化和社会等方面发展的认识。尽管徽学研究的内容与对象涉及历史上徽州的各个领域和不同方面,确实具有一定的综合性特征,但从学科性质来考察,我们以为徽学归根到底还是属于历史学的学科范畴,徽学研究的对象既是徽州地域的整体历史文化,又远远超越徽州地域所承载的空间。徽州本土的空间史或者说徽州地方史,当然是徽学研究的重要内容之一,诸如不同历史时期但主要还是明清时期徽州地域经济发展的区位特点、道路选择、路径依赖和基本模式选择,徽州地方政治运作状况和社会治理能力、水平与效率,徽州宗族组织结构特点与运行实践,徽州血缘认同与地域认同的建构,甚至是徽州地名考证以及徽州历史人物研究等问题,都是徽学研究的对象,属于徽学研究的基本内容。经过学者们严谨而扎实的研究,真正把这些问题分析清楚,论证明白,得出客观真实的结论,

这当然是徽学研究义不容辞的任务。徽州地方史的研究和研究理路,亦可为不同时期、不同区域的中国地方史研究提供有益的借鉴和启发。

然而,徽学研究不能仅仅满足或局限于对徽州本土的地域空间的研究,毕竟规模庞大的徽商大多活动于徽州本土之外,有名望的徽州籍精英人物的活动舞台也主要在徽州域外。借用胡适关于"小绩溪"和"大绩溪"的概念,我们以为,徽学研究似亦应有"小徽州"研究和"大徽州"研究的问题。除徽州本土的"小徽州"之外,徽学研究更应关注"小徽州"之外的那个"大徽州"。所谓"商则即本乡者少,而走外乡者多"①。举凡明清时代经济文化最发达地区的中心城市扬州、苏州、南京、杭州、嘉兴、湖州、松江、北京、汉口、南昌、广州等,江南繁华的市镇如罗店、南翔、濮院、乌镇、盛泽等,甚至周边海外一些国家,也都留下了徽商辛勤经营的足迹。他们"籍怀轻赍,遍游都会,因地有无以通贸易,视时丰歉以计屈伸。诡而海岛,罕而沙漠,足迹几半禹内"②。明清时代的徽商"其货无所不居,其地无所不至,其时无所不鹜,其算无所不精,其利无所不专,其权无所不握"③,更创造了"徽商遍天下"④和"无徽不成镇"⑤的卓越成就。作为明清时期特别是明代中叶以降资本规模、经济实力、经营领域及人数堪称全国首屈一指的地域性商帮,徽商的资本来源、融资渠道、经营领域、经营方式、成功经验以及商业利润和资本投向等,在明清时代都具有典型的标本意义。透过对徽商个案的解剖与分析,对拓展和深化对中国封建社会后期地域性商帮经营性质和历史作用的认识,具有非常重要的学术价值。很难想象,如果没有对徽商的研究,徽学会是何种局面。其实,果真缺乏对"大徽州"的关注与研究,徽学的"小徽州"研究或亦难成局面。1986 年,中国社会经济史学派暨徽学研究的开创者与奠基人傅衣凌在为刘淼辑译《徽州社会经济史译文集》所作的序言中,在谈及其"徽州研究"的意义时,曾经这样写道:"我对于徽州研究的发端,应追溯到三十

---

① 万历《歙志》考卷五《风土》。
② 万历《休宁县志》卷一《舆地志·风俗》。
③ 万历《歙志》传卷十《货殖》。
④ 康熙《黟县志》卷一《风俗》。
⑤ 刘汝骥:《陶甓公牍》卷一《示谕·物产会开示》。

年代。那时对于中国奴隶制度史研究感到兴趣,曾从事于这一方面史料的搜集。嗣又见到清雍正年间曾下谕免徽州的伴当和世仆,唤起我的思索。特别是接触到明清时期的文集、笔记等,发现有关徽商的记载甚多。当时最引起注意的是谢肇淛的《五杂俎》内云:'富室之称雄者,江南则推新安,江北则推山右。'因而决心进行徽商资料的搜集和研究,曾于1947年写成《明代徽商考》一文,发表在《福建省研究院研究汇报》。解放前后,从徽商的研究中,又引起我对于明代其他地区商人的探讨,如山陕商人、洞庭商人、闽粤海商、江西商人,以及其他小地区的商人如龙游商人等。"①显然,傅衣凌对徽州伴当、世仆和徽商的研究,不仅既关注徽州本土的"小徽州",又关注域外的"大徽州",而且将其置于更宏大的背景和更广阔的视野,并从中国奴隶制度史和中国商帮商业史等整体史的角度来进行考察、审视和阐释。因此,我们是不是可以这样说,仅有"小徽州"的研究而缺乏"大徽州"的探讨,仅有徽州本土"地方性知识"的"小历史"视野,缺乏整体史即"大历史"的宏观观照,徽学作为一门独立的学科或专门研究领域或许就是一个伪命题。就此而言,整体史视野内的区域史研究,正是徽学研究的基本范式,这种研究范式对中国区域史研究而言,显然具有范本的意义。

二、徽学研究具有"活"的制度史研究价值

徽学研究的学术价值,还在于它使我们对历史上特别是南宋以来中国制度运行实态研究成为可能,或者说徽学研究具有"活"的制度史研究价值。所谓"活"的制度史研究,包括作为"过程"的制度史和作为"关系"的制度史研究两个方面。② 众所周知,徽学学科之所以能够成立,主要得力于20世纪40年代以来百余万件(册)上起南宋下迄民国的徽州文书的发现与研究。徽州文书类型繁多,内容丰富,包括田宅买卖、税契、租佃和鱼鳞图册等土地文书,赋役黄册、归户册、亲供册、里甲徭役、议墨合同、纳税执照、串票等赋役文书,誊契簿、租谷

① 傅衣凌:《〈徽州社会经济史研究译文集〉序言》,刘淼辑译,黄山书社1988年版,第1页。
② 参见邓文:《走向"活"的制度史》,载《浙江学刊》2003年第3期。

簿、宗祠簿、家族收支簿、分家阄书、族规家法等宗族文书,试卷、捐纳功名执照、奖学合同、办学呈文、学产管理、旌表等科举教育和官吏铨选文书,会社文约、会社财产买卖与典当及管理、婚丧嫁娶、禁赌、甘服文约等社会文书,告示等公文、政令、保甲与户籍、诉讼、奏议等官府文书,商业合同、账簿、行盐及行茶执照、税卡厘金等商业文书,可谓内容丰富、种类复杂。需要特别强调的是,徽州文书本身具有启发性、连续性、具体性、真实性和典型性等特点,其学术价值之高,是包括清水江文书在内的其他地域文书所无法与之相比的。① 它的发现,被认为是20 世纪继甲骨文、汉晋简帛、敦煌文书、明清大内档案之后中国历史文化的第五大发现。② 徽州文书构成了徽学研究最基础的资料支撑,是徽学学科得以成立的学术基础。没有徽州文书的发现及其整理与研究,徽学是很难作为一门学科或专门研究领域而成立和存在的。徽州文书真实记录和反映了宋代以来至民国初年中国历代土地买卖和租佃、赋税徭役、司法和教育、科举等制度在以徽州为中心的地域实践与执行过程、运作实态及其背后隐藏的各种复杂的社会与经济关系。尽管这种制度运行实践过程与关系显示出较强的徽州地域特色,但作为当时王朝国家政治、经济、司法、文化、教育和科举等制度运行实践与过程关系的真实原始记录,徽州文书实在可以称作"'活'的制度史"最为珍稀而不可或缺的原始凭据,其学术价值是不言而喻的。此外,现存百余万件(册)徽州文书的时间上限,还与敦煌文书的时间下限先后相接,如果将其进行有机地勾连,使其前后彼此衔接,完全可以为我们重构和再现中国古代土地买卖制度、租佃制度、赋役制度、司法制度、科举制度、宗族制度和继承制度等制度的实施过程与运行实态,提供了最为翔实而可靠的第一手史料。就此而言,徽州文书研究或利用徽州文书而进行的徽学研究,对南宋以来中国历代"'活'的制度史",确实具有非常典型的范本价值。

---

① 参见周绍泉:《徽州文书与徽学》,载《历史研究》2000 年第 1 期。
② 参见周绍泉:《从甲骨文说到雍正朱批》,载《新华文摘》1999 年第 8 期。

三、徽学研究的选题、旨趣和价值取向特点

在研究选题、旨趣和价值取向上，徽学研究更关注普罗大众和社会各阶层日常生活与生计，注重对他们的喜怒哀乐的探讨与分析，体现出传统史学由注重帝王将相、王朝更迭等上层精英与政治史的研究，转向民众日常生产与生活史研究这一基本动向和趋势。同历史发展的时序不同，日常生活往往呈现出重复性、交叉性和综合性等特征，举凡衣、食、住、行和婚、丧、嫁、娶等活动，几乎是每一个生命个体、每一位社会成员或家庭或宗族组织不断重复的过程。"日出而作，日落而息"，这是中国传统乡土社会的基本生活情态，它需要我们进行深入系统的探讨和研究，重构和再现不同时代、不同地域各个阶级和阶层日常生活真实而生动的历史场景，进而在对不同地域日常生活史的比较中，总结、归纳和描绘出中国传统社会面相的丰富画卷。幸运的是，徽州现存的百余万件（册）原始文书、两千多种各类不同时代的谱牒文献，以及一万余处古村落、古戏台、古牌坊、古祠堂、古民居、古书院、古私塾、古社屋和庙宇等地面文化遗存，可以为我们再现与重构徽州地域这一空间不同等级、不同阶层、不同年龄和性别的日常生活史画卷，提供最具真实性、可靠性和连续性的坚实的史料支持。如果我们以徽州文书和谱牒文献为依托，通过对徽州历史上不同时期遗存下来的私人或公共空间进行田野考察，并进一步"发掘没有记载的历史"①，那么，我们就能够将历史上徽州人群日常生活与生产活动进行复原与重构，一部完整生动的徽州人群体日常生产与生活史画卷便可由此绘就。而当我们将这种地域性人群的日常生产与生活史置于中国大历史宏大空间和广阔视野下来考量的话，再现和重构的徽州人群体日常生活史，就不仅仅属于徽州地方史的范畴，而且更是整体中国日常生活史的重要组成部分，徽学研究所展现的学术价值就可借此而昭示于天下，这或许正是徽学研究的真正学术和理论价值所在。

---

① [法]保罗·利科：《法国史学对史学理论的贡献》，王建华译，上海社会科学院出版社 1992 年版，第 87 页。

第 二 节

徽学研究的现实意义

徽学是中国国学的内在补充和重要组成部分,是一门早已走向世界的国际性显学。重视和加强徽学的研究,在当代具有重要意义。

一、加强徽学研究有利于提高我们的文化自信,弘扬中国传统优秀文化

党的十九大报告提出,中国特色社会主义文化,源自于中华民族五千多年文明历史所孕育的中华优秀传统文化。中国文化源远流长,在世界文明史上占据十分重要的地位。而在五千多年中华民族历史文化发展的长河中,有近一千年,徽州拥有和占据了自己独特的、意义非同寻常的地位。宋代以后,中国传统社会的发展步入后期,政治、经济、文化的发展都发生了许多深刻变化。徽州文化就是伴随着中国后期传统社会的开始而崛起,随时代的进步而走向繁荣,并连同中国传统社会的消亡而衰落的。它崛起于南宋、鼎盛于明清,在思想学术、文学艺术、科学技术、印刷出版、医药卫生、方言俚语、宗教信仰等精神文化领域和在社会关系、社会经济、社会生活、传统工艺等物质文化方面,都有非凡的创造和突出表现,仅历史上形成并得到社会认同的文化流派就有新安理学、新安医学、新安画派、徽派朴学、徽派刻书、徽派版画、徽派篆刻、徽派建筑、徽派园林、徽派盆景、徽商、徽菜、徽剧、徽漆、徽州文房四宝、徽州三雕艺术、徽州方言、徽州科技等,社会与文化的发展异常繁荣,并延续保持了八百年。徽州文化的系统性、丰富性、辉煌性,是宋代以后中国传统社会与文化发展的整体投影;同时,由于其内容的深刻性、典型性和全国影响,又决定了它是典型缩影,代表了

引向神秘主义的神秘东西,都能在人的实践中以及对这种实践的理解中得到合理的解决。"用马克思主义理论来指导中国传统文化的研究首先就要求重视对"群众"和"实践"的研究,而这恰恰就是徽学研究的特点与优势。徽州文化不是帝王文化,也不是一种市井文化、学院文化,它很大一部分是由徽州山区农村的老百姓在自己实实在在的生产、生活和社会交往等实践过程中产生的,展现的是中国乡村社会平民百姓的一面,是一种乡村文化、民间布衣文化。徽学研究的本身就是一种关于"群众"和"实践"的研究,其实质内在契合了马克思主义的思想观点与方法,逻辑上是中国传统国学研究的重要补充。重视和加强徽学的研究对推动中国传统文化的现代化具有独特的意义。

三、加强徽学研究有利于安徽省的文化强省战略的实施,提高我们的文化软实力

安徽是一个文化大省,历史文化资源十分丰厚,所谓北有淮河文化、中有江淮文化和皖江文化、南有徽州文化。这些文化都历史悠久、各具特色。但应该看到的是,徽州文化应该是我省最具特色的文化,它在内容上构成了一个完整的文化体系,从而在结构形式上有着整体性、系统性和稳定性的特征。徽州文化的核心区是古徽州的一府六县,但其辐射区包括整个皖南,所影响的区域波及吴越大地、齐鲁大地、荆楚大地、岭南地区和云贵高原,远涉日本、韩国、越南等,对内有极强的凝聚力,对外有极大的辐射扩张力。不仅如此,徽州文化有一个极大的魅力,就是它不是废墟遗址文化、考古挖掘文化、历史传说文化,而是有着很强现实性的文化,集中体现在有大量的文化遗存。在物质文化遗存方面,据全国文物普查所提供的资料:全省范围内目前还保存的属于徽州文化范畴的地面文物有 7000 多处,其中黟县的西递、宏村在 2000 年 11 月被联合国教科文组织列入世界文化遗产名录,属于国家级重点文物保护单位的有 30 多处。在非物质文化遗存方面,共有非物质文化遗产 2000 多项,其中已经列入国家级非物质文化遗产保护名录的有近 30 项。在文献文书遗存方面,更是一个惊人的数字。这些都是十分珍贵的文化资源,既是安徽省作为一个文化大省的重要

支撑,更是响亮的品牌,是安徽省具有强大文化软实力的重要体现。加强徽学的研究,充分认识与把握徽州文化资源的价值,积极促进研究成果的转化,更合理、更高端、更高效地开发利用好徽州文化资源,是我们实现文化强省战略的一个重要步骤,也是安徽省实现中部崛起在文化事业开发发展上的一个重要举措,在现实社会发展上的意义重大。

四、加强徽学研究有利于实现徽州文化的创造性转化和创新性发展

首先,以社会主义核心价值体系建构为导向,对徽州文化中的合理成分进行转化与创新。比如:将传统徽商"义利兼顾""以义为利"的价值观赋予新的时代内涵,激发企业家的社会情怀,塑造当代商业文化价值观;汲取朱熹等徽文化思想大家的勤政、廉政思想,促进政德建设和反腐工作;弘扬新安理学倡导的"贵和尚中"精神,以及徽文化中人与自然、人与社会、人与人、人与自身的和谐传统,促进社会治理创新和生态文明建设,等等。其次,为徽州文化中物质文化形态的再生赋予新的时代元素。如对于徽派建筑,一方面要做好保护,另一方面要提炼总结好其特色意蕴,造就当代建筑领域的"新徽派"。又如新安医学,要在做好传承的基础上,吸收西医的病理学等原理,利用现代诊疗手段,探索创新,促进中医药产业振兴发展。再次,创新徽文化的传播方式。通过学术交流、会议研讨、著述译介以及影视、出版、演艺、会展、网络、动漫等形式扩大徽文化在国际上的影响力。最后,创新徽文化的传统技艺。包括文房四宝制作技艺、徽派建筑技术、徽菜烹饪技艺和徽派工艺等,为其注入新的生命活力。而这些关于徽州文化的创造性转化和创新性发展,正是立足于徽学研究的基础之上。

后 记

　　本书是集体合作项目,先由主编拟出全书大纲,在征求意见的基础上修改定稿后,分头撰写,最后由主编统稿审定。期间有些章节撰写者经过反复修改。在全书基本定稿后又吸收部分专家的意见进行了改动,可以说此书是集体智慧的产物。各位学者具体撰写章节如下:

　　周晓光教授:第一章、第五章第四节;

　　李琳琦教授:第二章第三节、第五章第二、三节;

　　徐彬教授:第二章第一、二节、第三章第一节、第四章第一节二、第六章第二节;

　　陈瑞研究员:第三章第二节、第五章第一节;

　　刘道胜教授:第四章第一节一、四,第六章第三、四节;

　　卞利教授:第四章第二节、第六章第一节、第八章第一节;

　　马勇虎教授:第四章第三节一;

　　赵懿梅副研究员:第四章第三节二;

　　翟屯建研究员:第七章第一、三、四、五节;

　　吴兆民教授:第七章第二节;

　　刘伯山研究员:第八章第二节;

　　王世华教授:绪言、第四章第一节三、统稿。

本书在撰写过程中也参考了其他同仁的研究成果,难以一一标注,在此一并表示我们衷心的敬意和诚挚的感谢!

尤其值得提出的是,中共安徽省委宣传部原副部长,现安徽省社科联党组书记、常务副主席洪永平同志,同时也是安徽省徽学学会常务副会长,为本书作出了重要贡献,倾注了很多心血。他不仅首先提出本书的撰写倡议,而且在项目启动后非常关心此事的进展。在百忙中他多次拨冗召开会议,了解本书撰写进度,并帮助协调解决各种困难,有力推动了本书的撰写速度。在本书基本完工后,他又就进一步修改和出版事宜,提出一些好的建议。可以说,没有洪永平同志的督促、协调和推动,本书难以顺利杀青付梓。在此,我代表本书全体作者特向洪永平同志表示最衷心的谢忱!

本书得到教育部人文社科重点研究基地安徽大学徽学研究中心立项资助(项目号 2020001)。

本书由于出于众人之手,行文风格不尽一致。同时囿于主编的水平和时间,书中还存在种种不尽如人意之处,恳请同仁与读者不吝赐正。

王世华

2020 年 5 月